KB215002

기 도

개혁신앙강해 12

기 도

초판1쇄 2024년 9월 20일
발 행 일 2024년 9월 30일
지 은 이 권기현 목사
펴 낸 이 장문영
펴 낸 곳 도서출판 R&F

등   록 제 2011-03호(2011.02.18)
주   소 경북 경산시 하양읍 대학로 298길 20-9, 110동 2003호
연 락 처 054-251-8760 / 010-4056-6328
이 메 일 hangyulhome@hanmail.net
디 자 인 김진희, 송창익, 이은지, 정영광 (도움 주신 분 : 설송이)

I S B N 979-11-975069-5-6
가   격 15,000원

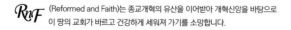 (Reformed and Faith)는 종교개혁의 유산을 이어받아 개혁신앙을 바탕으로
이 땅의 교회가 바르고 건강하게 세워져 가기를 소망합니다.

교회와 함께하는 기도, 교회를 회복하는 기도

기　도

권기현 목사

RCF

제2부　성경에 나타난 기도

· · ◆ 서 문 ◆ · ·

한국 교회의 헌신과 열정

한국 교회의 헌신과 열정은 전 세계에서 둘째가라면 서러워할 정도입니다. 특히 헌금과 기도에서는 독보적입니다.

19세기 후반부터 20세기 초반, 복음이 본격적으로 전파될 당시 조선은 전 세계에서 가장 가난한 나라 중 하나였습니다. 찢어지게 가난한 중에도 개체교회의 재정 자립을 위해, 예배당 건축을 위해, 선교를 위해 헌신하던 전통은 지금도 이어져 오고 있습니다. 미국 다음으로 많은 선교사를 파송하는 나라가 된 것도 재정적 헌신이 뒷받침되었기 때문에 가능했습니다. 필자 역시 어린 시절 부모님께서 가장 깨끗한 지폐로 한 달 치 헌금을 미리 준비하시던 모습을 지금도 생생히 기억합니다.

그뿐 아닙니다. 한국 교회는 모이기만 하면 기도회를 한다는 말이 있을 정도로 기도 모임이 많습니다. 모임의 횟수뿐 아니라 열정 역시 대단합니다. 얼마나 뜨겁게 그리고 얼마나 간절히 기도하는지, 평소에 별로 기도하지 않는 사람조차 그 모임 가운데 있으면 자기도 모르게 함께 기도하는 자신을 발견합니다. 기도 모임뿐입니까? 개인적으로도 시간을 내어 기도하는 사람이 많습니다. 한국 기독교의 독특한 문화 중 하나가 기도원입니다. 곳곳에 기도원이 있고, 일부러 시간을 내어 기도하러 오는 사람들도 가득합니다. 이런 분위기에서 자란 저도 다르지 않았습니다.

쌓여가는 고민

저는 어릴 때부터 어머니를 따라 기도원을 자주 다녔습니다. 당시 기도원에 가면 여름과 겨울에는 특별 집회가 자주 있었습니다. 새벽, 오전, 저녁에 몇 시간씩 경건회를 했고, 그 시간 외에도 꽤 많은 사람이 건물 안팎에서 큰 소리로 기도했습니다.

교회에는 매일 새벽기도회가 있었고, 매주 금요일에는 철야기도회가 있었습니다. 새벽기도회는 약 30분 경건회를 한 후, 불을 끄면 자유롭게 개인적으로 기도하는 시간이 있었습니다. 철야기도회는 밤 10시부터 약 1시간 30분에서 2시간 정도 경건회 및 함께 기도하는 시간이 있고, 이후에는 개인적으로 기도하는 시간이 이어졌습니다. 어릴 때는 부모님을 따라서 비정기적으로 참석하다가, 고등학생이 되어서는 저도 매일 새벽기도회와 매주 철야기도회를 참석했습니다. 기도하는 시간은 은혜로웠으며, 또 기도 후에는 더러운 것을 씻어낸 듯한 개운함과 기쁨이 뒤따랐습니다.

대학생 고학년이 되자, 기도와 관련하여 조금씩 고민이 쌓였습니다. 첫째는 기도 장소와 관련한 고민입니다. 기도를 많이 하시는 교우 중에는 기도원이나 다른 특별 집회에 참석하는 분들이 많았습니다. 예배당에서 기도하는 것보다는 다른 집회 장소, 또는 산에 들어가 기도하면 더 기도가 잘 되고, 기도 응답도 좀 더 잘 받는다는 말을 자주 들었습니다. 사실은 저도 기도할 때면 그런 느낌을 자주 받았습니다. 그러나 과연 그런지 의문이 들었습니다.

둘째는 기도 시간과 관련한 고민입니다. 새벽기도회와 철야기도회가 있는 것은 성경의 가르침 때문이라는 설교를 자주 들었습니다. 예수님께서도 새벽에 기도하셨고(막 1:35), 밤을 새우며 기도(눅 6:12)하셨는데, 예수님을 본받아 우리도 그래야 한다는 것입니다. 새벽에 하나님이 도우신다는 시편 말씀(시 46:5)도 자주 들었습니다. 그러나 예수님께서 하셨다고 해서 그리스도인도 해야 한다는 논리가 정말 성경의 가르침이 맞는지 궁금했습니다. 이 논리대로라면 '그리스도인도 예수님처럼 기적, 즉 온갖 질병을 고치고 자연 만물까지도 명령하여 복종케 해야 하지 않을까?' 하는 의문이 들었습니다. 한편으로는 '예수님께서 유일무이한 구속주로서 하신 일을 나도 따라 한다면 그것이 오히려 더 큰 문제는 아닐까?' 하는 생각도 들었습니다.

셋째는 기도 방법과 관련한 고민입니다. '주여 삼창', '아멘 삼창'은 기본이며, 함께 모여 기도할 때도, 개인적으로 기도할 때도 큰소리로 기도하는 광경은 한국 교회의 특징 중 하나입니다. 잡히시던 날 밤 겟세마네 동산에서 하신 예수님의 기도를 자주 들었습니다. 그분은 심한 통곡과 눈물로 간구와 소원을 올리셨습니다(히 5:7). 그때 힘쓰고 애써 간절히 기도하셔서 땀이 땅에 떨어지는 핏방울 같이 되었습니다(눅 22:44). 우리도 이렇게 간절히 기도하면 하나님의 응답을 받는다는 가르침을 듣고, 저도 자주 그렇게 기도했습니다. 야곱이 밤새 천사와 씨름하던 기사(창 32:24~32), 밤에 찾아와 강청하는 친구 비유(눅 11:5~8), 불의한 재판관에게 호소하는 과부 비유(눅 18:1~8) 등은 얼마나 끈질기게 기도해야 하는지 보여주는 실례라고 배웠습니다. 떼를 써서라도 하나님의 마음을 돌려야 하며, 응답을 받아야 한다는 것입니다. 저도 그렇게 기도하면서도 성경이 정말 그런 가르침을 주는지 의문이 드는 것도 사실이었습니다.

그 외에도 기도와 관련하여 여러 가지 고민이 쌓여갔습니다. 여름 수련회가 다가오면 그 기간에 비가 오지 않게 기도하는 것은 너무나도 익숙한 문화였습니다. 이때 자주 근거로 제시되는 것은 엘리야의 기도입니다(약 5:17~18). 과연 나의 편의를 위해 그렇게 기도해도 되는지 의문이 들었습니다. 당시 이스라엘 백성들에게는 비가 오지 않는 현상이 재앙이자 하나님의 심판이므로 우리의 형편과 다르다는 생각도 들었습니다. 세속적인 부와 성공을 위한 기도 역시 무시할 수 없는 고민이었습니다. 야베스의 기도(대상 4:10)는 그 근거로 자주 언급되는 본문 중 하나입니다.

이런 여러 가지 고민은 날이 갈수록 점점 더 쌓여갔고, 신학대학원에 입학한 후에도 쉽게 해소되지 않았습니다.

하나님 중심, 성경 중심, 교회 중심

조금씩 고민이 해결되기 시작했습니다. 기도와 관련한 고민에는 공통점이 있었습니다. 기도의 근거로 듣고 배운 내용들은 성경에 기록된 기도를 문자 그대로 해석하고 적용하는 방식이었다는 점입니다. 성경이 가르치는 본뜻이 무엇인지보다는 어떤 행동, 어떤 결과, 어떤 사건을 문자 그대로 오늘날의 개인에게로 일직선을 그어서 해석하고 적용한 것입니다.

개혁자 칼뱅(1509~1564)이 쓴 『기독교강요』와 고재수(N. H. Gootjes)

목사님[1]의 설교집 『구속사적 설교의 실제』는 이 문제를 해결하는 실마리를 제게 제공해 주었습니다. 성경에 기록된 하나님의 약속을 따라 기도하는 것, 하나님 중심으로 성경을 읽고 적용하는 신앙과 삶을 아주 조금씩 체득해 가게 되었습니다. 하나님께서 사용하신 개혁신학자들의 글과 함께, 무엇보다도 성경 본문을 읽고 또 읽으며, 성령 하나님께서 조명해 주시기를 엎드려 기도하는 가운데 우둔한 제게도 조금씩 빛이 보이기 시작했습니다. 하나님 중심의 성경 읽기와 묵상이 '기도'에 있어서 얼마나 중요한지 알게 되었습니다.

이와 함께 성경의 인물들이 단지 개인사를 위해 기도한 것이 아니라 하나님의 약속을 따라 교회를 위해 기도했다는 사실도 깨닫게 되었습니다. 저는 야곱의 씨름(창 32:24~32)을 단지 야곱 자신의 목숨을 살려 달라는 기도로만 생각해 왔습니다. 성경이 엘리야의 기도(약 5:17~18)를 교회 장로들의 사역으로 연결하고 있다는 사실을 인지하지 못했습니다. 사자 굴을 앞에 둔 다니엘의 기도(단 6:10)가 교회 회복을 위한 것임을 깨닫지 못했습니다. 야베스의 기도(대상 4:10)가 세속의 복이 아니라 교회의 사명을 위한 기도라는 사실을 알지 못했습니다. 강청하는 친구의 비유(눅 11:5~8)와 과부의 소원을 풀어주는 불의한 재판관 비유(눅 18:1~8)가 떼를 쓰라는 교훈이 아니라 기도를 들으시는 하나님의 신실한 사역을 말씀한다는 사실을 조금씩 깨닫게 되었습니다.

---

1 고재수 목사는 네덜란드 개혁교회(해방)가 자매 교단인 대한예수교장로회(고신)에 파송하여 1980년대에 약 10년간 고신대학교와 고려신학대학원에서 교수 선교사로 봉사했으며, 2023년 8월에 하나님의 부르심을 받아 그분의 자비롭고 거룩한 품에 안겼습니다.

장로교회 신앙고백서 중 하나인 소교리 제88문답은 이렇게 고백합니다.

"문: 그리스도께서 우리에게 구속의 은덕을 전달하시는 외적이고 통상
　　적인 방편은 무엇입니까?
　답: 그리스도께서 그분의 교회에 그분의 중보의 은덕을 전달하는 외적
　　이고 통상적인 방편들은 그분의 모든 규례들, 특히 말씀과 성례와
　　기도입니다. 이 모든 것은 피택자들이 구원을 받는 데 효력이 있게
　　합니다."

　말씀(설교) 및 성례와 함께, 기도는 은혜의 방편입니다. '은혜의 방편'
이라는 말은 교회가, 예배 중에 시행한다는 뜻입니다. 우리 하나님께서
는 교회가 시행하는 예배 가운데 '기도'라는 은혜의 방편을 시행하게 하
셨습니다. 교회는 성경 말씀에 기록된 약속을 따라 기도하며, 약속에 신
실하신 하나님께서는 교회, 즉 모인 회중에게 말씀과 성례로, 그리고 주
중의 삶 가운데서 응답하십니다.

　이 책은 크게 두 부분으로 구성되어 있습니다.
　'제1부. 기도의 원리'(제1~4장)에서는 기도가 삼위 하나님의 사역과
밀접한 관련이 있음을 설명합니다. 그러므로 삼위 하나님을 아는 지식
과 신앙이 기도의 출발점입니다. 대부분의 잘못된 기도는 삼위 하나님
을 잘못 아는 데서 나옵니다. 삼위 하나님을 아는 지식과 신앙은 오직
성경을 통해서만 옵니다.

'제2부. 성경에 나타난 기도'(제5~20장)에서는 말 그대로 성경에 기록된 기도의 실례를 차근차근 설명한 후에, 예수 그리스도를 지나 교회와 개인에게로 적용합니다. 이 책에서 묵상하는 본문 외에도 기도와 관련한 많은 본문이 있지만, 그것들을 모두 다 다루지는 못합니다. 그러나 이 책에서 다루는 열다섯 본문(제5~6장은 같은 본문)은 한국 교회 그리스도인들에게 널리 알려져 있으나, 자주 왜곡되고 있으므로 독자들에게 유익을 줄 것입니다.

한계와 소망과 감사

독자들이 이 책을 읽을 때 조금의 유익과 함께 저의 우둔함도 자주 발견하리라 예상합니다. 이 글의 오류와 모든 잘못은 필자인 제게 있습니다. 좀 더 깊이 설명하지 못한 점도 저의 지식과 신앙의 한계입니다. 삼위 하나님께서 이를 통해 저를 낮추시고, 그분 홀로 영광과 존귀와 위엄을 받으시길 기도합니다.

이 책과 함께 개인 기도를 넘어서 교회와 함께하는 기도, 교회를 회복하는 기도에 관심을 두고 실천하는 교회와 그리스도인이 많아지길 소망합니다. 무엇보다도 제가 목회하는 로뎀장로교회가 기도하는 교회로 점점 자라길 소망합니다. 개혁 신앙은 단지 이론만이 아니라 실천하는 신앙이라는 사실을 이 책을 통해 발견하는 교회와 성도가 되길 간절히 기도합니다.

출간을 위해 1년이 넘게 수고한 로뎀장로교회와 샘터교회 출판위원회에 감사의 마음을 전합니다. 그들의 수고가 아니었다면 이 책은 세상에 나오지 못했을 것입니다. 로뎀장로교회를 후원하며 기도하는 샘터교회와 강현복 목사, 그리고 로뎀장로교회가 후원하며 기도함에도 오히려 우리를 위해 더 많이 기도하는 오현교회와 하늘빛교회에 감사의 마음을 전합니다. 신앙의 일치 안에서 함께 동역하고 함께 기도하는 교회가 있음이 얼마나 큰 위로인지…. 연구와 토론의 장을 기꺼이 허락한 개혁주의 목회자 성경연구와 개혁신학 목회연구소 회원들에게 감사한 마음을 전합니다. 또한, 매번 성경 세미나를 개최하여 글을 쓰고 점검할 기회를 제공한 개혁연구와 백창호 목사에게도 감사의 마음을 전합니다. 교회 개척 이후 지금까지 변함없이 함께 약속의 길을 걸어가고 있는 가족이자 동지들, 로뎀장로교회 교우들 고맙고 사랑합니다.

한국 교회의 기도에 대한 열정은 실로 대단합니다. 예수 그리스도께서 친히 기도의 본을 보이셨습니다. 개혁자 칼뱅은 기도가 '믿음의 최상의 실천'이라고 고백했습니다. 신앙생활에서 기도는 정말 중요합니다. 그러나 문제는 '우리의 기도가 정말 성경에 근거한 것인가?'입니다. 기도와 관련하여, 한국 교회 안에는 **두 가지 극단**이 존재합니다.

첫째는 **성경의 가르침과 무관한 기도**입니다. 우리는 하나님께서 성경에 정하신 대로 기도해야 합니다. 그러나 이와 무관하게 자기 열심을 따라 기도하는 분이 많습니다. 하나님께 떼를 써서라도 무엇인가를 얻어내려는 듯 말입니다. 공든 탑을 돌 듯 기도하는 분도 많습니다. 마치 한 번이라도 또는 하루라도 빠지는 순간, 내 소원이 이루어지지 않을 것처럼 말입니다(**공로주의**). 같은 말을 반복하고, 발음을 굴려서 하고, 알아듣지 못하는 소리를 지르고, 심지어 데굴데굴 구르며 기도하는 분도 있습니다. 마치 그렇게 해야 하나님께서 더 잘 들어주시는 것처럼 말입니다. 그렇게 기도하다 마음속에 어떤 확신이 오면, 그것이 마치 하나님의 응답이요 성령의 사역인 것처럼 우깁니다(**신비주의**).

둘째는 **기도하지 않는 태도**입니다(냉소주의). 잘못된 기도를 비난하지만, 정작 자신은 기도하지 않습니다. 기도의 응답을 기대하지도 않습니다. 은혜를 사모하지도 않습니다. 이들이 기도하지 않는 변명거리 중 하나는 하나님의 작정과 섭리입니다. '다 하나님의 뜻대로 되겠지요.'라며 마치 하나님을 신뢰하는 양 위선의 탈을 씁니다. 성경과 교회사에 등장한 믿음의 선조 중 누가 이런 태도를 지녔나요? 하나님의 약속을 신뢰하는 사람은 그분을 의지하여 기도합니다. 그분께만 소망을 두기에 기도합니다. 기도하지 않는 사람은 약속하신 하나님, 작정하신 하나님, 섭리하시는 하나님을 거절하는 사람입니다. 이들은 현대판 바리새인들입니다.

말씀(설교)과 성례와 함께, 기도는 하나님께서 교회에게 주신 은혜의 방편입니다.

> "문: 그리스도께서 우리에게 구속의 은덕을 전달하시는 외적이고 통상적인 방편은 무엇입니까?
> 답: 그리스도께서 그분의 교회에 그분의 중보의 은덕을 전달하는 외적이고 통상적인 방편들은 그분의 모든 규례들, 특히 말씀과 성례와 기도입니다. 이 모든 것은 피택자들이 구원을 받는 데 효력이 있게 합니다."(소교리 제88문답)

오늘날 은혜의 방편이 무엇인지 아는 이는 많습니다. 그러나 누가 이를 시행하는지 아는 이는 적습니다. 은혜의 방편은 개인이 각자 알아서 시행하는 것이 아닙니다. 하나님께서는 교회에게 은혜의 방편을 시행할 권세와 직무를 주셨습니다. 그래서 **교회가 (직분의 사역을 통해) 은**

혜의 방편을 시행합니다. 특히, 교회는 주일 공예배 중에 은혜의 방편을 시행합니다. 공예배 중에 성경 봉독과 설교가 있습니다. 공예배 중에 성례가 있습니다. 그리고 공예배 중에는 여러 번의 기도가 있습니다.

개인적으로도 성경을 읽어야 합니다. **그러나 교회가 시행하는 은혜의 방편(말씀)은 성경 봉독과 설교**입니다. 개인적으로도 회개하여 죄 사함의 은혜를 받아야 합니다. 개인적으로도 일용할 양식을 먹을 때마다 하나님께 감사해야 합니다. 그러나 **교회가 시행하는 은혜의 방편(성례)은 공예배 중의 세례와 성찬**입니다. 하나님께서는 이를 통해 우리 죄를 씻으신 것을 공적으로 나타내시며, 우리가 예수 그리스도의 몸과 피를 먹고 마시게 하십니다.

기도 역시 마찬가지입니다. 개인적으로도 매일 기도해야 합니다. 그러나 **교회가 시행하는 은혜의 방편(기도)은 공예배 중의 기도**입니다. 다른 무엇보다도, 우리는 공예배 때 기도해야 합니다. 공예배를 통해 우리는 정말 기도하는 그리스도인이 됩니다. 그다음, 우리는 개인적으로도 기도하는 그리스도인으로 살아갑니다.

그러므로 은혜의 방편은 교회에서, 교회를 통해, 공예배 중에 배우고 체험하고 누리는 것이 최우선입니다. 직분자는 바로 이 일을 하도록 부르심을 입은 사람입니다. 그러므로 이제부터 우리가 배울 **기도는 개인을 넘어 교회에게 주신 명령이요, 교회의 사명**입니다. 이 책의 제목이 '교회와 함께하는 기도, 교회를 회복하는 기도'인 이유가 바로 이 때문입니다. 하나님께서 성경에 정하신 대로 기도합시다.

Pray with the Church,
Pray to Restore the Church

제1부

기도의 원리

Pray with the Church,
Pray to Restore the Church

기도하신 그리스도,
기도를 가르치신 그리스도

마 6:9
그러므로 너희는 이렇게 기도하라 하늘에 계신 우리 아버지여 이름이 거룩히 여김을 받으시오며9

눅 11:1~2
예수께서 한 곳에서 기도하시고 마치시매 제자 중 하나가 여짜오되 주여 요한이 자기 제자들에게 기도를 가르친 것과 같이 우리에게도 가르쳐 주옵소서 1 예수께서 이르시되 너희는 기도할 때에 이렇게 하라 아버지여 이름이 거룩히 여김을 받으시오며 나라이 임하옵시며2

눅 22:39~40
예수께서 나가사 습관을 좇아 감람 산에 가시매 제자들도 좇았더니39 그곳에 이르러 저희에게 이르시되 시험에 들지 않기를 기도하라 하시고40

제1장

기도하신 그리스도,
기도를 가르치신 그리스도

신앙생활에서 기도는 정말 중요합니다. 이를 부인하는 그리스도인은 없을 것입니다. 온 정성과 열심을 다해 기도해야 한다는 주제는 설교자들의 단골 메뉴입니다. 정말 그렇게 기도해야 합니다. 그러나 성경이 기도를 어떻게 가르치는지 잘 아는 사람은 그리 많지 않습니다. 한국 교회에서 열정적인 기도가 강조되는 반면, 성경이 가르치는 기도를 찬찬히 배울 기회는 그리 많지 않습니다.

기도하신 그리스도
기도는 예수님의 공생애에서 빼놓을 수 없는 일이었습니다.

"예수께서 나가사 습관을 좇아 감람 산에 가시매 제자들도 좇았더니 39 그곳에 이르러 저희에게 이르시되 시험에 들지 않기를 기도하라 하시고 40"(눅 22:39~40)

39절의 "습관(ἔθος, 에쏘스)"이라는 단어는 단순히 개인의 생활 습관

이상을 의미합니다. 이는 어떤 '전통'이나 '규정된 관례'를 뜻합니다.[1] 이것이 바리새인들이 강조한 "장로들의 유전(전통)"[2]이 아니라는 사실은 분명합니다. 바리새인들은 "장로들의 유전(전통)"으로 오히려 하나님의 계명을 범하고 있었으며, 예수님께서는 이를 강하게 비판하셨기 때문입니다.[3] 예수님의 기도는 이와는 정반대입니다. 오히려 그분의 기도는 구약성경의 가르침에 따른 관례라고 할 수 있겠습니다. 우리는 예수님의 기도 생활에서 다음의 두 가지를 생각해야 합니다.

첫째, 예수님은 **성경의 가르침을 따라 기도**하셨습니다.
둘째, 기도 생활은 예수님의 **메시아 사역에서 필수 요소**였습니다.

우리 구주 예수님께서는 성경의 가르침을 따라 기도하는 습관을 몸에 익히셨습니다. 하나님의 아들이신 그분도 메시아 사역을 수행하기 위해 아버지께 기도하셨습니다. 예수님께서는 하나님 아버지와 동등한 위엄과 권위와 능력의 소유자십니다. 그런 그분이 언제나 모든 것을 자기 뜻이 아니라 아버지의 뜻대로 하셨습니다.

"그러므로 예수께서 저희에게 이르시되 내가 진실로 진실로 너희에게 이르노니 아들이 아버지의 하시는 일을 보지 않고는 *아무것도 스스로*

---

1 신약성경에서 이 단어는 눅 1:9; 2:42; 22:39; 요 19:40; 행 6:14; 15:1; 16:21; 21:21; 25:16; 26:3; 28:17; 히 10:25에서 사용되었습니다.

2 마 15:2, 3, 6; 막 7:3, 5, 8, 9, 13에서 "유전"(한글개역성경), "전통"(한글개역개정성경)으로 번역된 헬라어 명사는 '(다음 세대로) 전해준 것(things handed down/over)', '전통(tradition)'을 뜻하는 "παράδοσις(파라도시스)"입니다.

3 마 15:1~20; 막 7:1~23.

할 수 없나니 아버지께서 행하시는 그것을 아들도 그와 같이 행하느니라19 ··· *내가 아무것도 스스로 할 수 없노라 듣는 대로 심판하노니 나는 나의 원대로 하려 하지 않고 나를 보내신 이의 원대로 하려는 고로 내 심판은 의로우니라30*"(요 5:19, 30)

예수님의 낮아지심과 온전한 순종이 없다면 그분은 결코 우리의 구주가 될 수 없습니다. 그분의 온전한 순종의 한 부분이 바로 아버지의 뜻을 구하고 그 뜻을 받아들이는 기도였습니다. 그분이 우리를 위해 기도하고 순종하여 십자가에 못 박혔기에 우리가 구원받았습니다.

"그는 육체에 계실 때에 자기를 죽음에서 능히 구원하실 이에게 심한 통곡과 눈물로 *간구와 소원*을 올렸고 그의 경외하심을 인하여 들으심을 얻었느니라7 그가 아들이시라도 받으신 고난으로 순종함을 배워서8 온전하게 되었은즉 자기를 순종하는 모든 자에게 *영원한 구원의 근원*이 되시고9 하나님께 멜기세덱의 반차를 좇은 대제사장이라 칭하심을 받았느니라10"(히 5:7~10)

예수님의 기도 생활은 한편으로는 그분의 구주 되심의 한 측면이지만, 다른 한편으로는 새 아담(the New Adam), 둘째 아담(the Second Adam), 마지막 아담(the Last Adam)으로서 하신 일이므로 하나님의 새 피조물이 된 백성 모두가 따라야 할 본이기도 합니다. 하나님의 뜻을 구하고, 그 뜻에 따라 사는 생활이야말로 애초에 하나님께서 아담과 그의 후손들에게 요구하신 것이기 때문입니다. 그래서 예수님께서는 자신도 기도하셨지만, 제자들에게도 "시험에 들지 않기를 기도하라"(눅 22:40)

고 요구하셨습니다.

기도의 중요성이 바로 여기에 있습니다. 첫째, 우리 구주의 기도 없이는 우리의 구원도 없습니다. 그분은 **기도라는 낮아지심과 순종을 통해 우리를 구원**하셨습니다. 둘째, **우리 구주의 기도 생활은 구원받은 백성이 걸어가야 할 완전한 본**입니다.[4]

기도를 가르치신 그리스도

예수님께서 한 곳에서 기도를 마치신 후에 일어난 일입니다. 제자 중 하나가 예수님께 기도를 가르쳐달라고 요청합니다.

> "예수께서 한 곳에서 기도하시고 마치시매 제자 중 하나가 여짜오되 주여 요한이 자기 제자들에게 기도를 가르친 것과 같이 우리에게도 가르쳐 주옵소서"(눅 11:1)

성경은 그 제자가 누군지 밝히지 않습니다. 여기서 중요한 것은 제자의 이름이 아니기 때문입니다. 예수님께서는 우리에게 널리 알려진 '주기도문'[5](눅 11:2~4)을 제자들에게 가르쳐주셨습니다. 요청한 사람은 하

---

4 본이 된다는 말에 대하여 오해하지 말아야겠습니다. 예수님께서 새벽에 기도하셨으니 교회에도 새벽기도회가 있어야 하고, 예수님께서 밤새워 기도하셨으니 교회에도 철야기도회가 있어야 한다는 식의 적용은 문자주의(literalism)의 위험을 동반합니다. 예수님께서 언제나 하나님 아버지의 뜻을 구하고, 이에 순종하신 것이 구원받은 백성들에게 본이 된다는 뜻입니다.

5 필자는 '주기도문'보다는 '주님께서 가르치신 기도'가 좀 더 정확한 표현이라고 봅니다. 한글의 어법상 '주기도문'은 '주님께서 하신 기도문'으로도 이해될 여지가 있기 때문입니다. 마 6:9~13과 눅 11:2~4를 '주님께서 가르치신 기도'로, 요한복음 17장을 '주기도문'으로 부르면 더 좋겠다는 생각을 종종 해왔습니다. 그러나 '주기

나였으나, 예수님께서는 그 사람뿐 아니라 "너희", 즉 제자들 모두에게 기도를 가르치셨습니다.

"예수께서 이르시되 너희는 기도할 때에 이렇게 하라…"(눅 11:2)

이 말씀은 마태복음에도 있습니다.

"그러므로 너희는 이렇게 기도하라…"(마 6:9)

당시 유대인들은 어머니 뱃속에서부터 부모의 기도를 듣습니다. 태어나고 자라면서 부모와 주위 유대인들의 기도를 듣습니다. 회당에서 기도하는 법을 배웁니다. 그래서 기도할 줄 모르는 유대인은 없다고 해도 과언이 아닙니다.

그런데도 그 제자는 예수님께 기도를 가르쳐달라고 요청합니다. 그리고 예수님께서는 제자들에게 기도를 가르치십니다. 여기 정말 단순하지만 중요한 교훈이 있습니다.

첫째, 우리는 스스로 기도할 수 없습니다. 누군가에게 기도를 배워야 합니다.

둘째, 우리에게 기도를 가르치시는 분은 예수 그리스도십니다.

첫째와 관련하여, 제자의 요청은 올바릅니다. 그는 예수님께 기도를

도문'이 오랜 기간 한국 교회에서 통일된 용어로 사용되어왔으므로 이 책에서는 그대로 사용하겠습니다.

배우려고 요청했기 때문입니다. 둘째와 관련하여, 제자는 더 크고 깊은 지식으로 나아가야 했습니다. 당시 유대인 랍비들은 자기만의 기도문을 만들어 제자들에게 가르쳤습니다. 세례 요한 역시 자기 제자들에게 기도를 가르쳤습니다. 그래서인지 그 제자는 세례 요한이 한 것처럼, 예수님께서도 기도를 가르쳐주시길 바랐습니다. 그러나 예수님께서 가르치시는 기도는 세례 요한의 기도와는 비교할 수 없는 내용입니다. 유대인 랍비 중 누구도, 여자가 낳은 자 중에 가장 큰 자인 세례 요한조차 하나님을 향해 "하늘에 계신 우리 아버지"라고 기도하도록 가르치지 못했습니다. 그러나 이제 예수님의 제자들은 그렇게 기도할 수 있습니다. 예수 그리스도 덕분에, 예수 그리스도 안에서 하나님께서 그들의 아버지가 되는 시대가 개막했기 때문입니다. 그래서 하나님 나라에서는 지극히 작은 자도 세례 요한보다 더 큰 위치에 오르는 시대가 열렸기 때문입니다.[6]

오직 예수 그리스도 안에서만 가능한 기도

그러니 여러분! 기도라는 행위를 하기 전에, 먼저 알고 고백해야 할 일이 있습니다. 예수님 없이는, 나 스스로는 결단코 기도할 수 없음을 먼저 깨닫고 하나님께 이를 고백해야 합니다. 그다음, 우리는 기도를 배워야 합니다. 우리에게 기도를 가르치시는 진정한 랍비가 계십니다. 우리 주 예수 그리스도십니다. 그분에게 기도를 배워야 합니다. 성경을 따라 기도하는 습관을 익히신 그분께 배워야 성경대로 기도할 수 있으며, 기도가 우리의 삶이 됩니다.

---

6 마 11:11; 눅 7:28.

이 때문에 기도는 아래에서 위로 올라가기 전에, 위에서 아래로 내려오는 것이 선행해야 합니다. 위에 계신 그리스도께서 아래에 있는 우리를 위해 기도하셔야 합니다. 위에 계신 그리스도께서 아래에 있는 우리에게 기도를 가르쳐주셔야 합니다. 위에 계신 그리스도께서 아래에 있는 우리에게 성경대로 기도하는 법을 가르쳐주셔야 합니다. 이런 이유로, 기도는 인간의 공로가 아니라 하나님께서 그리스도 안에서 우리에게 은혜를 내려주시는 통로, 즉 '은혜의 방편'입니다.[7] 구주 예수 그리스도 없이는, 기도를 포함하여 제자들이 할 수 있는 것은 아무것도 없습니다.

"나는 포도나무요 너희는 가지니 저가 내 안에, 내가 저 안에 있으면 이 사람은 과실을 많이 맺나니 나를 떠나서는 너희가 아무것도 할 수 없음이라"(요 15:5)

---

7 "문: 그리스도께서 우리에게 구속의 은덕을 전달하시는 외적이고 통상적인 방편은 무엇입니까?
   답: 그리스도께서 그분의 교회에 그분의 중보의 은덕을 전달하는 외적이고 통상적인 방편들은 그분의 모든 규례들, 특히 말씀과 성례와 기도입니다. 이 모든 것은 피택자들이 구원을 받는 데 효력이 있게 합니다."(소교리 제88문답; 참고, 대교리 제 154문답)

복습을 위한 질문 ◆ ‧ ‧

1. 기도와 관련하여, 한국 교회의 장점을 생각나는 대로 말해보십시오. 부족한 점이 있다면 어떤 것이 있는지 말해보십시오.

2. "습관을 좇아"(눅 22:39)에서 "습관"은 무엇을 의미합니까? 예수님께서 무엇을 따라, 또 어떻게 기도하셨다는 뜻입니까?

3. 메시아의 사역에서 기도가 왜 중요합니까?

4. 예수님의 기도 생활이 우리에게 본이 되는 이유가 무엇입니까?

5. 기도를 가르쳐달라는 제자의 요청과 주기도문을 가르치신 예수님의 대답을 통해 얻는 두 가지 교훈이 무엇입니까?

6. 기도를 가르쳐달라고 요청한 제자가 미처 깨닫지 못한 것, 그래서 더 깊은 지식으로 나아가야 했던 것이 무엇입니까?

7. 기도가 왜 '은혜의 방편'인지 설명해 보십시오.

8. 한 걸음 더 오직 예수님을 통해서만 기도를 배울 수 있고, 바르게 기도할 수 있
   다는 사실은 단지 기도의 마지막에 '예수님의 이름'을 언급하기만 하는 것과 어
   떤 차이가 있는지 생각해 보고 서로 말해봅시다.

Pray with the Church,
Pray to Restore the Church

제2장

삼위 하나님과 기도

마 6:9 (참고, 눅 11:2)
그러므로 너희는 이렇게 기도하라 하늘에 계신 우리 아버지여 이름이 거룩히 여김
을 받으시오며9

롬 8:26~27, 34
이와 같이 성령도 우리 연약함을 도우시나니 우리가 마땅히 빌 바를 알지 못하나
오직 성령이 말할 수 없는 탄식으로 우리를 위하여 친히 간구하시느니라26 마음을
감찰하시는 이가 성령의 생각을 아시나니 이는 성령이 하나님의 뜻대로 성도를 위
하여 간구하심이니라27 … 누가 정죄하리요 죽으실 뿐 아니라 다시 살아나신 이는
그리스도 예수시니 그는 하나님 우편에 계신 자요 우리를 위하여 간구하시는 자시
니라34

제2장

삼위 하나님과 기도

'기도'를 떠올릴 때, 일반적으로 그리스도인들은 사람이 하나님께 하는 행위라고 생각합니다. 옳습니다. 기도는 사람이 하나님께 올려드리는 신앙고백이요, 찬송이며, 최고의 순종입니다. 개혁자 칼뱅의 말 그대로, "기도는 믿음의 최상의 실천"입니다. 하나님이 사람에게 기도하지 않고, 사람이 하나님께 기도합니다.

이와 함께 우리가 잊기 쉬운 것이 있습니다. 그것은 바로 **기도는 삼위 하나님의 사역**이라는 점입니다.

삼위일체 하나님: 신앙과 삶의 시작, 과정, 종결

현대 그리스도인 중 다수가 삼위일체 교리에 대하여 이렇게 생각합니다.

'삼위일체를 믿지 않으면 구원받지 못하고 지옥에 간다고 배웠어.
그래서 삼위일체 하나님을 믿어야 해.
그러나 삼위일체 교리는 우리의 실제 생활과는 큰 관계가 없어.'

그러나 교회사 가운데 정통신앙을 계승한 교회 지도자들은 그렇게 생각하지 않았습니다. **삼위일체는 기독교 신앙의 시작이자 과정이며 결론**이라고 믿고 가르쳤습니다. 삼위일체 하나님은 믿어야 할 모든 것이며, 그분의 형상으로 지으심을 받은 사람/교회의 모든 삶의 근거라고 고백했습니다.

정말 그렇습니다. 삼위일체 교리가 얼마나 우리의 신앙과 삶에 밀접한지 몇 가지 예를 들어보겠습니다.

첫째, **구원론**입니다. 성부께서는 일어날 모든 일을 작정하셨습니다. 그분은 창조와 섭리의 사역을 통해 그분의 작정을 이루십니다. 성자께서는 성부의 작정을 성취하십니다. 성부께서 작정하신 것 중 성자를 통하지 않고서는 성취되는 것이 없습니다. 성부의 모든 계획이 오직 성자를 통해서만 이루어집니다. 성자께서는 구속과 중보의 사역을 통해 이를 성취하십니다. 성령께서는 성부께서 계획하시고, 성자께서 성취하신 일을 적용하십니다. 특히 성부께서 택하시고, 성자께서 구속하신 백성들을 효력 있는 부르심과 인치심(보증)의 사역을 통해 적용하십니다. 이렇게 삼위일체 하나님께서 구원의 시작과 과정과 종결자십니다. 이런 이유로, 삼위일체 하나님의 사역이 없으면 누구도 구원받지 못합니다. 삼위일체 하나님을 알고 고백하지 않으면 누구도 구원받지 못합니다.

둘째, **교회론**입니다. 성부께서는 그분의 택하신 백성을 교회로 부르십니다. 성자께서는 자신의 피로 교회를 구속하셨습니다(값을 치르고 사셨습니다). 친히 교회의 머리가 되어 다스리십니다. 성령께서는 교회를 세상 끝 날까지 보존하시고, 하나 되게 하시며, 확장하십니다. 교회는 성부의 자녀이자 백성, 성자의 신부이자 몸, 성령의 전입니다. 삼위일체 없이는 교회가 세워질 수도, 유지될 수도 없습니다. 그리스도인의 교회 생활은 오직 삼위 하나님의 사역 안에서만 가능합니다.

셋째, (구원론과도 연결되는) **선교**에 대해 말해보겠습니다. 성부께서는 그분이 택하신 백성을 성자에게로 보내십니다. 즉, 성자 예수 그리스도의 복음이 선포되는 자리로 보내십니다. 성자께서는 성부께서 보내신 백성 중 단 한 사람도 놓치지 않고 구속하십니다. 성자께서는 모든 인류가 아니라 오직 성부께서 택하시고 자기에게로 보내는 백성을 위해 피를 흘리셨기 때문입니다. 성령께서는 성부께서 성자에게 보내시고, 성자께서 구속하신 백성이 복음의 말씀을 들을 때 깨닫게 하여 살려주십니다. 오직 성령의 능력으로만 죽은 영혼이 살아납니다.

> "아버지께서 내게 주시는 자는 다 내게로 올 것이요 내게 오는 자는 내가 결코 내어 쫓지 아니하리라 37 ⋯ 나를 보내신 이의 뜻을 행하려 함이니라 나를 보내신 이의 뜻은 내게 주신 자 중에 내가 하나도 잃어버리지 아니하고 마지막 날에 다시 살리는 이것이니라 39 내 아버지의 뜻은 아들을 보고 믿는 자마다 영생을 얻는 이것이니 마지막 날에 내가 이를 다시 살리리라 하시니라 40 ⋯ 나를 보내신 아버지께서 이끌지 아니하면 아무라도 내게 올 수 없으니 오는 그를 내가 마지막 날에 다시 살리리라 44 ⋯ 살리는 것은 영(필자 주: 성령)이니 육은 무익하니라 내가 너희에게 이른 말이 영이요 생명이라 63"(요 6:37, 39~40, 44, 63)

그러므로 선교는 전략과 방법에 달려 있지 않고, 삼위 하나님의 사역에 달려 있습니다. 선교하는 교회/그리스도인은 성부의 작정, 성자의 구속, 성령의 효력 있는 부르심(적용)을 믿고 의지해야 합니다.

넷째, 목사가 선포하는 **설교**를 생각해 봅시다. 여호와 하나님은 말씀하시는 하나님이십니다. 성부께서는 선지자들을 통해 장차 오실 성자를 말씀하셨습니다. 성자는 성부의 말씀일 뿐 아니라 그 말씀의 내용입니다. 성령님은 성부의 말씀인 성자를 깨닫도록 듣는 자들에게 역사하십니다. 설교 시간에 아버지는 말씀하시고, 아들은 그 말씀의 내용이 되시며, 성령은 회중의 마음에 그 말씀을 밝히 비추어(조명하여) 그들로 깨닫게 하십니다. 삼위 하나님의 사역 없이 설교는 불가능합니다. 그래서 말씀이 목사의 도구가 아니라 목사가 말씀의 도구입니다.

단 몇 가지 실례만 들었지만, **삼위일체 교리는 교회/그리스도인의 신앙과 삶의 시작이요 과정이며 종결**입니다. 그렇다면 기도 역시 그렇지 않겠습니까? 정말 그렇습니다. 삼위 하나님의 사역 없이 기도를 논할 수 없습니다.

기도를 듣고 응답하시는 아버지

성부께서는 우리의 기도를 들으시고 응답하십니다. 사실 성부, 성자, 성령 삼위 모두가 신앙의 대상이며, 기도의 대상이십니다. 그런데도 우리는 "이런 내용은 아버지께, 이런 내용은 아들께, 이런 내용은 성령님께 아룁니다."라고 기도하지 않습니다. 우리는 단지 하늘에 계신 우리 하나님 아버지께 간구합니다. 삼위 모두 신앙의 대상이요 기도의 대상이시지만, 기도를 듣고 응답하는 직접적인 사역을 성부께서 하시기 때문입니다.

이는 마치 삼위 모두 창조주시지만, 사도신조에서 "나는 전능하신 하나님 아버지, 천지의 창조주를 믿습니다."라고 고백하는 것과 같습니다. 성부께서 창조 사역의 주도권을 갖고 일하셨기 때문입니다. 성부는 모든 것을 계획하고 시작하는 분이시기 때문입니다.

그래서 우리는 기도할 때, 하나님 아버지께 기도합니다. 예수님께서도 그렇게 하라고 가르치셨습니다.

> "그러므로 너희는 이렇게 기도하라 하늘에 계신 우리 아버지여 이름이
> 거룩히 여김을 받으시오며"(마 6:9; 참고, 눅 11:2)

하나님 아버지께서 기도를 듣지 않으신다면, 그분이 기도에 응답하지 않으신다면 우리는 기도할 필요가 없습니다. 듣지도 않고 응답하지도 않는 분에게 왜 기도합니까? 엘리야와 대결한 바알 선지자들이 자기 몸을 자해하며 온종일 부르짖었으나 그들의 신은 응답하지 않았습니다.[8] 바알은 참 신이 아니기 때문입니다. 기도의 출발은 성부께서 우리의 기도를 듣고 응답하신다는 데 있습니다. 그분은 우리에게 깊은 애정과 관심을 두고 계십니다. 우리가 구하기 전에 우리에게 필요한 것이 무엇인지 우리보다 더 잘 아십니다.

> "또 기도할 때에 이방인과 같이 중언부언하지 말라 저희는 말을 많이
> 하여야 들으실 줄 생각하느니라 7 그러므로 저희를 본받지 말라 구하기
> 전에 너희에게 있어야 할 것을 하나님 너희 아버지께서 아시느니라 8"
> (마 6:7~8)

---

8 왕상 18:25~29. 엘리야의 기도와 관련한 좀 더 상세한 설명으로는 이 책 "제5장.
   엘리야의 담대한 기도 (1): 타락한 교회에 임한 심판"과 "제6장. 엘리야의 담대한
   기도 (2): 회개한 교회에 내리는 비"를 참고하십시오.

"구하라 그러면 너희에게 주실 것이요 찾으라 그러면 찾을 것이요 문을 두드리라 그러면 너희에게 열릴 것이니 7 구하는 이마다 얻을 것이요 찾는 이가 찾을 것이요 두드리는 이에게 열릴 것이니라 8 너희 중에 누가 아들이 떡을 달라 하면 돌을 주며 9 생선을 달라 하면 뱀을 줄 사람이 있겠느냐 10 너희가 악한 자라도 좋은 것으로 자식에게 줄 줄 알거든 하물며 하늘에 계신 너희 아버지께서 구하는 자에게 좋은 것으로 주시지 않겠느냐 11"(마 7:7~11; 참고, 눅 11:9~13)

기도하시는 아들

성자께서 하시는 사역의 핵심은 중보입니다. 이는 기도와 관련해서도 그렇습니다. 기도와 관련하여 성자 예수 그리스도의 사역은 다음의 두 가지로 요약할 수 있습니다.

첫째, **우리를 위해 기도**하십니다. 둘째, **우리의 기도와 성부의 응답 양쪽 모두의 유일한 통로**이십니다.

(1) 우리를 위해 기도하시는 아들

'기도'라는 말을 들으면 사람이 하나님께 기도하는 모습이 먼저 떠오릅니다. 그러나 '누가 기도하는가?'라는 질문에 가장 먼저 대답할 수 있는 분은 바로 성자 예수 그리스도십니다. 우리가 기도하기 전에 그분이 하나님 아버지와 우리 사이의 중보자로서 기도하십니다. "제1장. 기도하신 그리스도, 기도를 가르치신 그리스도"에서 이미 설명한 대로, 기도는 그분의 메시아 사역에서 필수 요소입니다. 땅 위에 계실 때, 예수 그리스도께서는 그분의 백성들을 위해 하나님 아버지께 중보 기도를 올리셨습니다.[9] 잡히시던 날 밤, 그분은 겟세마네 동산에서 말할 수 없는 탄식으로 기도하셨습니다. 아버지의 원대로 해달라는 그 기도는 아버지의 택하신 자들을 대속하기 위해 십자가 위에서 죽겠다는 중보의 기도입니다.[10] 심지어 그분은 십자가 위에서도 기도하셨습니다.

> "… 아버지여 저희를 사하여 주옵소서 자기의 하는 것을 알지 못함이니이다…"(눅 23:34)

예수님의 중보 기도는 땅 위에서뿐 아니라 하늘에서도 계속됩니다. 부활·승천하신 그분은 지금도 하나님 아버지 우편에서 우리를 위해 기도하십니다.

> "누가 정죄하리요 죽으실 뿐 아니라 다시 살아나신 이는 그리스도 예수시니 그는 하나님 우편에 계신 자요 우리를 위하여 간구하시는 자시니라"(롬 8:34)

이 사실을 잊지 마십시오. 예수님의 기도가 없었다면 우리는 구원받지 못했습니다. 예수님께서 지금도 하나님 아버지 우편에서 기도하지 않는다면 우리의 기도는 헛됩니다. 예수님의 기도가 없다면, 하나님 아버지께서 우리의 기도를 듣지도 응답하지도 않으십니다. 누가 기도합니까? 우리보다 먼저 기도하는 중보자가 계십니다. 예수 그리스도십니다.

---

9 특히 요한복음 17장 전체가 그 대표적인 실례입니다.
10 마 26:36~46; 막 14:32~42; 눅 22:39~46; 히 5:7~10.

(2) 우리의 기도와 하나님 아버지의 응답의 유일한 통로

예수님은 우리가 하나님께 올리는 기도의 유일한 통로입니다. 그분이 친히 제자들에게 가르치신 주기도문의 첫 어구는 "하늘에 계신 우리 아버지여"입니다.

> "그러므로 너희는 이렇게 기도하라 하늘에 계신 우리 아버지여 이름이 거룩히 여김을 받으시오며"(마 6:9; 참고, 눅 11:2)

하나님 아버지와의 관계에서 예수님과 그리스도인들 사이에는 결정적인 차이가 있습니다. 하나님 아버지를 가리켜 "내 아버지"라고 할 수 있는 분은 오직 예수 그리스도뿐입니다.[11] 그분은 영원하신 하나님 아버지의 유일무이한 아들이시기 때문입니다. 그리스도 외에는, 하나님의 백성 중 누구도 하나님 아버지를 가리켜 "내 아버지"라고 부를 수 없습니다. 오직 예수 그리스도만이 하나님 아버지의 친아들이시며, 우리는 그리스도 안에서 아버지께 입양된 자녀이기 때문입니다.

> "문: 우리 역시 하나님의 자녀인데, 그분을 왜 "하나님의 독생자"라 부릅니까?
>
> 답: 왜냐하면 오직 그리스도만 본질로 하나님의 영원한 아들이시기 때문입니다. 우리는 그리스도 말미암아 은혜로 입양된 하나님의 자녀

---

11 마 7:21; 10:32, 33; 11:27; 12:50; 16:17; 18:10, 19; 20:23; 25:34; 26:29, 39, 42, 53; 눅 2:49; 10:22; 22:29; 24:49; 요 2:16; 5:17, 43; 6:32, 40, 65; 8:19, 38, 49, 54; 10:18, 25, 29, 37; 12:26, 50; 14:2, 7, 21, 23; 15:1, 8, 15, 23, 24; 20:17; 계 2:27; 3:5.

입니다.”(하이델베르크 제33문)

하나님의 아들이신 예수님 덕분에 우리도 하나님의 자녀가 되었습니다.[12] 예수님께서 “아빠(ἀββά, 아바)”라고 부르는 그분[13]을 우리도 “아빠”라고 부르게 되었습니다.[14] 그렇다고 해도 차이가 있습니다. 하나님은 여전히 예수님께 “내 아버지”시며, 구원받은 백성에게는 “우리 아버지”십니다. 이런 이유로, 예수님께서는 “너희는 이렇게 기도하라 하늘에 계신 우리 아버지여”라고 하나님을 부르도록 가르치셨습니다. 주기도문의 서두에는 오직 예수님만의 아버지이신 하나님을 예수님 덕분에 우리도 “우리 아버지”라고 부르게 되었다는 전제가 이미 깔려 있습니다. 그러니 예수님이 아니면 누구도 하나님께 기도할 수 없습니다. 예수님은 우리가 하나님을 “아버지”라고 부르며 그분께 기도할 수 있는 유일한 통로입니다.

“‘하나님’을 ‘아버지’라 부를 때 우리는 ‘그리스도’라는 이름을 제시합니다. 과연 무슨 확신이 있기에 하나님을 ‘아버지’라고 부른단 말입니까? 그리스도 안에서 베푸신 은혜로 말미암아 우리가 자녀로 입양된 일이 없다면, 누가 감히 그렇게 건방지게 자신을 하나님의 아들의 높은 존귀를 가진 존재로 치부할 수 있겠습니까?”[15]

---

12 요 1:12.

13 막 14:36.

14 롬 8:15; 갈 4:6.

15 John Calvin, *Institutes*, III.20.36.

"너희가 *내 이름으로* 무엇을 구하든지 내가 시행하리니 이는 아버지로 하여금 아들을 인하여 영광을 얻으시게 하려 함이라 13 *내 이름으로* 무엇이든지 내게 구하면 내가 시행하리라 14"(요 14:13~14)

"너희가 나를 택한 것이 아니요 내가 너희를 택하여 세웠나니 이는 너희로 가서 과실을 맺게 하고 또 너희 과실이 항상 있게 하여 *내 이름으로* 아버지께 무엇을 구하든지 다 받게 하려 함이니라"(요 15:16)

이뿐 아닙니다. **성자 예수 그리스도는 하나님 아버지께서 우리의 기도를 들으시고 우리에게 응답하시는 유일한 통로**이기도 합니다. 칠십인의 제자가 돌아와 승리의 소식을 전하자, 예수님께서는 하나님 아버지께 이렇게 기도하십니다.

"이때에 예수께서 성령으로 기뻐하사 가라사대 천지의 주재이신 아버지여 이것을 지혜롭고 슬기 있는 자들에게는 숨기시고 어린아이들에게는 나타내심을 감사하나이다 옳소이다 이렇게 된 것이 아버지의 뜻이니이다 21 *내 아버지께서 모든 것을 내게 주셨으니 아버지 외에는 아들이 누군지 아는 자가 없고 아들과 또 아들의 소원대로 계시를 받는 자 외에는 아버지가 누군지 아는 자가 없나이다* 하시고 22"(눅 10:21~22)

하나님 아버지께서는 오직 예수님을 통해서만 기도에 응답하십니다. 오직 예수님을 통해서만 그분의 뜻을 알리십니다. 그러므로 우리는 예수님을 통해서 기도할 뿐 아니라 예수님을 통해서 하나님 아버지의 뜻을 깨닫습니다.

그러니 "예수님의 이름"은 단순히 기도의 마지막, "아멘" 바로 앞에만 필요한 것이 아닙니다. "예수님 이름으로 기도합니다."라는 말 속에는 오직 예수 그리스도를 통해서만 하나님 아버지께 기도하며, 하나님 아버지께서는 오직 예수 그리스도를 통해서만 기도를 들으시고 응답하신다는 뜻이 담겨 있습니다.

> "그날에는 너희가 아무것도 내게 묻지 아니하리라 내가 진실로 진실로 너희에게 이르노니 너희가 무엇이든지 아버지께 구하는 것을 *내 이름으로 주시리라* 23 지금까지는 너희가 *내 이름으로* 아무것도 구하지 아니하였으나 *구하라* 그리하면 받으리니 너희 기쁨이 충만하리라 24"(요 16:23~24)

기도를 도우시는 성령님

성부께서는 우리의 기도를 들으시고 응답하십니다. 성자께서는 우리를 위해 기도하십니다. 또한, 기도와 응답의 유일한 통로이십니다. 그러면 기도와 관련하여 성령께서는 어떤 사역을 하십니까? 그분은 우리의 기도를 도우십니다.

> "이와 같이 *성령도 우리 연약함을 도우시나니* 우리가 마땅히 빌 바를 알지 못하나 오직 성령이 말할 수 없는 탄식으로 우리를 위하여 친히 간구하시느니라 26 마음을 감찰하시는 이가 성령의 생각을 아시나니 이는 성령이 하나님의 뜻대로 성도를 위하여 간구하심이니라 27"(롬 8:26~27)

어떤 이들은 26절의 "말할 수 없는 탄식"을 알아들을 수 없는 탄성이나 비명, 또는 괴성과 같은 소리를 내는 방언 기도로 곡해합니다. 그러나 26~27절은 사람 따로, 성령님 따로 기도한다는 뜻이 아닙니다. **믿는 자들에게 내주하시는 성령님께서 그들이 하나님의 뜻대로 기도하게 도우신다**는 뜻입니다.[16] 개혁자 칼뱅의 설명은 우리에게 큰 유익을 줍니다.

> "성령님께서 실제로 기도하신다거나 탄식하신다는 뜻이 아니라, 우리의 본성적인 능력으로는 결코 가질 수 없는 그런 탄식과 소원과 신뢰를 우리 속에 불러일으키신다는 뜻입니다."[17]

성부와 성자의 사역은 오직 성령님의 사역을 통해 실제로 적용됩니다. 성령님은 도무지 기도할 능력도 의지도 없으며, 무엇을 기도해야 할지도 모르는 우리가 기도하도록 역사하십니다. 우리 속에 기도할 마음을 주십니다. 기도할 때 하나님의 뜻대로 기도하게 하십니다. 하나님의 응답을 믿고 간구하게 역사하십니다. 예수 그리스도를 굳게 신뢰하여 그분의 이름으로 기도하게 하십니다. 그런 의미에서 성령님은 **기도의 인도자이며 조력자**입니다.

성령님께서 우리의 기도를 도우신다는 표현 때문에 그분의 능력을 과

---

16 롬 8:26~27과 같은 용법의 본문이 있습니다.
   "내가 아버지께로서 너희(필자 주: 사도들)에게 보낼 보혜사 곧 아버지께로서 나오시는 진리의 성령이 오실 때에 그가 나를 증거하실 것이요[26] 너희도 처음부터 나와 함께 있었으므로 증거하느니라[27]"(요 15:26~27)
   예수님께서 잡히시던 날 밤에 하신 이 말씀은 사도들 따로, 성령님 따로 증거한다는 뜻이 아닙니다. 사도들에게 내주하실 성령님께서 그들이 예수님을 증거하도록 역사하신다는 뜻입니다.
17 John Calvin, *Institutes*, III.20.5.

소평가하면 안 됩니다. 성령님은 죽은 영혼을 살리십니다.[18] 도무지 예수님을 "주님"이라고 고백할 수 없는 자의 마음을 돌이켜 고백하게 하십니다.[19] 예수님을 구주로 믿는 자가 자신을 하나님의 자녀로 확신하여 그분을 "아빠"라고 부르게 역사하십니다.[20] 성령님은 "하나님의 영"이요 "그리스도의 영"이시므로 성령님이 그 속에 없는 자는 그리스도인이 아닙니다.[21] 그러니 그분만큼 성부와 성자를 잘 아는 분이 없습니다. 그래서 성령님께서 기도를 인도하시고 도우셔야 합니다. 그래야 우리가 하나님의 뜻대로, 예수 그리스도를 의지하여 기도할 수 있습니다.

공로가 아닌 오직 은혜

이상으로 우리는 기도가 삼위 하나님의 사역이라는 사실을 살펴보았습니다. 이를 표로 나타내면 다음과 같습니다.

표 1. 삼위일체 하나님과 기도

삼위	사역	기도와 관련한 사역	
성부	작정(시작): 창조와 섭리	기도의 대상 (우리 아버지여!)	기도를 들으심 기도에 응답하심
성자	구속(성취): 중보와 대속	기도의 통로 (예수님의 이름으로)	성부 우편에서 기도 기도의 유일한 통로 기도 응답의 유일한 통로
성령	적용(보존과 완성): 효력 있는 부르심과 보증(인치심)	기도의 인도자/조력자 (성령의 능력으로)	기도를 도우심

---

18 요 6:63.
19 고전 12:3.
20 롬 8:14~16.
21 롬 8:9.

기도가 삼위 하나님의 사역이라면 누구도 자신의 공로를 자랑할 수 없습니다. "나는 며칠을 기도했다.", "나는 이런 응답도 받아봤다."라는 식으로 자신을 내세우고 자랑할 수 없습니다. 기도는 삼위 하나님의 사역이므로 우리는 오직 그분의 은혜에 감사하여 순종할 뿐입니다. 기도하는 사람은 겸손할 수밖에 없습니다. 교만한 사람은 기도하지 않습니다. 그것이 아니라면 엉터리 기도 또는 기도라는 외식의 포장지를 두르고 있는 사람일 뿐입니다.

우리를 기도하게 하시는 삼위 하나님을 찬송합시다. 그분께 모든 영광을 돌려드립시다. 그분이 우리 기도의 시작이요 통로이며 종결자십니다. 아멘!

복습을 위한 질문 ◆ ··

1. 삼위일체 하나님께서 기독교 신앙의 시작이요 과정이며 종결이라는 몇 가지 실
례를 들어보십시오.

2. 기도와 관련하여 성부 하나님의 사역을 설명해 보십시오.

3. 기도와 관련하여 성자 하나님의 사역을 설명해 보십시오.

4. 기도와 관련하여 성령 하나님의 사역을 설명해 보십시오.

5. 기도 생활을 인간의 공로나 자랑거리로 내세울 수 없는 이유가 무엇입니까?

6. **한 걸음 더** 오늘날 교회 안팎에 기도와 관련하여 잘못된 관습이 있다면 서로 말
해봅시다. 어떻게 하면 이를 바로잡을 수 있을지도 서로 말해봅시다.

7. **한 걸음 더** 기도와 관련하여 자신이 잘못 생각해 온 것이 있다면 서로 말해봅시
다. 어떻게 하면 이를 바로잡을 수 있을지도 서로 말해봅시다.

Pray with the Church,
Pray to Restore the Church

제3장

하나님 중심, 성경 중심, 교회 중심

마 6:5~8

또 너희가 기도할 때에 외식하는 자와 같이 되지 말라 저희는 사람에게 보이려고 회당과 큰 거리 어귀에 서서 기도하기를 좋아하느니라 내가 진실로 너희에게 이르노니 저희는 자기 상을 이미 받았느니라5 너는 기도할 때에 네 골방에 들어가 문을 닫고 은밀한 중에 계신 네 아버지께 기도하라 은밀한 중에 보시는 네 아버지께서 갚으시리라6 또 기도할 때에 이방인과 같이 중언부언하지 말라 저희는 말을 많이 하여야 들으실 줄 생각하느니라7 그러므로 저희를 본받지 말라 구하기 전에 너희에게 있어야 할 것을 하나님 너희 아버지께서 아시느니라8

약 1:5~8

너희 중에 누구든지 지혜가 부족하거든 모든 사람에게 후히 주시고 꾸짖지 아니하시는 하나님께 구하라 그리하면 주시리라5 오직 믿음으로 구하고 조금도 의심하지 말라 의심하는 자는 마치 바람에 밀려 요동하는 바다 물결 같으니6 이런 사람은 무엇이든지 주께 얻기를 생각하지 말라7 두 마음을 품어 모든 일에 정함이 없는 자로다8

요일 5:14~15

그를 향하여 우리의 가진바 담대한 것이 이것이니 그의 뜻대로 무엇을 구하면 들으심이라14 우리가 무엇이든지 구하는 바를 들으시는 줄을 안즉 우리가 그에게 구한 그것을 얻은 줄을 또한 아느니라15

제3장

하나님 중심, 성경 중심, 교회 중심

앞의 제1~2장에서는 우리의 기도보다는 그리스도께서, 그리고 삼위 하나님께서 기도와 어떤 관련이 있는지 살폈습니다. 이 장에서는 우리가 하나님께 올려야 할 기도를 배우겠습니다.

하나님 중심의 기도

한국 교회 그리스도인들은 얼마나 열심히, 그리고 얼마나 간절히 기도하느냐에 최우선을 두는 경향이 있습니다. 그러나 제2장에서 배운 바와 같이, 기도는 삼위 하나님의 사역입니다. 하나님 아버지는 우리의 기도를 들으시며 응답하십니다. 아들이신 예수 그리스도는 우리를 위해 기도하시며, 우리가 드리는 기도와 아버지께서 응답하시는 유일한 통로가 되십니다. 성령님께서는 우리의 기도를 이끄시며 도우십니다. 그러니 하나님의 백성들에게는 무엇보다도 삼위 하나님의 사역을 알고, 받아들이는 자세가 필요합니다.

하나님 아버지의 사역을 모르는 사람은 마치 엘리야 시대의 바알 선지자처럼 기도하게 됩니다. 마치 인간이 온갖 열심과 정성을 다해 신의 관심을 끌어야만 하는 것처럼 말입니다. 예수님께서는 이를 엄히 경계하셨습니다.

> "또 기도할 때에 이방인과 같이 중언부언하지 말라 저희는 말을 많이
> 하여야 들으실 줄 생각하느니라7 그러므로 저희를 본받지 말라 구하기
> 전에 너희에게 있어야 할 것을 하나님 너희 아버지께서 아시느니라 8"
> (마 6:7~8)

우리의 기도를 들으시는 하나님 아버지는 우리에게 깊은 애정과 관심을 두십니다. 우리가 구하기도 전에 우리에게 필요한 것이 무엇인지다 알고 계십니다. 7절의 "중언부언"은 단순히 여러 번 반복하는 기도를 뜻하지 않습니다. 신의 관심을 끌기 위해 별 의미 없이 (마치 주문과도 같이) 같은 말을 반복하는 기도를 뜻합니다.[22] 한국 교회는 '주여 삼창'이라는 독특한 문화가 있습니다. 다 함께하는 통성기도 역시 익숙한풍경입니다. 이것이 하나님 아버지의 관심을 끌기 위한 행위가 되어서는 안 됩니다. 기도하는 분위기 조성을 위한 인위적인 장치가 되지 않아야 합니다. 그럴 때 이방 종교인의 기도와 별반 다르지 않게 된다는 점을 명심해야 합니다.

하나님 아버지께서 우리의 기도를 들으시고 응답하시는 이유는 나의정성이나 열심 때문이 아닙니다. 아들이신 예수 그리스도께서 아버지우편에서 우리를 위해 기도하시기 때문입니다. 예수 그리스도께서 유일한 중보자요 기도의 통로이시기 때문입니다. 이를 모르거나 무시하

---

22 이에 대한 좀 더 상세한 설명은 이 책 "제18장. 밤중에 찾아온 친구 비유: 강청함
    을 인하여 주리라!"를 참고하십시오.

는 사람은 은혜보다는 자신의 공로를 자랑하게 됩니다. 교만은 기도가 외식으로 흐르는 지름길입니다. 한국 교회에서는 일주일 금식기도 한 사람이 보름 금식기도 한 사람 앞에서 왠지 기를 펴지 못합니다. 새벽기도에 참석하는 사람은 으레 신앙이 성숙하고 고고한 사람처럼 여겨집니다. 금식기도나 새벽기도 자체는 선한 일입니다. 그러나 이것이 예수 그리스도의 중보 사역을 가리고, 그분의 은혜를 잊게 만드는 행위가 되어서는 안 됩니다. 자신을 내세우고 자랑하는 도구가 되어서는 안 됩니다. 그런 사람의 금식기도와 철야기도는 단식투쟁과 철야농성에 지나지 않습니다. 예수님께서는 이런 외식 역시 엄히 경계하셨습니다.

"또 너희가 기도할 때에 외식하는 자와 같이 되지 말라 저희는 사람에게 보이려고 회당과 큰 거리 어귀에 서서 기도하기를 좋아하느니라 내가 진실로 너희에게 이르노니 저희는 자기 상을 이미 받았느니라 5 너는 기도할 때에 네 골방에 들어가 문을 닫고 은밀한 중에 계신 네 아버지께 기도하라 은밀한 중에 보시는 네 아버지께서 갚으시리라 6"(마 6:5~6)[23]

하나님의 뜻대로, 그리스도를 의지하여 기도하기 위해서는 성령님의 인도와 도우심이 필수적입니다. 성령님의 사역을 모르거나 무시하는 사람은 자기 마음대로 기도합니다. 입으로는 '성령의 능력'을 강조하더라도, 자기가 기도의 주체자요 인도자가 됩니다. 기도는 어느새 하나님

---

23 6절의 "골방에 들어가 문을 닫고" 기도하라는 말씀을 문자 그대로 해석하여 공개적인 기도 자체를 반대해서는 안 됩니다. 이 문맥에서 이 어구는 외식하는 기도를 경계하는 말씀입니다.

의 뜻과 무관하게 자신의 탐욕을 채우는 수단, 또는 자기 뜻을 관철하는 도구로 전락합니다. 이와는 반대로, 성령 하나님의 사역을 신뢰하는 사람은 겸손히 그분의 도우심을 바라며, 그분의 인도를 따라 기도합니다. 성령님의 도우심을 사모하십시오.

"이와 같이 성령도 우리 연약함을 도우시나니 우리가 마땅히 빌 바를 알지 못하나 오직 성령이 말할 수 없는 탄식으로 우리를 위하여 친히 간구하시느니라 26 마음을 감찰하시는 이가 성령의 생각을 아시나니 이는 성령이 하나님의 뜻대로 성도를 위하여 간구하심이니라 27"(롬 8:26~27)

성경 중심의 기도
사도 요한은 수신자들에게 이렇게 가르칩니다.

"그를 향하여 우리의 가진바 담대한 것이 이것이니 *그의 뜻대로 무엇을 구하면 들으심이라* 14 우리가 무엇이든지 구하는 바를 들으시는 줄을 안즉 우리가 그에게 구한 그것을 얻은 줄을 또한 아느니라 15"(요일 5:14~15)

오늘날 너무나도 많은 그리스도인이 "무엇이든지"(15절)라는 문구에만 집착합니다. "무엇이든지"는 **"그의 뜻대로"**(14절)라는 전제 위에 있습니다. 기도는 하나님의 뜻을 알아가고 그분의 뜻에 순종하는 길입니다. 하늘에서 이루어진 그분의 뜻이 이 땅 위에 실현되는 통로입니다. [이 책 제2부(제5~20장)에서 좀 더 구체적으로 살펴겠지만,] 이런 이유로 믿음의 선조들은 **하나님께서 약속(말씀)하신 것을 달라고 기도**했습니다. 우리 하나님은 약속에 신실하십니다. 틀림없이 약속을 지키십니다. 그분이 약속(말씀)하신 것을 구하십시오. 그러면 틀림없이 주십니다.

하나님께서는 회개하는 자에게 사죄를 약속하셨습니다. 그래서 참으로 통회하는 심령으로 드리는 기도를 들으십니다. 회개하는 자의 기도에 응답하십니다.[24] 예수 그리스도의 은혜로 그 사람을 용서하십니다. 하나님께서는 예수 그리스도를 구주로 믿는 자에게 칭의를 약속하셨습니다. 그래서 참된 신앙고백을 올리는 자의 기도를 들으십니다. 예수 그리스도의 은혜로 그 사람을 의롭다고 하십니다.[25] 우리 하나님은 약속을 지키십니다. 그래서 약속(말씀)하신 것을 달라고 하면 주십니다.

그러나 하나님의 약속(말씀)과 무관한 것을 요구하는 사람들이 많습니다. 하나님께서 언제 "부자가 되게 해주옵소서!"라고 기도하면 들어주시겠다고 약속하셨습니까? 하나님께서 언제 "내 병을 고쳐주옵소서!"라고 기도하면 들어주시겠다고 약속하셨습니까?[26] 하나님께서는 때때로 그분의 선한 계획과 섭리를 위해 어떤 이들에게 큰 부(富)를 주십니다. 또 어떤 이들을 질병에서 치유하십니다. 그러나 모든 그리스도인에

---

24 눅 18:9~14; 요일 1:9.

25 롬 1:16~17; 3:24~26.

26 히스기야의 기도는 질병 치유와 관련하여 곡해되는 본문 중 하나입니다. 이에 대한 상세한 설명으로는 이 책 "제14장. 히스기야의 기도와 하나님의 응답: 이 성을 보호하리라!"를 참고하십시오. 약 5:14~16 역시 질병 치유와 관련하여 곡해되는 본문 중 하나입니다. 이 문맥은 장로들의 심방과 밀접한 관련이 있습니다. 이에 대한 상세한 설명으로는 권기현, 『장로들을 통해 찾아오시는 우리 하나님: 성경적인 장로교회 건설을 위한 몇 가지 묵상』(경북: 도서출판 R&F, 2020), 159~170을 참고하십시오.

게 그렇게 하시겠다고 약속하지 않으셨습니다. 설교자는 항구 불변한 진리만을 설교하고 가르쳐야 합니다. 하나님께서 소수의 그리스도인에게 역사하시는 일을 일반화해서는 안 됩니다.

하나님의 약속과 무관한 것을 기도하면 그 사람의 기도는 은혜의 방편이 아니라 탐욕의 수단이 되어버립니다. 하나님께서는 그 사람의 기도를 듣지 않으십니다. 응답하지 않으십니다.[27]

"너희가 욕심을 내어도 얻지 못하고 살인하며 시기하여도 능히 취하지 못하나니 너희가 다투고 싸우는도다 너희가 얻지 못함은 구하지 아니함이요 2 구하여도 받지 못함은 정욕으로 쓰려고 잘못 구함이니라 3"(약 4:2~3)[28]

예수님의 형제 야고보는 이 서신에서 다툼과 허영으로 잘못 간구하는 자들을 꾸짖습니다. 그들의 기도에는 교만이 깔려 있습니다. **오직 겸손한 사람만이 하나님의 뜻대로, 그분의 약속(말씀)을 따라 기도할 수 있습니다.**

---

27 물론 하나님의 뜻에 맞게, 선한 목적과 내용으로 기도하더라도 하나님께서 그 기도대로 응답하지 않으실 때도 있습니다. "육체의 가시"가 떠나게 해달라는 바울의 기도와 하나님의 응답(고후 12:7~9)이 그 대표적인 실례입니다. 하나님께서는 그 사람이 기도한 것보다 더 깊은 지혜와 섭리로 역사하여 선을 이루시기 때문입니다. 이 본문에 대한 상세한 설명으로는 권기현, "부록 1. "육체의 가시($\sigma\kappa\acute{o}\lambda o\psi$ $\tau\tilde{\eta}$ $\sigma\alpha\rho\kappa\acute{\iota}$)"는 질병인가?: 고후 12:7에 대한 성경신학적 접근", 『예수 그리스도의 사도』(경북: 도서출판 R&F, 2022), 154~187을 참고하십시오.

28 이 말씀의 배경과 문맥에는 교회의 세속화, 물질만능주의, 성도 간의 분쟁이 내포되어 있음을 기억하십시오.

"그러나 더욱 큰 은혜를 주시나니 그러므로 일렀으되 하나님이 교만한 자를 물리치시고 겸손한 자에게 은혜를 주신다 하였느니라"(약 4:6)

오직 믿음으로 아뢰는 기도

예수님의 형제 야고보는 **믿음으로 기도**해야 한다고 가르칩니다.

"너희 중에 누구든지 지혜가 부족하거든 모든 사람에게 후히 주시고 꾸짖지 아니하시는 하나님께 구하라 그리하면 주시리라 5 오직 *믿음으로 구하고 조금도 의심하지 말라* 의심하는 자는 마치 바람에 밀려 요동하는 바다 물결 같으니 6 이런 사람은 무엇이든지 주께 얻기를 생각하지 말라 7 두 마음을 품어 모든 일에 정함이 없는 자로다 8"(약 1:5~8)[29]

믿음의 기도는 맹목적인 기도와 전혀 다릅니다. **믿음의 기도는 담대한 기도**와 연결됩니다. 자녀를 사랑하시는 하나님 아버지의 애정과 관심을 알기에, 예수 그리스도 안에서, 하나님의 약속(말씀)을 따라, 믿음으로 기도할 수 있습니다. (자신의 열심 또는 정성 때문이 아니라) 이 때문에 담대히 하나님께 나아갈 수 있습니다(요일 5:14~15).

기도는 복권이 아닙니다. 당첨되면 횡재하고, 그렇지 않아도 약간의 낭비만 있는 그런 따위의 것이 아닙니다. 그런 사람은 기도하면서도 그 속에 참된 믿음이 없습니다. '혹시나' 하는 막연한 기대와 함께 그 속에는 의심이 가득합니다. 하나님께서는 그런 사람의 기도를 듣지 않으십

---

29 이 본문에서 "믿음으로" 구해야 하는 것은 "지혜"입니다. 핍박 가운데 있던 수신자들은 믿음으로 사안을 바라보고 해석하는 지혜가 부족했기에 세속화와 분쟁의 어려움을 겪었습니다.

니다. 응답하지 않으십니다.

사도 바울은 빌립보교회에 이렇게 가르칩니다.

"아무것도 염려하지 말고 오직 모든 일에 기도와 간구로, 너희 구할 것을 감사함으로 하나님께 아뢰라6 그리하면 모든 지각에 뛰어난 하나님의 평강이 그리스도 예수 안에서 너희 마음과 생각을 지키시리라7"(빌 4:6~7)[30]

염려와 의심은 긴밀하게 연결됩니다. 의심하는 사람은 염려하며, 염려하는 사람은 의심합니다. 염려는 불신앙의 표출이기 때문입니다.[31] 자녀들을 사랑하시는 하나님을 신뢰하십시오. 약속에 신실하신 그분을 의지하십시오. 믿음으로 기도하고 의심하지 마십시오.

교회 중심의 기도

여기서 하나만 더 언급하겠습니다. 사실 이 책에서 가장 강조하는 것이기도 합니다. '기도'라는 주제를 들을 때, 대다수 그리스도인은 '개인 기도'를 먼저 떠올립니다. 그래서 그런지 "언제 기도하십니까?"라고 물으면 이렇게 대답합니다.

---

30 빌립보교회는 가난한 중에도 자기의 것을 아끼지 않고 바울에게 연보를 보냈으며, 성도의 구제에 동참했습니다(빌 4:14~16; 참고, 고후 8:1~5). 그러나 유대주의 자들의 도전과 성도 간의 분쟁을 겪고 있었습니다. 바울은 그들이 염려하지 않고 기도하면 어려움이 해결된다고 하는 대신, 하나님의 평강이 그들의 마음과 생각을 지켜주실 것이라고 가르칩니다. 그러므로 이 본문을 마치 육체적, 재정적, 심적 문제 해결을 위한 만능열쇠처럼 사용하지 않도록 주의해야 합니다.

31 마 6:25~32.

"네, 아침에 일어나면 가장 먼저 기도합니다."

"하루의 일과를 끝낸 후에 자기 전에 기도합니다."

"예배당에 가서 혼자 기도합니다."

"직장에서 점심시간이나 휴식 시간에 기도합니다."

그러나 성경에 기록된 수많은 기도가 **교회가 함께 또는 교회를 위해 기도**한 것이라는 사실을 잊으면 안 됩니다.

모세는 금송아지를 숭배한 온 이스라엘을 대표하여, 그들의 회복을 위해 하나님께 나아가 기도합니다. 바알 선지자와 대결한 엘리야는 백성들이 보는 앞에서, 이스라엘의 회복을 위해 기도합니다. 다니엘은 멸망하여 포로로 잡혀간 이스라엘의 회복과 성전 재건을 위해 기도합니다. 호세아는 북 왕국 이스라엘이 하나님께 돌아와 회개하고 간구하라고 선포합니다. 삼손, 히스기야, 하박국, 예레미야 역시 교회의 회복을 위해 기도합니다. 이에 관해서는 이 책 제2부(제5~20장)에서 좀 더 상세히 설명하겠습니다.

포로 회복 시대에 에스라와 느헤미야는 온 이스라엘을 회집하여 기도합니다. 이때 이스라엘 백성들도 함께 기도합니다.

다른 누구보다도 예수 그리스도께서는 교회를 대표하여 기도하셨고, 교회를 위해 기도하셨습니다. 오병이어(五餠二魚)로 오천 명을 먹이실 때, 칠병이어(七餠二魚)로 사천 명을 먹이실 때, 모인 무리를 대표하여 하나님 아버지께 감사 기도하십니다. 잡히시던 날 밤, 성찬식을 제정하실 때도 그렇게 하십니다. 그분은 이 땅에 남겨둘 사도들과 교회를 위해 하나님 아버지께 기도하십니다. 그것이 바로 요한복음 17장 전체 내용입니다.

사도들은 어떻습니까? 유대인 제사장들과 장로들의 핍박과 협박, 고문 가운데서도 사도들은 온 교회와 함께 모여 기도합니다.[32] 사도 바울은 여러 성도와 자신을 위해 기도하라고 에베소교회에 명령합니다.[33] 데살로니가교회에는 "쉬지 말고 기도"하며, 복음을 전하는 바울 선교단을 위해 기도하라고 명령합니다.[34] 사도 베드로 역시 "본도", "갈라디아", "갑바도기아", "아시아"와 "비두니아" 등 각지에서 핍박 가운데 회집하는 교회가 기도할 것을 명령합니다.[35] 바울서신과 공동서신에 기록된 이런 명령은 개인 기도를 넘어 교회가 함께 모여 기도해야 함을 보여줍니다.

매 주일 공예배 중에는 몇 번이나 기도 순서가 있습니다. **공예배 중에 시행하는 여러 번의 기도**는 그리스도인 개인뿐 아니라 교회가 함께 모여 기도해야 함을 단적으로 드러냅니다. 그것을 깨달은 후부터 "언제 기도하십니까?"라는 질문을 받으면 필자는 이렇게 대답합니다.

"네, 저는 공예배 중에 기도합니다.
하늘에서는 하나님 아버지 우편에서 예수 그리스도께서 기도하십니다.
땅에서는 다 함께 모인 교회가 내주하시는 성령님의 인도로 기도합니다.
저는 교회와 함께 기도합니다.
참 교회를 보존하시고, 회복하시며, 왕성케 해달라고 하나님께 기도합니다.
그리고 예배 후에 저와 교인들은 각 가정에서, 그리고 개인적으로 기도

---

32 행 4:23~31.
33 엡 6:18~20.
34 살전 5:17, 25.
35 벧전 4:7.

합니다.

그러나 흩어져 있을 때도 우리는 교회와 함께, 교회를 위해 기도합니다."

필자의 이 대답은 이 책의 기록 목적이기도 합니다. 필자는 이 책을 읽는 모든 독자가 이렇게 기도하길 간절히 기도하며 이 책을 썼습니다.

교회는 '예배 공동체'이며, 동시에 '기도 공동체'입니다. 이 땅 위에 하나님의 뜻대로 예배하며 기도하는 교회는 결단코 사라지지 않을 것입니다. 그 어떤 핍박과 고난이 있어도.

복습을 위한 질문 ◆ ‧ ‧

1. 성부 하나님의 사역을 모르거나 무시하고 기도하면 어떤 문제가 발생합니까?

2. 성자 예수 그리스도의 사역을 모르거나 무시하고 기도하면 어떤 문제가 발생합니까?

3. 성령 하나님의 사역을 모르거나 무시하고 기도하면 어떤 문제가 발생합니까?

4. 우리는 무엇에 근거하여, 무엇을 따라 기도해야 합니까? 왜 그렇습니까?

5. 하나님의 약속(성경)과 무관하게 기도할 때, 어떤 문제가 발생합니까?

6. 교만과 겸손은 기도와 어떤 관계가 있습니까?

7. 담대한 기도와 맹목적인 기도는 어떤 차이가 있습니까?

8. 의심과 염려는 어떤 점에서 위험합니까?

9. 우리는 누구와 함께 기도해야 합니까? 그렇게 기도하는 가장 대표적인 현장이 무엇입니까?

10. **한 걸음 더** 평소에 주로 기도하는 내용이 무엇입니까? 그것이 하나님의 뜻과 무슨 관련이 있습니까? 교회와 무슨 관련이 있습니까?

11. **한 걸음 더** 교회의 공적 기도 제목으로 평소에 기도하십니까? 교회의 중요한 기도 제목을 알고 있거나 관심을 두고 기도하고 있습니까?

12. **한 걸음 더** 교인들이 각 가정과 사회에 흩어진 가운데서도 교회와 함께, 교회를 위해 기도할 수 있는 좋은 방안이 있습니까? 이를 위해 당회가 할 수 있는 일, 개인이 할 수 있는 일을 말해봅시다.

13. **한 걸음 더** '기도해야지' 하면서도 정작 기도하지 않는 모습은 없습니까? 왜 그런지 말해봅시다. 어떻게 하면 기도를 실천할 수 있을지도 말해봅시다.

Pray with the Church,
Pray to Restore the Church

공예배와 기도:
여로보암의 거짓 예배

왕상 12:25~33

여로보암이 에브라임 산지에 세겜을 건축하고 거기서 살며 또 거기서 나가서 부느 엘을 건축하고 25 그 마음에 스스로 이르기를 나라가 이제 다윗의 집으로 돌아가리 로다 26 만일 이 백성이 예루살렘에 있는 여호와의 전에 제사를 드리고자 하여 올라 가면 이 백성의 마음이 유다 왕 된 그 주 르호보암에게로 돌아가서 나를 죽이고 유 다 왕 르호보암에게로 돌아가리로다 하고 27 이에 계획하고 두 금송아지를 만들고 무리에게 말하기를 너희가 다시는 예루살렘에 올라갈 것이 없도다 이스라엘아 이 는 너희를 애굽 땅에서 인도하여 올린 너희 신이라 하고 28 하나는 벧엘에 두고 하 나는 단에 둔지라 29 이 일이 죄가 되었으니 이는 백성들이 단까지 가서 그 하나에 게 숭배함이더라 30 저가 또 산당들을 짓고 레위 자손 아닌 보통 백성으로 제사장을 삼고 31 팔월 곧 그 달 십오일로 절기를 정하여 유다의 절기와 비슷하게 하고 단에 올라가되 벧엘에서 그와 같이 행하여 그 만든 송아지에게 제사를 드렸으며 그 지은 산당의 제사장은 벧엘에서 세웠더라 32 저가 자기 마음대로 정한 달 곧 팔월 십오일 로 이스라엘 자손을 위하여 절기로 정하고 벧엘에 쌓은 단에 올라가서 분향하였더 라 33

제4장

공예배와 기도:
여로보암의 거짓 예배

골칫거리

여로보암은 솔로몬의 아들 르호보암에게 반기를 들어 북 왕국 이스라엘의 초대 왕이 되었습니다(주전 930년경). 열두 지파 중 무려 열 지파가 그를 따랐습니다.[36] 북 왕국이 인구와 군사력에서 남 왕국보다 더 강했습니다. 그러나 여로보암에게는 큰 골칫거리가 하나 있었습니다. 남왕국의 수도 예루살렘에는 한 세대 전에 솔로몬이 건축한 성전이 건재합니다.[37] 레위 지파 제사장들이 거기서 봉사하고 있습니다. 가장 큰 문제는 연중 큰 세 절기인 ①유월절과 무교절, ②맥추절(칠칠절), ③초막절(수장절)에는 예루살렘 성전에 가서 절기를 지켜야 한다고 율법이 명시하고 있다는 점입니다.[38] 여로보암의 입장에서는 자다가도 벌떡 일어날 지경입니다. 비록 이제는 다른 나라가 되었으나, 북 왕국 백성들의 마음속에도 위대한 왕 다윗에 대한 추억과 그리움이 있습니다. 그들이 매년

---

36 왕상 11:31, 35.
37 솔로몬은 주전 966년경에 성전 건축을 시작하여 7년 만에 완공했습니다.
38 출 23:14~17; 34:18~24; 신 16:1~17.

절기 때마다 국경을 넘어 예루살렘 성전을 방문한다고 생각해 보십시오. 다윗의 자손이 다스리는 남 왕국과 분리한 것을 후회하고 언제 다시 반역을 일으킬지 모를 일입니다.[39]

> "그 마음에 스스로 이르기를 나라가 이제 다윗의 집으로 돌아가리로다 26 만일 이 백성이 예루살렘에 있는 여호와의 전에 제사를 드리고자 하여 올라가면 이 백성의 마음이 유다 왕 된 그 주 르호보암에게로 돌아가서 나를 죽이고 유다 왕 르호보암에게로 돌아가리로다 하고 27"(26~27절)

절묘한 꾀

여로보암은 그 문제를 해결할 방도를 생각해 냅니다.

> '북 왕국 자체에서 종교와 예배 문제를 해결하면 되지 않겠는가? 그러면 굳이 국경을 넘어 예루살렘 성전으로 갈 필요가 없지 않겠는가?'

여로보암은 대단한 지도력을 가진 정치가일 뿐 아니라 뛰어난 지혜를

---

39 북 왕국 백성들이 국경을 넘어 (남 왕국 유다에 있는) 예루살렘 성전에 가서 절기를 지키고 제사하는 것은 조세와도 뗄 수 없는 관련이 있습니다. 이스라엘의 핵심 조세 중 하나는 십일조 제도입니다. 십일조에는 세 종류가 있습니다. 첫째, 레위인을 위한 십일조입니다(민 18:21~32; 신 14:22, 27; 참고, 느 10:37~39; 12:44; 13:5, 12~13). 둘째, 절기 특히 삼대 절기를 지키기 위해 각종 경비로 사용하는 십일조입니다(신 14:23~26). 셋째, 삼 년마다 가난한 자들을 구제하기 위해 각 성에 저축하는 십일조입니다(신 14:28~29; 26:12~13). 따라서 북 왕국 백성들이 절기를 지키러 예루살렘 성전에 가면 북 왕국은 국고가 줄어드는 치명적인 문제에 직면합니다(삼상 8:15; 대하 31:5, 6, 12; 암 4:4~5를 읽어보십시오). 이는 북 왕국의 근간을 흔들만한 종교적, 정치적, 경제적 사안입니다.

가진 책략가였습니다. 그는 백성들의 구미에 딱 맞는 종교 정책을 세우고 또 실천합니다. 그의 종교 정책과 그 특징을 요약하면 표 2와 같습니다.

표 2. 여로보암의 종교 정책

예배의 요소	북 왕국(이스라엘)			남 왕국(유다)
	특징	장점	단점	특징
장소	벧엘과 단 각 지역의 산당들	거리 문제 해결	말씀 위반	예루살렘 성전
대상	여호와 하나님 (금송아지 둘)	눈에 보이는 신	말씀 위반	여호와 하나님 (우상 없음)
봉사자	누구나	신분과 계급 타파	말씀 위반	레위 지파 제사장
날	팔월 십오일	시간 문제 해결	말씀 위반	율법에 정한 절기

대중영합주의(Populism)를 선도한 위대한 종교개혁자

여로보암은 (1) 예배 장소 (2) 예배 대상 (3) 예배 봉사자 (4) 예배의 날을 바꿉니다. 여로보암의 새로운 종교 정책은 실로 백성들이 환호할 만한 것이었습니다. 거리와 장소의 편의성, 농경문화에 걸맞은 친근한 신, 신분과 계급 타파, 그리고 새로운 절기 등 당시로는 혁명적인 제도가 신설되었습니다.

(1) 예배 장소

여로보암은 거리 문제를 단박에 해결합니다. 이제 멀리까지 가서 예배할 필요가 없습니다. 성소가 두 군데나 생겼습니다. 남쪽의 벧엘 또는 북쪽의 단 중 아무 곳에나 가서 예배하면 됩니다. 이뿐 아니라 각 지역에는 산당이 있습니다. 멀리 가기 귀찮으면 가까운 산당에 가서 예배하면 됩니다.

(2) 예배 대상

여로보암은 눈에 보이는 신(금송아지)을 제작합니다. 금송아지가 애굽에서 이스라엘을 구원한 여호와 하나님이라고 가르치면 교육 효과도 좋습니다. 눈에 보이고, 손에 잡히는 신이라니…. 얼마나 친근하고 가깝게 느껴집니까?

게다가 금송아지는 농경문화에 적합한 신의 모습입니다. 여로보암은 신앙의 토착화를 이루어냈습니다. 그는 토착화 신학의 선구자입니다. 물론 오래전 모세의 형 아론이 그 일을 먼저 했지만, 결국 실패하지 않았습니까? 아론이 만든 금송아지는 금방 불태워져 가루가 되어버렸습니다(출 32:20). 그러나 여로보암이 만든 금송아지 둘은 오래오래 보존될 것입니다. 어쩌면 그가 만든 우상과 제단은 북 왕국보다 더 생명력이 강할지도 모릅니다.[40]

(3) 예배 봉사자

여로보암은 레위 지파가 아니어도 누구나 제사장이 될 수 있게 제도를 개혁합니다. 이는 실로 혁명적인 변화입니다. 신분과 계급을 타파하는 제도이기 때문입니다. 여로보암이야말로 인권을 존중하는 왕, 누구나 신분 상승이 가능한 나라를 건립한 왕으로 추앙받지 않겠습니까?

(4) 예배의 날

여로보암은 예루살렘 성전에서 칠 월 십오 일에 시작하는 초막절과 비슷한 팔 월 십오 일을 절기로 제정합니다. 연중 일곱 절기를 다 지키

---

40 왕하 13:2; 23:15~20.

지 않아도 됩니다. 일 년에 단 한 번만 절기를 지키면 됩니다. 가뜩이나 바쁘고 시간을 내기 힘든 현대인들의 구미에 딱 맞는 예배입니다. 남 왕국 유다의 복잡다단한 절기들과 날짜도 겹치지 않습니다.[41] 참석자의 상황을 배려하는 예배의 날과 시간입니다. 절기의 축소와 단순화는 고단한 일상에 지친 백성들의 마음을 어루만져주기에 충분했을 것입니다.

이로써 여로보암은 단박에 **위대한 종교(교회)개혁자**가 되었습니다. 그는 백성들을 어루만지는 왕일 뿐 아니라 교인들의 필요를 잘 아는 신학자이자 목회자입니다. 그의 **대중영합주의(Populism)**는 한 시대의 유행으로 끝나지 않았습니다. 자신을 포함하여 북 왕국 역사에 등장한 총 열아홉 명의 왕들은 모두 이 정책을 유지하고 계승합니다. 그는 대대로 신앙의 상속과 계승에 성공한 위대한 개혁자가 되었습니다. 19대에 걸쳐 이 정책이 유지되다니…. 다윗조차 이루지 못한 업적입니다. 이런 위대한 왕은 성경 역사에 전무후무합니다.

단 한 가지 문제: 말씀 위반

어느 정책이나 조그만 희생은 있는 법입니다. 여로보암의 종교(교회)개혁 역시 그러합니다. 단 하나, 정말 단 하나만 빼면 완벽합니다. 그가 시도한 개혁은 하나님께서 율법에 정하신 예배가 아닙니다. 즉, **하나님의 말씀을 벗어난 예배**입니다. 이 점에서 여로보암의 종교 정책은 주후 1세기 갈라디아 지역에 들어온 거짓 교사들과 일치합니다. 여로보암은

---

41 아마도 이는 절기 때마다 남 왕국으로 넘어가려는 북 왕국 백성들의 마음을 약화하는 효과를 가져왔을 것입니다.

그리스도의 복음 대신 "다른 복음"을 교회 안으로 도입한 것입니다.

> "그리스도의 은혜로 너희를 부르신 이를 이같이 속히 떠나 *다른 복음* 좇는 것을 내가 이상히 여기노라 6 *다른 복음*은 없나니 다만 어떤 사람들이 너희를 요란케 하여 그리스도의 복음을 변하려 함이라 7 그러나 우리나 혹 하늘로부터 온 천사라도 우리가 너희에게 전한 복음 외에 *다른 복음을 전하면* 저주를 받을찌어다 8 우리가 전에 말하였거니와 내가 지금 다시 말하노니 만일 누구든지 너희의 받은 것 외에 *다른 복음을 전하면* 저주를 받을찌어다 9"(갈 1:6~9) [42]

갈라디아 여러 지역 교회에 들어온 유대주의자들은 예수 그리스도를 구주로 믿지 말라고 한 적이 없습니다. 그들은 타 종교로의 개종이 아니라 이방인 그리스도인도 할례를 받아야 한다고 주장했을 뿐입니다. 그러나 이 주장은 사도 바울이 전하지 않은 "다른 복음"이었습니다. 게바, 요한, 야고보도 전하지 않은 "다른 복음"이었습니다. 이방인 그리스도인들이 이 "다른 복음"을 듣고 할례를 받으면 종의 멍에를 메는 것이며, 그리스도께서 그들에게 아무 유익이 없게 만드는 것이었습니다(갈 5:1~2).

---

42 한글개역성경과 한글개역개정성경에는 6, 7, 8, 9절에서 모두 "다른 복음" 또는 "다른 복음을 전하면"으로 번역되어 있습니다. 한편, 헬라어 성경에는 6절의 "다른 복음"은 "ἕτερον εὐαγγέλιον(헤테론 유앙겔리온)", 7절의 "다른 복음"은 "ὃ … ἄλλο(호 … 알로)", 8절의 "다른 복음을 전하면"은 "ἐὰν … εὐαγγελίζηται … παρ'(에안 … 유앙겔리제타이 … 파라)", 그리고 9절의 "다른 복음을 전하면"은 "εἰ … εὐαγγελίζεται παρ'(에이 … 유앙겔리제타이 파라)"로 조금씩 다르게 표현되어 있습니다.

여로보암 역시 다르지 않습니다. 그는 북 왕국 백성들에게 타 종교로 개종하자고 말하지 않았습니다. 단지 이렇게 말했을 뿐입니다.

"이에 계획하고 두 금송아지를 만들고 무리에게 말하기를 너희가 다시는 예루살렘에 올라갈 것이 없도다 이스라엘아 이는 너희를 애굽 땅에서 인도하여 올린 너희 신이라 하고"(28절)

성경의 평가는 단호하며 명료합니다.

"이 일이 죄가 되었으니 이는 백성들이 단까지 가서 그 하나에게 숭배함이더라"(30절)

올바른 공예배와 기도

여로보암이 단행한 개혁이 예배와 직분이었다는 점에 주목하십시오. 여기서 우리는 중요한 교훈을 발견합니다. **공예배가 변질되고 직분이 타락하면 잘못된 기도를 하게 된다**는 사실입니다. 북 왕국의 백성들은 벧엘과 단의 금송아지, 그리고 각 지역의 산당에서 제사했으며, 또 거기서 자기 소원을 빌었을 것입니다. 하나님께서 세우지 않은 제사장들이 그들에게 신의 뜻과 응답을 말해주었을 것입니다. 백성들이 아무리 열심히 제사하고 기도한들 우리 하나님께서 들으시겠습니까? 거짓 제사장들이 받은 신탁이 하나님의 응답이겠습니까?

하나님의 말씀을 바르게 알고 믿지 않으면 그분의 말씀대로 기도할 수 없습니다. 올바른 설교를 경청하여 믿음으로 받지 않으면 하나님의 말씀대로 기도하기 어렵습니다. 교회의 정체성과 사명, 그리고 교회의 기도 제목에 무관심한 사람은 자주 교회와 단절된 내용으로 기도합니다. 교회가 말씀(설교)과 성례와 권징을 바르게 시행하지 않으면, 성도는 성경에 계시 된 하나님의 뜻과 무관한 것을 바라고 기도하게 됩니다. 직분의 봉사가 성경대로 시행되지 않으면 성도는 엉터리 기도를 하며, 엉터리 응답을 받으며 살아가게 될 것입니다.

자신이 어떤 잘못을 저지르는지도 알지 못한 채….
나름, 열심히 기도한다고 생각하면서….
그리고 항상 은혜를 충만히 누리고 있다는 착각 속에 빠져서 말입니다.

복습을 위한 질문　◆ ‥

1. 북 왕국의 초대 왕 여로보암의 골칫거리가 무엇입니까? 이것이 왜 문제가 됩니까?

2. 여로보암의 종교 정책을 네 가지 측면에서 설명해 보십시오. 그 정책은 어떤 의미에서 (외면적으로는) 성공적입니까?

3. 여로보암의 종교 정책의 근본적인 문제점이 무엇입니까?

4. 올바른 기도는 교회와, 공예배와, 그리고 직분(목사, 장로, 집사)의 봉사와 어떤 관계가 있습니까?

5. 한 걸음 더　어떤 교회는 공예배 순서 중 '목회의 기도'를 목사가 하며, 또 어떤 교회는 당회원들이 순번을 정해서 합니다. 이때 기도를 맡은 사람은 어떤 내용으로 기도해야 합니까? 기도의 내용과 관련하여 당회는 어떤 역할을 할 수 있겠습니까? 그 기도의 내용이 예배 참석자 개인과는 어떤 관련이 있습니까?

6. 한 걸음 더 본인이 개인적으로 기도하는 내용이 공예배 기도 내용과 무관하지는 않습니까? 교회가 가르치는 대로, 성경대로 기도하고 있습니까? 교회의 신앙에 발맞추어, 교회와 함께 기도하고 있습니까? 교회가 기도하고 있는, 그리고 기도해야 할 내용으로 기도하고 있습니까?

7. 한 걸음 더 성경과 무관하거나, 성경의 원리에서 많이 벗어난 예배에 지속해서 참석하는 사람이 바르게 기도할 수 있습니까? 그런 사람은 올바른 신앙생활을 하기 위해 어떻게 해야 할까요?

8. 한 걸음 더 주일 오전예배와 오후예배 설교 내용, 수요기도회 때 들은 말씀의 내용으로 기도하고 있습니까? 혹 주일 예배 설교 내용을 아예 기억하지도 못할 때가 많습니까? 설교와 개인 기도가 분리되지 않는 좋은 방법이 있습니까?

Pray with the Church,
Pray to Restore the Church

제2부

성경에 나타난 기도

Pray with the Church,
Pray to Restore the Church

엘리야의 담대한 기도 (1):
타락한 교회에 임한 심판

약 5:17~18
엘리야는 우리와 성정이 같은 사람이로되 저가 비 오지 않기를 간절히 기도한즉 삼
년 육 개월 동안 땅에 비가 아니 오고17 다시 기도한즉 하늘이 비를 주고 땅이 열매
를 내었느니라18

신 28:23~24
네 머리 위의 하늘은 놋이 되고 네 아래의 땅은 철이 될 것이며23 여호와께서 비 대
신에 티끌과 모래를 네 땅에 내리시리니 그것들이 하늘에서 네 위에 내려서 필경
너를 멸하리라24

왕상 17:1
길르앗에 우거하는 자 중에 디셉 사람 엘리야가 아합에게 고하되 나의 섬기는 이스
라엘 하나님 여호와의 사심을 가리켜 맹세하노니 내 말이 없으면 수년 동안 우로가
있지 아니하리라 하니라1

제5장

엘리야의 담대한 기도 (1): 타락한 교회에 임한 심판

수련회 날씨와 엘리야의 기도(?)

매년 여름, 수련회 준비 기간에 가장 많이 언급되는 성경 본문 중 하나는 약 5:17~18입니다. 엘리야가 기도하니 삼 년 육 개월이나 비가 내리지 않았습니다. 교인들과 수련회 준비위원들은 수련회 날씨를 위해 간절히 기도합니다(대부분은 비가 오지 않기를 바랍니다).

수련회 날씨를 위한 기도를 비성경적이라 할 수는 없습니다. 우리는 환경과 안전을 위해서도 기도해야 하기 때문입니다. 그러나 비가 내리지 않는 것이 하나님의 뜻이라고 어떻게 단정할 수 있습니까? 농사짓는 분들에게는 비가 내리지 않으면 큰일이지 않겠습니까? 엘리야 당대 이스라엘 백성들에게도 마찬가지였습니다. 가나안 땅에 몇 년이나 비가 내리지 않는 것은 재앙일 뿐 아니라 하나님의 심판이었습니다.

그러니 단순히 비가 내리느냐 아니냐에만 초점을 맞추면 안 됩니다. 이런 방식의 접근은 성경 본문의 내용에도, 기록 목적에도 어긋납니다. 무엇보다도 **기도**는 우리의 편의를 위한 수단이 아닙니다. 오직 하나님께만 소망을 두는 **신앙고백**이요 그분의 영광을 높이는 **찬송**입니다. 하늘에 계신 **하나님의 뜻이 이 땅 위에 알려지고, 실현되는 통로**입니다.

엘리야의 강력한 확신과 선포: "내 말이 없으면"

야고보서는 "엘리야는 우리와 성정이 같은 사람이로되 저가 비 오지 않기를 간절히 기도"했다고 합니다(약 5:17). 그러나 구약성경 열왕기에는 엘리야가 그렇게 기도했다는 내용이 없습니다. 그 대신 이렇게 기록되어 있습니다.

> "… 나의 섬기는 이스라엘 하나님 여호와의 사심을 가리켜 맹세하노니
> *내 말이 없으면* 수년 동안 우로가 있지 아니하리라…"(왕상 17:1)

이스라엘에 내린 이 무서운 재앙이 선지자 엘리야의 선포, 그리고 그의 침묵과 함께 시작됩니다. 바로 다음, 선지자는 (그릿 시냇가에) 잠적해 버립니다(왕상 17:2~7). 그리고 마침내 가나안 땅을 떠나 이방 시돈 땅 사르밧으로 가버립니다(왕상 17:8~10).

선지자는 하나님의 말씀을 맡은 자입니다. 이스라엘의 재앙은 하나님의 말씀이 사라짐과 동시에 시작됩니다. 비가 오지 않는 것도, 이슬이 내리지 않는 것도 큰 재앙입니다. 그러나 이 모든 재앙은 **선지자(말씀)의 침묵 → 잠적 → 떠남**과 함께 왔습니다. **교회에서 하나님의 말씀이 사라지는 것, 이보다 더 큰 재앙이 있나요?**

하나님의 약속(말씀)에 근거한 기도

그렇다면 엘리야는 비가 오지 않게 해달라는 이런 담대한 기도를 어떻게 할 수 있었을까요? 그리고 자신의 기도가 틀림없이 이루어질 것을

어떻게 확신했을까요? 그의 담대한 기도와 확신은 다음의 두 가지 때문에 가능했습니다.

첫째, **당대 이스라엘(교회)의 타락**입니다.
둘째, **하나님의 약속(말씀)**입니다.

첫째, **당대 이스라엘(교회)의 타락**입니다. 이스라엘의 영적 상태는 실로 심각했습니다. 엘리야는 분열 왕국 시대 북 왕국 이스라엘에서 활동한 선지자입니다. 그가 활동을 시작한 때는 아합 치세입니다. 북 왕국 이스라엘에는 총 열아홉 명의 왕이 등극했는데, 그들 중 단 한 사람도 경건한 자가 없었습니다. 그들은 예외 없이 초대 왕 여로보암이 만든 금송아지 우상을 숭배했습니다. 아합은 역대 모든 왕을 통틀어 가장 악한 왕입니다. 아합은 이스라엘 역사에 한 획을 긋습니다. 아합 치세에 와서 이스라엘은 이전보다 더 깊이 타락의 늪에 빠져듭니다. 이제는 아예 이교도의 신(바알과 아세라)을 섬기는 나라가 됩니다. 여로보암이 거짓 예배의 창시자라면, 아합은 교회(이스라엘) 전체를 이방 나라와 똑같이 탈바꿈시킨 첫째 왕입니다. 여로보암이 2계명에 도전했다면 아합은 1계명에 정면으로 도전합니다.[43] 간판만 교회이던 북 왕국은 아합 치세에 와서는 아예 이방 나라와 다름없게 됩니다. 그 점에서 여로보암과 아합이 저지른 범죄는 창세기에 등장하는 아담과 가인이 저지른 범죄와 여러모로 닮았고 또 병행합니다. 표 3을 보십시오.

---

43 물론 율법의 한 계명만 어겨도 모든 율법을 범한 것입니다(약 2:10~11). 그 점에서, 여로보암과 아합은 모든 율법을 범했습니다. 다만, 이 문장은 여로보암과 아합이 집중적으로 범한 죄를 강조하기 위한 것입니다.

표 3. 창세기의 타락과 북 왕국 이스라엘의 타락

타락의 양상		창세기	북 왕국 이스라엘
성소 범죄: 거룩한 예배 파괴	인물	아담: 예배 파괴자	여로보암(타락한 새 아담): 예배 파괴자
	범죄	말씀 왜곡: 금단의 열매 먹음	말씀 왜곡: 금지된 우상(금송아지) 고안 및 숭배
	장소	성소에서 범죄 (에덴동산)	성소에서 범죄 (벧엘과 단의 금송아지)
	영향	온 인류의 타락 (모든 인류가 죄인이 됨)	북 왕국 전체의 타락 (모든 왕이 여로보암의 길을 따름)
	심판	동산(성소)에서 심판받고 쫓겨남	벧엘의 제단(성소)에서 심판받음[44]
땅 범죄: 거룩한 삶 파괴	인물	가인: 살인자, 배교자	아합(새 가인): 배교자, 살인자
	범죄	신앙과 무관한 제사 형제이자 의인 아벨 살해 반역의 성(에녹) 건축	바알과 아세라 숭배 선지자들과 의인 나봇 살해 금지된 여리고 성 재건축
	장소	땅(에덴)에서 범죄	이스라엘의 이교화(異敎化) (가나안 땅 전체를 이교로 더럽힘)
	영향	셋 자손과 가인 자손의 혼인[45]	시돈 공주(이세벨)와 혼인: 이스라엘의 이교화(異敎化) 남 왕국 왕실과 사돈을 맺음: 참 교회와 거짓 교회의 연합
		온 세상의 강포와 패괴	이스라엘 전역의 강포와 패괴 이스라엘과 이방 국가의 구별 상실 남 왕국까지 타락시킴
	심판	땅(에덴)에서 쫓겨남	가나안 땅에서 심판받음 (개가 그의 피를 핥음)

---

44 왕상 13:1~34.

45 창 6:1~2에 기록된 "하나님의 아들들"과 "사람의 딸들"의 혼인이 무엇인지 여러
    가지 해석이 있습니다. 필자는 전통적인 견해에 따라 셋 자손과 가인 자손의 혼인
    으로 보았습니다.

둘째, **하나님의 약속(말씀)**입니다. 하나님께서는 이스라엘이 이렇게 타락할 때 내리실 심판을 일찍이 예고하셨습니다.

> "네가 악을 행하여 그를 잊으므로… 20 … 네 머리 위의 하늘은 놋이 되고 네 아래의 땅은 철이 될 것이며 23 여호와께서 비 대신에 티끌과 모래를 네 땅에 내리시리니 그것들이 하늘에서 네 위에 내려서 필경 너를 멸하리라 24"(신 28:20, 23~24)

이스라엘이 하나님을 잊어버리면, 그때 하늘에서 비가 그치고 큰 가뭄이 올 것입니다. 엘리야는 하나님께서 몇백 년 전 모세를 통해 주신 이 약속(말씀)을 확신했습니다. 엘리야의 기도는 진공 상태에서 나온 맹신이 아닙니다. 그의 기도는 **약속(말씀)에 근거한 기도**입니다. "나의 섬기는 이스라엘 하나님 여호와의 사심을 가리켜 맹세하노니 내 말이 없으면 수년 동안 우로가 있지 아니하리라"는 그의 선포는 **약속(말씀)에 근거한 설교**입니다.

하나님의 응답을 받는 담대한 기도

하나님께서는 엘리야의 기도를 들어주셨습니다. 이 기도의 특징은 다음과 같습니다.

첫째, 언약 공동체(교회)의 타락상을 정확히 통찰하여 하나님께 호소한 기도입니다. 선지자 엘리야는 **당대 교회의 영적 상태를 정확히 읽고 해석**했습니다.

둘째, **철저히 하나님의 약속(말씀)에 근거한 기도**입니다. 약속하신 이는 **머쁘**십니다. 그래서 응답하십니다.

성경을 바르게 해석하는 것이 매우 중요합니다. 선지자는 열광적인 광신주의자가 아닙니다. 선지자는 율법을 누구보다도 잘 이해한 사람입니다. 이전에 주신 계시에 기초하여 새로운 계시를 받아 전하는 사람입니다.

그러나 동시에 선지자는 그 이상입니다. 성경을 잘 이해하고 해석하는 수준에 그치지 않습니다. 그는 성경에 근거하여 당대 교회를 해석하는 사람입니다. 선지자의 선포는 성경 해석을 넘어 교회를 해석해 주시는 하나님의 예언과 판결입니다. 여기에 기초하여 선지자의 기도가 터져 나옵니다.

하나님의 말씀(성경)과 무관한 기도는 맹신과 종교적 열심일 뿐입니다. 그러나 성경을 해석하는 것으로 그치면 안 됩니다. 그리스도인은 성경을 통해 시대를 분별해야 하며, 당대 교회를 분별해야 합니다. 특히, 목사의 설교는 성경으로 교회를 해석하는 직무입니다. **목사는 설교를 통해 성경뿐 아니라 그 말씀에 근거하여 당대 교회를 해석해야 합니다.** 이 시대의 교회가 어떤 죄 가운데 있는지, 어떻게 말씀을 벗어나 있는지, 그리고 어떻게 돌이켜야 할지를 꿰뚫어 선포해야 합니다. 바로 그때 목사 자신을 포함한 온 교회는 누구를 향해, 그리고 무엇을 기도해야 할지 깨닫고 함께 기도할 수 있습니다.

복습을 위한 질문　◆ · ·

1. 엘리야의 기도를 수련회 날씨를 위한 기도로 적용하는 것의 문제점이 무엇입니까?

2. 엘리야가 선포한 "내 말이 없으면"에 담긴 의미가 무엇입니까?

3. 북 왕국 이스라엘의 초대 왕 여로보암과 아합의 죄가 무엇입니까? 이들의 범죄가 창세기에 등장하는 두 인물의 범죄와 어떻게 병행하는지 설명해 보십시오.

4. 엘리야의 기도는 어떤 특징을 지닙니까?

5. 한 걸음 더　오늘날 기도는 주로 '개인의 경건'과 관련하여 언급됩니다. 공예배 중의 설교와 기도(죄의 공적 고백, 목회의 기도 등)가 왜 중요한지 말해보십시오.

Pray with the Church,
Pray to Restore the Church

엘리야의 담대한 기도 (2): 회개한 교회에 내리는 비

약 5:17~18
엘리야는 우리와 성정이 같은 사람이로되 저가 비 오지 않기를 간절히 기도한즉 삼
년 육 개월 동안 땅에 비가 아니 오고 17 다시 기도한즉 하늘이 비를 주고 땅이 열매
를 내었느니라 18

왕상 8:35~36
만일 저희가 주께 범죄함을 인하여 하늘이 닫히고 비가 없어서 주의 벌을 받을 때
에 이곳을 향하여 빌며 주의 이름을 인정하고 그 죄에서 떠나거든 35 주는 하늘에서
들으사 주의 종들과 주의 백성 이스라엘의 죄를 사하시고 그 마땅히 행할 선한 길
을 가르쳐 주옵시며 주의 백성에게 기업으로 주신 주의 땅에 비를 내리시옵소서 36

왕상 18:39~40
모든 백성이 보고 엎드려 말하되 여호와 그는 하나님이시로다 여호와 그는 하나님
이시로다 하니 39 엘리야가 저희에게 이르되 바알의 선지자를 잡되 하나도 도망하
지 못하게 하라 하매 곧 잡은지라 엘리야가 저희를 기손 시내로 내려다가 거기서
죽이니라 40

엘리야의 담대한 기도 (2): 회개한 교회에 내리는 비

대결

이스라엘에 비와 이슬이 내리지 않은 지 벌써 3년 6개월이 지납니다. 열왕기상 18장에 의하면, 하나님의 말씀이 엘리야에게 임합니다.

"많은 날을 지내고 제삼년에 여호와의 말씀이 엘리야에게 임하여 가라사대 너는 가서 아합에게 보이라 내가 비를 지면에 내리리라"(왕상 18:1)

이방 시돈 땅에서 이스라엘로 돌아온 엘리야는 이스라엘 백성들이 보는 앞에서 바알 선지자 사백오십 명과 대결합니다(왕상 18:19, 22). 여호와와 바알 중 누가 참 하나님인지 가리는 대결입니다(왕상 18:21). 제단 위에 놓인 희생 제물에 불로 응답하는 분이 하나님이라고 하자, 모두 그 말에 동의합니다.

"너희는 너희 신의 이름을 부르라 나는 여호와의 이름을 부르니 이에 불

로 응답하는 신 그가 하나님이니라 백성이 다 대답하되 그 말이 옳도다"(왕상
18:24)

바알 선지자들이 칼과 창으로 자기 몸을 자해하며 미친 듯 떠들었으
나, 오정이 지나 저녁 소제 드릴 때까지도 그들의 신은 그 어떤 응답도
하지 않습니다(왕상 18:26~29). 이제 엘리야의 차례입니다. 우리는 엘리
야의 기도를 단순히 하늘에서 불이 떨어지게 해달라는 기도로 생각하
기 쉽습니다. 그가 여호와 하나님께 기도한 주된 내용은 **배교한 교회의
회복**입니다. 한마디로 **하나님 중심, 교회 중심의 기도**입니다.

"저녁 소제 드릴 때에 이르러 선지자 엘리야가 나아가서 말하되 아브
라함과 이삭과 이스라엘의 하나님 여호와여 주께서 이스라엘 중에서
하나님이 되심과 내가 주의 종이 됨과 내가 주의 말씀대로 이 모든 일
을 행하는 것을 오늘날 알게 하옵소서 36 여호와여 내게 응답하옵소
서 내게 응답하옵소서 이 백성으로 주 여호와는 하나님이신 것과 주
는 저희의 마음으로 돌이키게 하시는 것을 알게 하옵소서 하매 37"(왕상
18:36~37)

엘리야가 기도하자 여호와의 불이 제단 위에 떨어집니다. 여호와께서
참 신이라는 사실이 만천하에 드러납니다.

"이에 여호와의 불이 내려서 번제물과 나무와 돌과 흙을 태우고 또 도
랑의 물을 핥은지라"(왕상 18:38)

엘리야의 담대한 선포와 기도

이제 엘리야는 놀라운 말씀을 선포합니다.

> "엘리야가 아합에게 이르되 올라가서 먹고 마시소서 큰비의 소리가 있
> 나이다"(왕상 18:41)

정말 얼마 후에 하늘이 캄캄해지며 큰비가 내리기 시작합니다. 열왕
기상 18장에는 비가 내리게 해달라고 엘리야가 기도했다는 말씀이 없
습니다. 그러나 야고보서는 이렇게 말씀합니다.

> "다시 기도한즉 하늘이 비를 주고 땅이 열매를 내었느니라"(약 5:18)

그러면 야고보는 구약성경을 자기 마음대로 해석하고 덧붙인 것입니
까? 아닙니다. 야고보서 역시 성령의 감동하심으로 기록된 하나님 말씀
입니다. 열왕기상 18장에는 기도했다는 명시적인 표현이 없을 뿐 엘리
야의 기도가 기록되어 있습니다.

> "아합이 먹고 마시러 올라가니라 엘리야가 갈멜 산 꼭대기로 올라가서
> 땅에 꿇어 엎드려 그 얼굴을 무릎 사이에 넣고 42 그 사환에게 이르되
> 올라가 바다 편을 바라보라 저가 올라가 바라보고 고하되 아무것도 없
> 나이다 가로되 일곱 번까지 다시 가라 43 일곱 번째 이르러서는 저가 고
> 하되 바다에서 사람의 손만한 작은 구름이 일어나나이다 가로되 올라
> 가 아합에게 고하기를 비에 막히지 아니하도록 마차를 갖추고 내려가
> 소서 하라 하니라 44 조금 후에 구름과 바람이 일어나서 하늘이 캄캄하

여지며 큰 비가 내리는지라 아합이 마차를 타고 이스르엘로 가니 45 여
호와의 능력이 엘리야에게 임하매 저가 허리를 동이고 이스르엘로 들
어가는 곳까지 아합 앞에서 달려갔더라 46"(왕상 18:42~46)

엘리야는 "땅에 꿇어 엎드려 그 얼굴을 무릎 사이에 넣"습니다(42절).
이런 행동이 의미하는 바가 무엇입니까? 우리는 선지자의 선포가 하나
님의 계시라는 사실을 잘 압니다. 그러나 선지자의 공적 행동 역시 하나
님의 계시라는 사실을 아는 사람은 적습니다. 선지자들은 종종 말뿐 아
니라 행동으로 하나님의 계시를 전했습니다. 이를 가리켜 신학자들은
'행동 계시'라고 부릅니다. 선지자들은 이를 통해 청중에게 매우 인상적
인(impressive), [때로는 충격적인(shocking)] 메시지를 전달합니다. 이
런 행동은 말로 선포하는 것만큼 (또는 그 이상으로) 인상적이고 충격적
이어서 청중의 뇌리에 깊이 박힙니다. 그래서 백성들은 이후에도 하나
님으로부터 그런 말씀을 들은 적 없다고 변명하지 못합니다.[46] 엘리야
의 이 이상한 자세는 일종의 '행동 계시'입니다. 무려 일곱 번이나 반복
되고 있다는 것은 그가 얼마나 간절히 기도하고 있는지 보여줍니다. 그
는 이스라엘의 중보자로서 하나님께 간절히 기도하고 있습니다.

그러나 문제는 이것입니다. 하나님께서 엘리야에게 비를 내려줄 테니
이스라엘로 돌아가라고 하셨지만(왕상 18:1), 언제 비가 내릴지는 구체
적으로 말씀하지 않으셨습니다. 그러나 하늘에서 여호와의 불이 떨어
진 후, 엘리야는 이제 비가 올 것을 확신합니다. 그다음, 그는 하나님께

---

46 특별계시가 성경으로 완성되었으나, 오늘날에도 공예배 중에는 말로 선포하는 하
    나님의 말씀인 설교와 행동으로 선포하는 하나님의 말씀인 성례가 시행된다는 점
    에서 그 원리는 같습니다.

비를 내려달라고 기도합니다. 그는 어떻게 이 사실을 확신하고 기도했을까요?

솔로몬의 성전 봉헌과 기도

일찍이 이스라엘 왕 솔로몬은 자신이 건축한 성전을 하나님께 봉헌할 때, 온 이스라엘을 대표하여 기도했습니다. 그 기도에는 이 내용이 포함되어 있습니다.

> "만일 저희가 주께 범죄함을 인하여 하늘이 닫히고 비가 없어서 주의 벌을 받을 때에 이곳을 향하여 빌며 주의 이름을 인정하고 그 죄에서 떠나거든 35 주는 하늘에서 들으사 주의 종들과 주의 백성 이스라엘의 죄를 사하시고 그 마땅히 행할 선한 길을 가르쳐 주옵시며 주의 백성에게 기업으로 주신 주의 땅에 비를 내리시옵소서 36"(왕상 8:35~36)

이 기도는 기름 부음을 받은 자(히브리어로 '메시아') 솔로몬을 통해 하나님께서 이스라엘 백성들에게 주시는 계시이기도 합니다. 이 기도에는 비가 다시 내리는 **세 가지 조건**이 명시되어 있습니다.

첫째, 이곳(예루살렘 성전)을 향해 **기도할(pray)** 때
둘째, 하나님의 이름을 **고백/찬양할(confess/praise)** [47] 때

---

47 히브리 동사 "יָדָה(야다)"의 히필형(Hiphil)으로 '고백/(죄 따위를) 자복(인정)하다(confess)'와 '찬송하다(praise)' 두 가지 뜻으로 모두 사용됩니다. 한글개역성경에는 "인정하고"로, 한글개역개정성경에는 "찬양하고"로 각각 번역되었습니다(왕상 8:35).

셋째, 그들의 죄에서 떠날/돌이킬(turn from their sin) 때

엘리야가 솔로몬의 성전 봉헌 기도를 알고 있었음이 분명합니다. 왜냐고요? 비가 올 것이라고 아합에게 말한 바로 그 시점이 이 세 조건이 충족된 때이기 때문입니다. 하늘에서 여호와의 불이 떨어지자 이스라엘 백성들이 하나님의 이름을 고백했습니다(두 번째 조건 충족).

> "모든 백성이 보고 엎드려 말하되 여호와 그는 하나님이시로다 여호와
> 그는 하나님이시로다 하니"(왕상 18:39)

그다음 보인 백성들의 행동은 분명 회개의 증거입니다(세 번째 조건 충족). 그들의 왕 아합이 육성해 온 선지자들을 (아마도 왕이 보는 앞에서) 잡아서 죽이는 것은 자기 목숨을 걸지 않고서는 할 수 없는 일입니다.[48]

> "엘리야가 저희에게 이르되 바알의 선지자를 잡되 하나도 도망하지 못
> 하게 하라 하매 곧 잡은지라 엘리야가 저희를 기손 시내로 내려다가 거
> 기서 죽이니라"(왕상 18:40)

이제 남은 조건은 하나뿐입니다. 예루살렘 성전을 향해 기도하는 것입니다. 누가 기도합니까? 선지자 엘리야입니다(첫 번째 조건 충족).

---

48 왕상 18:40은 백성들이 바알 선지자들을 잡고, 엘리야가 그들을 기손 시내에서
　　죽인 것처럼 표현되어 있습니다. 그러나 엘리야가 수백 명이나 되는 바알 선지자
　　들을 한 사람 한 사람 혼자서 죽였다고 보기는 힘듭니다. 엘리야의 지시에 따라
　　백성들이 그들을 죽였다고 보는 것이 가장 자연스러운 해석입니다.

"… 엘리야가 갈멜 산 꼭대기로 올라가서 땅에 꿇어 엎드려 그 얼굴을 무릎 사이에 넣고"(왕상 18:42)

앞에서 설명한 바와 같이, 엘리야의 이 자세는 **'행동 계시'**입니다. 엘리야는 온 이스라엘을 위해 간절히 기도합니다. 그는 선지자입니다. 구약성경에서 선지자는 제사장, 왕과 함께 가장 대표적인 중보자입니다. 엘리야는 중보자로서 이스라엘을 대표, 대신하여 기도한 것입니다. 마침내 하나님께서 응답하십니다. 심판 아래 있던 교회에 비가 내립니다. (비록 잠시지만,) 하나님의 은혜가 주어집니다.

우리를 위해 기도하시는 중보자

신앙고백과 참된 회개와 기도. 이 세 가지는 오늘날의 우리에게도 꼭 필요합니다. 범죄 한 우리는 복음을 듣고 믿어 신앙을 고백해야 합니다. 삼위일체 하나님만이 유일하신 참 신이라고 고백해야 합니다(구원 얻는 믿음).[49] 이와 함께 우리는 회개하여 죄에서 돌이켜야 합니다(생명에 이르는 회개).[50] 여기서 끝나지 않고, 우리는 하나님께 기도합니다.[51] 그러나 엘리야의 기도를 우리에게 곧바로 적용하기 전에, 우리는 그가 중보자라는 사실을 기억해야 합니다. 엘리야보다 더 큰 중보자께서 우리를 위해 십자가에서 기도하셨습니다.

"이에 예수께서 가라사대 아버지여 저희를 사하여 주옵소서 자기의 하

---

49 대교리 제72문답; 소교리 제86문답.

50 대교리 제76문답; 소교리 제87문답.

51 대교리 제178~196문답; 소교리 제98~107문답.

는 것을 알지 못함이니이다 하시더라…"(눅 23:34)

그분은 지금도 우리를 위해 기도하십니다.

"누가 정죄하리요 죽으실 뿐 아니라 다시 살아나신 이는 그리스도 예수시니 그는 하나님 우편에 계신 자요 우리를 위하여 간구하시는 자시니라"(롬 8:34)

기도해야 할 직분자, 기도해야 할 교회와 성도

성경은 여기서 한 걸음 더 나아갑니다. 기독론(예수 그리스도)에서 성령론으로 나아갑니다. 하늘에 계신 우리 주 예수 그리스도께서는 그분의 사도들에게, 그리고 이제는 장로들에게 이 직무를 맡기셨습니다. 범죄 한 교회와 성도를 찾아가 기도하는 직무 말입니다.

"너희 중에 고난당하는 자가 있느냐 저는 기도할 것이요 즐거워하는 자가 있느냐 저는 찬송할찌니라 13 너희 중에 병든 자가 있느냐 저는 교회의 *장로*들을 청할 것이요 그들은 주의 이름으로 기름을 바르며 위하여 기도할찌니라 14 믿음의 기도는 병든 자를 구원하리니 주께서 저를 일으키시리라 혹시 죄를 범하였을찌라도 사하심을 얻으리라 15 이러므로 너희 죄를 서로 고하며 병 낫기를 위하여 서로 기도하라 의인의 간구는 역사하는 힘이 많으니라 16 *엘리야*는 우리와 성정이 같은 사람이로되 저가 비 오지 않기를 간절히 기도한즉 삼 년 육 개월 동안 땅에 비가 아니 오고 17 다시 기도한즉 하늘이 비를 주고 땅이 열매를 내었느니라 18 내 형제들아 너희 중에 미혹하여 진리를 떠난 자를 누가 돌아서게 하면19 너희가 알 것은 죄인을 미혹한 길에서 돌아서게 하는 자가 그 영혼을 사망에서 구원하며 허다한 죄를 덮을 것이니라20"(약 5:13~20)

야고보는 고난 중에 있는 사람이 기도해야 한다고 가르칩니다(13절). 그러나 그는 바로 다음 본문에서, **장로들의 직무**를 설명합니다. 병든 자에게는 의사만 필요한 것이 아닙니다. 그에게는 장로들이 필요합니다. 장로들의 심방이 절실히 필요합니다. 장로들은 그 사람이 질병에서 낫기만을 위해 기도해서는 안 됩니다. 그 사람이 죄의 권세 아래 있지 않도록, 혹 그렇다면 죄에서 돌이켜 회개하도록 기도해야 합니다. 의사는 병자를 바이러스와 질병에서 치료하지만, 예수 그리스도의 이름으로 찾아가는 장로들은 병든 자를 (질병으로 대변되는) 죄에서 건져냅니다 (14~16, 19~20절).[52] 야고보는 이 직무를 설명하기 위해 구약의 선지자 엘리야의 기도를 언급합니다. 예수 그리스도께서 교회와 성도의 중보자십니다(기독론). 중보자 예수 그리스도께서는 하나님 우편에서만 중보 사역을 하시지 않습니다. 그분은 땅 위에서도 계속 중보 사역을 하십니다. 그분의 이름으로 찾아가는 장로들의 (죄에서 돌이키는 말씀과) 심방과 기도로 지금도 죄의 고통 가운데 있는 백성을 돌이키시고 건지십니다.

---

52 집사들은 가난한 자들을 구제하고, 병든 자를 찾아가 돌보며, 낙심한 자를 위로합니다. 장로들은 복음의 말씀으로 그들을 찾아가 죄에서 건져냅니다.

표 4. 선지자 엘리야에서 장로들에게로[53]

	구약시대 이스라엘	신약시대 교회
문제	선지자(말씀)를 거절 죄로 인해 병들어 있음	(암시적으로) 말씀을 거절 죄로 인해 병들어 있음
심판	선지자(말씀)가 떠남 비와 이슬이 내리지 않음	장로들의 봉사로부터 멀어짐 질병으로 대변되는 심판
해결	선지자(말씀)가 이스라엘을 방문(visitation)하여 간절히 기도(prayer)	장로들이 병든 자를 심방(pastoral visitation)하여 간절히 기도(pastoral prayer)
결과	신앙고백 죄로부터의 회복 비가 내림	죄를 고백 질병으로 대변되는 죄로부터의 회복 하나님의 은혜를 누림

엘리야는 **말씀에 근거하여 기도**했습니다. 그리고 **범죄 한 교회의 회복을 위해 기도**했습니다. **하나님 중심, 교회 중심, 성경 중심의 기도**입니다.

하늘에 계신 중보자 주 예수 그리스도께서 아버지 우편에서 우리를 위해 언제나 기도하십니다. 그분은 땅 위에 있는 교회를 위해 장로들을 세우십니다. 그들에게 말씀을 주어 양들을 심방하게 하십니다. 죄 가운데 있는 양들을 위해 기도하게 하십니다. 그들이 회개하여 돌이키게 하십니다. 그리고 우리도 기도합니다. 성경대로, 교회/성도의 회복을 위해 기도합니다.

---

53 이에 대한 좀 더 상세한 설명은 권기현, 『장로들을 통해 찾아오시는 우리 하나님: 성경적인 장로교회 건설을 위한 몇 가지 묵상』(경북: 도서출판 R&F, 2020), 159~171을 참고하십시오.

1. 바알 선지자와 대결한 엘리야의 기도(왕상 18:36~37)에 나타난 특징이 무엇입니까?

2. 솔로몬의 성전 봉헌 기도에서 비가 다시 내리는 세 가지 조건이 무엇입니까?

3. 2번의 세 가지 조건이 엘리야의 시대에 어떻게 성취되었습니까?

4. 비를 내려달라는 엘리야의 기도에 나타난 특징이 무엇입니까?

5. 한 걸음 더 야고보서는 엘리야의 기도를 날씨가 아니라 장로들의 심방 사역으로 적용합니다. 엘리야의 기도에 나타난 '말씀', '기도', '회개', '범죄 한 백성의 회복'이라는 주제를 약 5:13~20에서 찾아 설명해 보십시오.

Pray with the Church,
Pray to Restore the Church

제7장

예루살렘을 향한 다니엘의 기도: 포로가 된 교회의 회복

단 6:10

다니엘이 이 조서에 어인이 찍힌 것을 알고도 자기 집에 돌아가서는 그 방의 예루 살렘으로 향하여 열린 창에서 전에 행하던 대로 하루 세 번씩 무릎을 꿇고 기도하 며 그 하나님께 감사하였더라10

단 9:1~3

메대 족속 아하수에로의 아들 다리오가 갈대아 나라 왕으로 세움을 입던 원년1 곧 그 통치 원년에 나 다니엘이 서책으로 말미암아 여호와의 말씀이 선지자 예레미야 에게 임하여 고하신 그 년수를 깨달았나니 곧 예루살렘의 황무함이 칠십 년 만에 마치리라 하신 것이니라2 내가 금식하며 베옷을 입고 재를 무릅쓰고 주 하나님께 기도하며 간구하기를 결심하고3

제7장

예루살렘을 향한 다니엘의 기도:
포로가 된 교회의 회복

다니엘 앞에 놓인 시험

우리가 잘 아는 대로, 다니엘은 남 왕국 유다에서 바벨론 제국에 포로로 잡혀간 백성이자 선지자입니다. 바벨론 포로 유수와 귀환의 대략적 연대기는 아래의 표 5를 보십시오.

표 5. 바벨론 포로 유수와 귀환

연대(주전)	포로/귀환	중요 인물/사건	의미
606년경	1차 포로	다니엘(선지자)과 세 친구	결정적 심판 (이미 멸망)
597년경	2차 포로	에스겔	결정적 심판
586년경	3차 포로	남 왕국 유다 멸망 (예루살렘 성과 성전 파괴) 예레미야는 유다 땅에 남음	최종 심판
536년경	1차 귀환	스룹바벨(총독) 여호수아(대제사장) 학개, 스가랴(선지자)	예배가 회복된 교회
516년경	–	제2성전 완공	
478년경	–	에스더의 바사 왕후 책봉	그리스도의 계보 보존 유대인(구약 교회) 보존
473년경	–	하만의 죽음, 유대인의 승리	

연대(주전)	포로/귀환	중요 인물/사건	의미
457년경	2차 귀환	에스라(율법학자, 제사장, 선지자)	말씀이 회복된 교회
444년경	3차 귀환	느헤미야(총독) 이후 예루살렘 성벽 재건	요새가 된 교회
432년경	–	느헤미야의 예루살렘 재방문	

바벨론이 멸망하고 메대-바사 제국이 그 뒤를 이었습니다. 제국이 바뀌었으나 다니엘은 다리오 왕의 신임을 받습니다. 다니엘을 미워하던 총리들과 고관들은 꾀를 내어 다리오 왕에게 한 가지 청을 올립니다. 누구든지 삼십 일 동안 다리오 왕 외에 어느 신에게나 사람에게 기도하는 사람이 있으면, 그를 사자 굴에 던져 넣게 하자는 내용입니다. 다리오 왕은 이를 받아들여 조서에 어인을 찍어 제국 전체에 반포합니다. 이것이 단 5:30~6:9의 내용입니다.

이는 참으로 무서운 시험입니다. 다니엘 3장에서 다니엘의 세 친구가 직면한 시험은 바벨론 제국의 황제 느부갓네살이 제작한 금 신상에게 절하라는 명령이었습니다. 그러나 지금 다니엘이 직면한 시험은 그것과 종류가 다릅니다. 종교를 바꾸라거나, 우상에게 절하라는 요구가 없습니다. 종교의 자유가 있습니다. 이방 신상 앞에서 절하지 않아도 됩니다. 단지 삼십 일 동안만 기도하지 않으면 됩니다. 단지 삼십 일입니다. 여러분은 기도를 한 달쯤 중단해도 된다고 생각하십니까?

말을 조금만 바꿔 볼까요? 종교의 자유를 줄 테니 단지 예배를 몇 번 빠지라는 제안을 받는다면 어떻게 하시겠습니까? 얼마든지 하나님을 섬기게 해줄 테니 단 며칠만 기도를 중단하라는 제안을 받는다면 어떻게 하시겠습니까? 그 대신 이 제안을 거절하면 목숨을 내놓아야 한다면요? 뭐 평소에 종종 예배를 빠지니 상관없습니까? 기도하는 날보다 안하는 날이 더 많으니 괜찮습니까? 대의를 위해 작은 것을 희생해야 하니 괜찮습니까?

다니엘의 결단

왕이 조서를 내렸다는 사실을 알고서도 다니엘은 기도를 중단하지 않았습니다.

> "다니엘이 이 조서에 어인이 찍힌 것을 알고도 자기 집에 돌아가서는 그 방의 예루살렘으로 향하여 열린 창에서 전에 행하던 대로 하루 세 번씩 무릎을 꿇고 기도하며 그 하나님께 감사하였더라"(단 6:10)

이 본문을 이해하기 위해서는 다음의 두 가지 문제를 해결해야 합니다. 첫째, 여기서 다니엘은 **"전에 행하던 대로"** 기도했다고 하는데, 그동안 어떤 내용으로 기도하고 있었을까요? 둘째, 그는 왜 **"예루살렘으로 향하여 열린 창에서"** 기도했을까요? 꼭 그래야만 하는 이유가 있나요?

"전에 행하던 대로": 기도의 내용

다니엘서의 구조를 알면, 첫 번째 질문에 대한 해답을 쉽게 찾을 수 있습니다.

> **A.** 1~6장 **기사**(narratives): 역사적 서술(다니엘과 세 친구를 중심으로 한 역사)
>
> **B.** 7~12장 **환상**(visions): 다니엘이 직접 받은 계시 [54]

---

54 다니엘 전체 내용 중 2:4~7:28은 아람어로 기록되었습니다. 2~7장의 내용은 다음과 같이 교차 대구를 이룹니다. 아래의 구조는 James. B. Jordan, *The*

전체 12장으로 구성된 다니엘서는 '기사'(1~6장)와 '환상'(7~12장)으로 나누어져 있습니다. 이 말은 연대기 순이 아니라는 뜻입니다. 그래서 7~12장이 1~6장보다 더 이후에 발생한 사건이라고 할 수 없습니다. 사실 9장은 6장의 배경입니다.

"메대 족속 아하수에로의 아들 다리오가 갈대아 나라 왕으로 세움을 입던 원년1 곧 그 통치 원년에 나 다니엘이 서책으로 말미암아 여호와의 말씀이 선지자 *예레미야*에게 임하여 고하신 그 년수를 깨달았나니 곧 예루살렘의 황무함이 *칠십 년* 만에 마치리라 하신 것이니라2 내가 금식하며 베옷을 입고 재를 무릎쓰고 주 하나님께 기도하며 간구하기를 결심하고3"(단 9:1~3)

9장은 다니엘이 왜, 그리고 어떤 내용으로 기도하게 되었는지 그 배경을 제공합니다. 다니엘이 아주 젊은 시절인 몇십 년 전, 선지자 예레미야는 이스라엘 백성들의 포로 생활이 칠십 년 만에 끝날 것이라고 예언했습니다.

Handwrighting on the Wall: A Commmentary on the Book of Daniel (Powder Springs, GA: American Vision, 2007), 14에서 가져왔으며, 일부 내용은 필자가 수정했습니다.

A. 2장		네 개의 세계 제국과 메시아 왕국 예언
B. 3장		믿음의 시련: 불타는 풀무
C. 4장		교만한 느부갓네살의 심판과 회복
C'. 5장		교만한 벨사살의 심판과 죽음
B'. 6장		믿음의 시련: 사자 굴
A'. 7장		네 개의 세계 제국과 메시아 왕국 예언

"이 온 땅이 황폐하여 놀람이 될 것이며 이 나라들은 *칠십 년* 동안 바벨론 왕을 섬기리라 11 나 여호와가 말하노라 *칠십 년*이 마치면 내가 바벨론 왕과 그 나라와 갈대아인의 땅을 그 죄악으로 인하여 벌하여 영영히 황무케 하되 12"(렘 25:11~12)

"나 여호와가 이같이 말하노라 바벨론에서 *칠십 년*이 차면 내가 너희를 권고하고 나의 선한 말을 너희에게 실행하여 너희를 이곳으로 돌아오게 하리라"(렘 29:10)

다니엘은 예레미야를 통해 주신 하나님의 약속(말씀)을 굳게 믿었습니다. 그는 결심하고 기도합니다. **이스라엘의 죄를 하나님께 자복하고 회개**합니다. 죄로 인해 하나님께 심판받고 있는 당대 **교회를 회복시켜달라고 기도**합니다. 하나님의 약속(말씀)을 믿는 믿음이 기도하는 행동으로 나타났습니다. 성경의 원 저자이신 성령 하나님께서는 다니엘이 하나님께 올린 기도를 긴 분량을 할애하여, 매우 자세히 알려주십니다. 단 9:4~20이 바로 그것입니다. 좀 길지만, 천천히 읽어보십시오.

"내 하나님 여호와께 기도하며 자복하여 이르기를 크시고 두려워할 주 하나님, 주를 사랑하고 주의 계명을 지키는 자를 위하여 언약을 지키시고 그에게 인자를 베푸시는 자시여 4 우리는 이미 범죄하여 패역하며 행악하며 반역하여 주의 법도와 규례를 떠났사오며 5 우리가 또 주의 종 선지자들이 주의 이름으로 우리의 열왕과 우리의 방백과 열조와 온 국민에게 말씀한 것을 듣지 아니하였나이다 6 주여 공의는 주께로 돌아가고 수욕은 우리 얼굴로 돌아옴이 오늘날과 같아서 유다 사람들과 예루살렘 거민들과 이스라엘이 가까운 데 있는 자나 먼 데 있는 자가 다 주께서 쫓아 보내신 각국에서 수욕을 입었사오니 이는 그들이 주께 죄를 범하였음이니이다 7 주여 수욕이 우리에게 돌아오고 우리의 열왕과 우리의 방백과 열조에게 돌아온 것은 우리가 주께 범죄하였음이니이다마는 8 주 우리 하나님께는 긍휼과 사유하심이 있사오니 이는 우리가 주께 패역하였음이오며 9 우리 하나님 여호와의 목소리를 청종치 아니하며 여호와께서 그 종 선지자들에게 부탁하여 우리 앞에 세우신 율법을 행치 아니하였음이니이다 10 온 이스라엘이 주의 율법을 범하고 치우쳐 가서 주의 목소리를 청종치 아니하였으므로 이 저주가 우리에게 내렸으되 곧 하나님의 종 모세의 율법 가운데 기록된 맹세대로 되었사오니 이는 우리가 주께 범죄하였음이니이다 11 주께서 큰 재앙을 우리에게 내리사 우리와 및 우리를 재판하던 재판관을 쳐서 하신 말씀을 이루셨사오니 온 천하에 예루살렘에 임한 일 같은 것이 없나이다 12 모세의 율법에 기록된 대로 이 모든 재앙이 이미 우리에게 임하였사오나 우리는 우리의 죄악을 떠나고 주의 진리를 깨닫도록 우리 하나님 여호와의 은총을 간구치 아니하였나이다 13 이러므로 여호와께서 이 재앙을 간직하여 두셨다가 우리에게 임하게 하셨사오니 우리의 하나님 여호와는 행하시는 모든 일이 공의로우시나 우리가 그 목소리를 청종치 아니하였음이니이다 14 강한 손으로 주의 백성을 애굽 땅에서 인도하여 내시고 오늘과 같이 명성을 얻으신 우리 주 하나님이여 우리가 범죄하였고 악을 행하였나이다 15 주여 내가 구하옵나니 주는 주의 공의를 좇으사 주의 분노를 주의 성 예루살렘, 주의 거룩한 산에서 떠나게 하옵소서 이는 우리의 죄와 우리의 열조의 죄악을 인하여 예루살렘과 주의 백성이 사면에 있는 자에게 수욕을 받음이니이다 16 그러하온즉 우리 하나님이여 지금 주의 종의 기도와 간구를 들으시고 주를 위하여 주의 얼굴 빛을 주의 황폐한 성소에 비취시옵소서 17 나의 하나님이여 귀를 기울여 들으시며 눈을 떠서 우리의 황폐된 상황과 주의 이름으로 일컫는 성을 보옵소서 우리가 주의 앞에 간구하옵는 것은 우리의 의를 의지하여 하는 것이 아니요 주의 큰 긍휼을 의지하여 함이오니 18 주여 들으소서 주여 용서하소서 주여 들으시고 행하소서 지체치 마옵소서 나의 하나님이여 주 자신을 위하여 하시옵소서 이는 주의 성과 주의 백성이 주의 이름으로 일컫는바 됨이니이다 19 내가 이같이 말하여 기도하며 내 죄와 및 내 백성 이스라엘의 죄를 자복하고 내 하나님의 거룩한 산을 위하여 내 하나님 여호와 앞에 간구할 때 20"(단 9:4~20)

이렇게 기도하던 중, 다리오 왕의 조서가 반포된 것입니다. 그러나 다니엘은 이 기도를 중단할 수 없었습니다. 그는 **"전에 행하던 대로"** 기도합니다. 그는 예레미야를 통해 주신 **하나님의 약속(말씀)에 근거하여 기도**합니다. 자신의 안위가 아니라 무너진 **교회의 회복을 위해 기도**합니다.

"예루살렘으로 향하여 열린 창에서": 기도의 방향

그렇다면 다니엘은 왜 "예루살렘으로 향하여 열린 창에서" 기도했습니까? 이 책 제5~6장에서 설명한 엘리야의 기도와 마찬가지로, 다니엘의 기도 역시 열왕기상 8장에 근거합니다. 예루살렘 성전 완공 후 이를 봉헌하면서 솔로몬은 여호와 하나님께 기도합니다. 선지자, 제사장과 함께, 이스라엘의 왕은 기름 부음을 받은 자(히브리어로 '메시아'), 즉 중보자입니다. 열왕기상 8장에 기록된 솔로몬의 기도는 중보자의 기도이자 이스라엘 전체의 신앙고백이며, 동시에 중보자를 통해 이스라엘 백성들에게 주시는 하나님의 계시이기도 합니다. 솔로몬이 하나님께 드린 기도의 말미에는 다음의 내용이 포함되어 있습니다.

"범죄치 아니하는 사람이 없사오니 저희가 주께 범죄함으로 주께서 저희에게 진노하사 저희를 적국에게 붙이시매 적국이 저희를 사로잡아 원근을 물론하고 적국의 땅으로 끌어간 후에 46 저희가 사로잡혀 간 땅에서 스스로 깨닫고 그 사로잡은 자의 땅에서 돌이켜 주께 간구하기를 우리가 범죄하여 패역을 행하며 악을 지었나이다 하며 47 자기를 사로잡아 간 적국의 땅에서 온 마음과 온 뜻으로 주께 돌아와서 주께서 그 열조에게 주신 땅 곧 주의 빼신 성과 내가 주의 이름을 위하여 건축한 전 있는 편을 향하여 주께 기도하거든 48 주는 계신 곳 하늘에서 저희 기도와 간구를 들으시고 저희의 일을 돌아보옵시며 49 주께 범죄한 백성을 용서하시며 주께 범한 그 모든 허물을 사하시고 저희를 사로잡아 간 자의 앞에서 저희로 불쌍히 여김을 얻게 하사 그 사람들로 저희를 불쌍히 여기게 하옵소서 50"(왕상 8:46~50)

예루살렘 성전은 오래전, 바벨론 제국의 3차 침공 때(주전 586년경)에 파괴되어 무너져버렸습니다. 그러나 하나님은 신실하십니다. 성전이 파괴되었으나, 그분의 약속(말씀)은 폐기되지 않았습니다. 그래서 다니엘은 이미 수십 년 전 무너져 잡초와 돌무더기밖에 없는 그곳, 예루살렘 성전이 있었던 방향으로 기도합니다. 다니엘은 **교회의 죄를 자복하고 회개**합니다. **하나님의 약속(말씀)에 근거하여 기도**합니다. **교회의 회복을 위해 기도**합니다. **하나님 중심, 성경 중심, 교회 중심의 기도**입니다.

걸어 다니는 사람-성전(Walking Human-Temple):
방향이 아니라 그리스도에게로

돌로 만든 성전은 이제 없습니다. 하나님께서는 우리에게 그보다 훨씬 더 좋은 성전을 주셨습니다. 사람-성전으로 오신 예수 그리스도입니다.

"말씀이 육신이 되어 우리 가운데 *거하시매* 55 우리가 그 영광을 보니 아버지의 독생자의 영광이요 은혜와 진리가 충만하더라"(요 1:14)

"예수께서 대답하여 가라사대 너희가 이 성전을 헐라 내가 사흘 동안에 일으키리라 19 유대인들이 가로되 이 성전은 사십륙 년 동안에 지었거늘 네가 삼 일 동안에 일으키겠느뇨 하더라 20 그러나 *예수는 성전 된 자기 육체를 가리켜 말씀하신 것이라* 21 죽은 자 가운데서 살아나신 후에야 제자들이 이 말씀하신 것을 기억하고 성경과 및 예수의 하신 말씀을 믿었더라 22"(요 2:19~22)

그러니 이제 우리는 지상의 어느 한 장소를 향해 예배하거나 기도하지 않습니다. 어느 한 특정한 장소가 거룩한 땅이나 거룩한 성소가 되는 시대는 이미 끝났습니다.56 성령 안에서, 진리의 말씀에 근

---

55 "거하시매"로 번역된 헬라어 "ἐσκήνωσεν(에스케노센)"은 '회막을 치고 거하다(camp/dwell in a tent)'라는 뜻을 가진 헬라어 동사 'σκηνόω(스케노오)'의 3인칭, 단수, 부정과거(aorist), 능동태, 직설법입니다. 다수의 성경학자는 이 표현이 예수 그리스도의 성육신을 성막(Tabernacle)에 은유한 것으로 해석합니다.

56 그러므로 성경이나 교회사에 언급된 특정 장소 방문을 '성지 순례'라고 부르는 것은 성경적이지 않습니다. '성경 사적지 방문' 또는 '교회 사적지 방문'이라고 하는

거하여 예배하고 기도하는 새 시대가 도래했기 때문입니다.

"우리 조상들은 이 산(필자 주: 그리심산)[57]에서 예배하였는데 당신들의 말
은 예배할 곳이 예루살렘에 있다 하더이다 20 예수께서 가라사대 여자
여 내 말을 믿으라 이 산에서도 말고 예루살렘에서도 말고 너희가 아버
지께 예배할 때가 이르리라 21 … 아버지께 참으로 예배하는 자들은 *신
령과 진정으로*[58] *예배할 때가 오나니 곧 이때라* 아버지께서는 이렇게
자기에게 예배하는 자들을 찾으시느니라 23 하나님은 영이시니 예배하
는 자가 *신령과 진정으로*[59] *예배할찌니라* 24"(요 4:20~21, 23~24)

이런 이유로, 우리는 이제 (예루살렘 성전이 있던 방향이 아니라) 사
람-성전이신 예수님을 바라봅니다. **오직 단 한 분 예수 그리스도의 이
름으로 기도합니다.**

"너희가 내 안에 거하고 내 말이 너희 안에 거하면 무엇이든지 원하는

것이 더 좋습니다.

57 사마리아인들은 예루살렘 성전에 가는 대신 그리심산에 사마리아 성전을 건축하
고 거기서 따로 예배(제사)했습니다.

58 한글개역성경에는 "신령과 진정으로"로, 한글개역개정성경에는 "영과 진리로"로
번역된 헬라어 어구 "ἐν πνεύματι καὶ ἀληθείᾳ(엔 프뉴마티 카이 알레쉐이아)"를 직
역하면, '영과 진리 안에서'입니다. 이를 조금 풀어서 '진리의 성령 안에서'로 의역
할 수 있습니다. 이는 '마음을 다해서 드리는 예배'라는 뜻이 아니라 (예수 그리스
도께서 오순절에 새 성전이 될 교회에 종말론적 선물로 부어주실) '진리의 성령으
로 드리는 예배'의 시대가 이제 도래했다는 뜻입니다. 즉, 구원 역사의 획기적인
진전을 의미하는 말씀입니다.

59 각주 58과 같습니다.

대로 구하라 그리하면 이루리라 7 … 너희가 나를 택한 것이 아니요 내가 너희를 택하여 세웠나니 이는 너희로 가서 과실을 맺게 하고 또 너희 과실이 항상 있게 하여 *내 이름으로* 아버지께 무엇을 구하든지 다 받게 하려 함이니라 16"(요 15:7, 16)

"그날에는 너희가 아무것도 내게 묻지 아니하리라 내가 진실로 진실로 너희에게 이르노니 너희가 무엇이든지 아버지께 구하는 것을 *내 이름으로* 주시리라 23 지금까지는 너희가 *내 이름으로* 아무것도 구하지 아니하였으나 구하라 그리하면 받으리니 너희 기쁨이 충만하리라 24 … 그날에 너희가 *내 이름으로* 구할 것이요 내가 너희를 위하여 아버지께 구하겠다 하는 말이 아니니 26"(요 16:23~24, 26)

소망의 근거: 우리를 위해 기도하시는 예수 그리스도

다니엘의 기도를 우리에게로 적용하기 전에, 우리는 그가 선지자라는 사실을 잊지 말아야 합니다. 선지자, 제사장, 왕은 하나님과 언약 공동체 사이의 중보자입니다. 선지자 다니엘은 당대 교회의 중보자입니다. 그가 온 이스라엘을 위해 기도한 행위는 선지자의 직무, 즉 중보 사역입니다. 이는 무엇보다도 우리를 위해 중보하시는 예수 그리스도의 기도에 대한 그림자입니다. 때때로 교회가 심히 타락할 때가 있습니다. 죄로 물들어 심지어 세상보다 더 악할 때도 있습니다. 그런 상황에도 우리가 낙심하지 않는 이유는 우리 자신 때문도, 교회의 의(義)나 공로 때문도 아닙니다. **우리는 그분의 몸 된 교회와 택하신 백성들을 위해 한순간도 중보 기도를 쉬지 않으시는 우리 주 예수 그리스도 때문에 낙심하지 않습니다.** 소망을 잃지 않습니다. 그분의 중보 사역으로 인해, 참 교회는 언제나 보존됩니다. 그분의 중보 사역으로 인해, 택하신 백성들은 믿음을 버리지 않고 끝까지 견딥니다.

"천하에서 지극히 순수한 교회라 하더라도 혼합과 오류에서 벗어날 수 없다. 더러는 그리스도의 교회임을 멈추고 사탄의 회가 될 정도로 타락하였다. 그럼에도 불구하고 이 땅에는 하나님의 뜻을 따라 그분을 예배하는 교회가 항상 있을 것이다."(웨스트민스터 신앙고백서 25:5)

"누가 능히 하나님의 택하신 자들을 송사하리요 의롭다 하신 이는 하나님이시니 33 누가 정죄하리요 죽으실 뿐 아니라 다시 살아나신 이는 그리스도 예수시니 그는 하나님 우편에 계신 자요 우리를 위하여 간구하시는 자시니라 34"(롬 8:33~34)

계속 건축되는 사람-성전의 시대: 교회 중심의 기도

낙심하지 않고 소망을 품은 우리는 이제 하나님의 응답을 믿음으로 담대히 기도할 수 있으며, 또 기도해야 합니다. 우리는 말씀에 근거하여 기도해야 합니다. 약속하신 이는 미쁘십니다. 그분이 이루시며 응답하십니다.

이뿐 아닙니다. 다니엘은 황폐해진 예루살렘 성전 있는 편을 향해 기도했습니다. 신약시대에는 이제 어느 한 방향이나 장소를 향해 기도할 필요가 없으며, 그렇게 해서도 안 됩니다. 예수 그리스도께서 걸어 다니시는 사람-성전(Human-Temple)이 되어 오셨으며,[60] 그분의 몸인 교회

60　요 1:14; 2:19~22.

가 사람-성전이기 때문입니다.[61]

> "현 복음 시대에 기도나 종교적 예배의 어떤 순서도 행하는 장소나 향하는 곳에 매여 있지 않으며 더 잘 받아들여지는 것도 아니다. 그러나 매일 가정에서나 은밀하게 홀로, 그리고 어디서나 영과 진리로 하나님을 예배할 수 있다. 또한 하나님께서 말씀이나 섭리로 요청하실 때 공적 집회에서 더 엄숙하게 예배할 수 있으니, 이런 집회를 부주의나 임의로 소홀히 하거나 저버리지 말아야 한다."(웨스트민스터 신앙고백서 21:6)

그러므로 이제 우리는 성전의 머리이신 주 예수 그리스도의 이름으로 기도합니다. 그리고 그분의 몸인 사람-성전, 즉 **교회로 모여 하나님의 백성들과 함께 기도**합니다. 그래서 어떤 경우에도 우리는 모임을 중단하지 않습니다. 누구도, 그 어떤 권세도 교회가 모이는 것을 폐하지 못합니다.

> "그러므로 형제들아 우리가 예수의 피를 힘입어 성소에 들어갈 담력을 얻었나니 19 그 길은 우리를 위하여 휘장 가운데로 열어 놓으신 새롭고 산 길이요 휘장은 곧 저의 육체니라 20 또 하나님의 집 다스리는 큰 제사장이 계시매 21 우리가 마음에 뿌림을 받아 양심의 악을 깨닫고 몸을 맑은 물로 씻었으니 참 마음과 온전한 믿음으로 하나님께 나아가자 22 또 약속하신 이는 미쁘시니 우리가 믿는 도리의 소망을 움직이지 말고

---

61   고전 3:16~17; 6:19~20; 엡 2:20~22; 벧전 2:4~5.

굳게 잡아 23 서로 돌아보아 사랑과 선행을 격려하며 24 모이기를 폐하
는 어떤 사람들의 습관과 같이 하지 말고 오직 권하여 그날이 가까움을
볼수록 더욱 그리하자 25"(히 10:19~25)

기도합시다!
교회로 모여, 교회와 함께, 교회의 회복을 위해!
그리스도의 이름으로!
약속의 말씀에 근거하여!

1. 다니엘 3장(세 친구)과 6장(다니엘)에 기록된 시험의 차이점이 무엇입니까?

2. 다니엘이 기도한 내용이 무엇입니까? 기도의 근거가 된 성경 본문을 말해보십시오.

3. 다니엘이 "예루살렘으로 향한 창문을 열고" 기도한 이유가 무엇입니까? 기도의 근거가 된 성경 본문을 말해보십시오.

4. 오늘날 우리는 왜 예루살렘 방향으로 기도하지 않습니까?

5. 한 걸음 더 예수님의 이름으로 기도하는 것이 왜 중요한지 말해보십시오. 또한, 개인 기도뿐 아니라 교회로 함께 모여 기도하는 것이 왜 중요한지 말해보십시오.

Pray with the Church,
Pray to Restore the Church

제8장

아브라함의 기도: 의인 열 명

창 18:16~33

그 사람들이 거기서 일어나서 소돔으로 향하고 아브라함은 그들을 전송하러 함께 나가니라16 여호와께서 가라사대 나의 하려는 것을 아브라함에게 숨기겠느냐17 아브라함은 강대한 나라가 되고 천하 만민은 그를 인하여 복을 받게 될 것이 아니냐18 내가 그로 그 자식과 권속에게 명하여 여호와의 도를 지켜 의와 공도를 행하게 하려고 그를 택하였나니 이는 나 여호와가 아브라함에게 대하여 말한 일을 이루려 함이니라19 여호와께서 또 가라사대 소돔과 고모라에 대한 부르짖음이 크고 그 죄악이 심히 중하니20 내가 이제 내려가서 그 모든 행한 것이 과연 내게 들린 부르짖음과 같은지 그렇지 않은지 내가 보고 알려 하노라21 그 사람들이 거기서 떠나 소돔으로 향하여 가고 아브라함은 여호와 앞에 그대로 섰더니22 가까이 나아가 가로되 주께서 의인을 악인과 함께 멸하시려나이까23 그 성중에 의인 오십이 있을찌라도 주께서 그곳을 멸하시고 그 오십 의인을 위하여 용서치 아니하시리이까24 주께서 이같이 하사 의인을 악인과 함께 죽이심은 불가하오며 의인과 악인을 균등히 하심도 불가하니이다 세상을 심판하시는 이가 공의를 행하실 것이 아니니이까25 여호와께서 가라사대 내가 만일 소돔 성중에서 의인 오십을 찾으면 그들을 위하여 온 지경을 용서하리라26 아브라함이 말씀하여 가로되 티끌과 같은 나라도 감히 주께 고하나이다27 오십 의인 중에 오 인이 부족할 것이면 그 오 인 부족함을 인하여 온 성을 멸하시리이까 가라사대 내가 거기서 사십오 인을 찾으면 멸하지 아니하리라28 아브라함이 또 고하여 가로되 거기서 사십 인을 찾으시면 어찌 하시려나이까 가라사대 사십 인을 인하여 멸하지 아니하리라29 아브라함이 가로되 내 주여 노하지 마옵시고 말씀하게 하옵소서 거기서 삼십 인을 찾으시면 어찌 하시려나이까 가라사대 내가 거기서 삼십 인을 찾으면 멸하지 아니하리라30 아브라함이 또 가로되 내가 감히 내 주께 고하나이다 거기서 이십 인을 찾으시면 어찌 하시려나이까 가라사대 내가 이십 인을 인하여 멸하지 아니하리라31 아브라함이 또 가로되 주는 노하지 마옵소서 내가 이번만 더 말씀하리이다 거기서 십 인을 찾으시면 어찌 하시려나이까 가라사대 내가 십 인을 인하여도 멸하지 아니하리라32 여호와께서 아브라함과 말씀을 마치시고 즉시 가시니 아브라함도 자기 곳으로 돌아갔더라33

창 19:27~29

아브라함이 그 아침에 일찌기 일어나 여호와의 앞에 섰던 곳에 이르러27 소돔과 고모라와 그 온 들을 향하여 눈을 들어 연기가 옹기점 연기같이 치밀음을 보았더라28 하나님이 들의 성들을 멸하실 때 곧 롯의 거하는 성을 엎으실 때에 아브라함을 생각하사 롯을 그 엎으시는 중에서 내어 보내셨더라29

벧후 2:6~8

소돔과 고모라 성을 멸망하기로 정하여 재가 되게 하사 후세에 경건치 아니할 자들에게 본을 삼으셨으며6 무법한 자의 음란한 행실을 인하여 고통하는 의로운 롯을 건지셨으니7 (이 의인이 저희 중에 거하여 날마다 저 불법한 행실을 보고 들음으로 그 의로운 심령을 상하니라)8

아브라함의 기도: 의인 열 명

"아브라함은 타락한 소돔 백성을 위해 간절히 기도했지.

그러나 소돔 성에는 의인 열 명이 없어서 멸망하고 말았어.

아브라함의 믿음이 좀 더 컸더라면 얼마나 좋았을까?

그랬다면 의인 열 명이 아니라 한 명까지 줄여서 담대히 기도했을 텐데 말이야.

하나님께서 예레미야 5장 1절에서 말씀하신 것처럼 말이야.

그랬다면, 그 성이 멸망하지 않았을 거야."

필자가 어릴 때 교회 어른들에게서 자주 듣던 말입니다. 그러나 확인해야 할 의문이 있습니다. 첫째, 아브라함은 정말 타락한 소돔 백성을 위해 기도했습니까? 둘째, 아브라함은 왜 '의인 한 명'까지 줄이지 않고 멈추었을까요?

기도의 배경: 심판주이신 구속자

하루는 하나님께서 천사 둘을 대동하여 (사람의 모습으로) 아브라함을 찾아오십니다. 아브라함의 극진한 접대를 받은 후, 하나님께서는 아브라함과 사라에게 아들을 주실 것을 약속하십니다.

"*그가 가라사대 기한이 이를 때에 내가 정녕 네게로 돌아오리니 네 아내 사라에게 아들이 있으리라 하시니 사라가 그 뒤 장막 문에서 들었더라*10 … *여호와께 능치 못한 일이 있겠느냐 기한이 이를 때에 내가 네게로 돌아오리니 사라에게 아들이 있으리라*14"(창 18:10, 14)

이때 아브라함은 이미 구십구 세였으며, 그 아내 사라는 여성의 생리가 이미 오래전에 중단된 상태였습니다. 즉, 사라가 아브라함의 아들을 출산한다는 것은 불가능합니다. 0.00001%의 낮은 확률이 아니라 아예 불가능합니다. 그런데도 하나님께서 아들을 약속하셨다는 것은 두 가지 측면에서 중요한 의미를 내포합니다. 첫째, 오직 하나님의 능력으로 약속이 성취됩니다. 둘째, 하나님께서 아브라함과 사라의 구속자[62]가 되어 아들을 주십니다. 즉, **구속자의 능력으로 약속이 성취**됩니다. 성경에는 구속이 필요한 사람의 가까운 친족이 구속자가 됩니다. 10절과 14절은 여호와께서 아브라함과 사라의 구속자가 되실 것을 암시하는 말씀입니다.[63]

---

62 '구속자(redeemer)'란 '대신 값을 치르는 사람'이라는 뜻입니다. 성경에서 '구속자'는 크게 세 가지 직무를 수행합니다. 첫째, '씨(후손)'를 대신 생산해 줍니다. 둘째, '땅(기업)'을 대신 구매하여 돌려줍니다. 셋째, 대신 '복수(심판)'하여 원통한 자를 신원(vindication)해 줍니다.

63 물론 여호와께서 생물학적으로 사라와 동침한다는 뜻은 아닙니다. 10절과 14절에는 "돌아오리니"로 번역된 히브리 동사 "שׁוּב(수브)"가, 창 21:1에는 "권고하셨고"(한글개역개정성경에는 "돌보셨고")와 "행하셨으므로"로 번역된 히브리 동사 "פָּקַד(파카드)"와 "עָשָׂה(아사)"가 각각 사용되었습니다. 이 세 개의 동사를 이어서

"… 내가 정녕 네게로 돌아오리니 네 아내 사라에게 아들이 있으리라… 10 내가 네게로 돌아오리니 사라에게 아들이 있으리라 14"(창 18:10, 14)[64]

그다음, 장면이 전환됩니다. 천사 둘은 소돔으로 가고, 하나님과 아브라함만 남습니다. 하나님께서는 극악한 소돔과 고모라 성에 내릴 심판을 예고하십니다(창 18:20~21). 이 장면에서 하나님은 심판주로 나타나십니다. **아브라함의 구속자는 소돔의 심판주십니다. 하나님의 백성을 구속하시는 분은 원수를 심판하시는 분입니다.**[65] **사랑의 하나님(구속자)**

번역하면, '돌아와서 방문하여 행하다'가 됩니다. 이는 마치 하나님께서 아브라함을 대신한 구속자로서 '씨(후손)'를 생산하시는 모습을 연상케 합니다.

64 (생리가 끊어진 사라와는 정반대의 상황이지만,) 남자를 가까이 한 적 없는 동정녀 마리아에게 천사 가브리엘이 전한 수태 소식 역시 같은 원리를 내포합니다. 전능하신 하나님의 임재, 수태, 하나님의 백성을 구속하심 등 핵심 모티브가 병행하여 나타납니다.
"천사가 대답하여 가로되 *성령이 네게 임하시고 지극히 높으신 이의 능력이 너를 덮으시리니* 이러므로 나실 바 거룩한 자는 하나님의 아들이라 일컬으리라"(눅 1:35)
누가복음 1장에는 수태할 수 없는 두 여인이 아들을 낳습니다. 첫째는 (생물학적으로 사라와 비슷한 처지인) 나이 많은 엘리사벳입니다. 둘째는 동정녀 마리아입니다. 엘리사벳을 만난 마리아는 그 유명한 '마리아의 송가(the Magnificat)'로 화답하는데, 이는 (역시 수태하지 못하다가 사무엘을 낳은) 한나의 노래와 유사합니다(눅 1:46~55). 마리아의 송가와 한나의 노래, 그리고 구약의 다른 성경 본문과의 연관성에 대해서는 D. W. Pao and E. J. Schnabel, "Luke", in *Commentary on the New Testament Use of the Old Testament*, edit. by G. K. Beale and D. A. Carson (Grand Rapids, MI: Baker Academic, 2007), 261~262; W. Hendriksen, *Exposition of the Gospel According to Luke*, New Testament Commentary by William Hendriksen (Grand Rapids, MI: Baker Book House, 1978), 101~103을 참고하십시오.

65 이 원리는 소돔과 고모라 심판 기사(창세기 19장)에도 나타납니다. 소돔과 고모라는 심판받지만, 롯과 두 딸은 구출됩니다. 출애굽기에도 (특히 마지막 열 번째 재앙인 유월절에서 그 절정에 이르는) 열 개의 재앙을 통해 애굽과 그들이 섬기는

은 곧 **공의로운 재판장**이십니다. 이것이 창세기 18장의 내용이며, 아브라함이 기도한 배경입니다.

아브라함이 기도한 것: 하나님의 공의로운 심판

그러면 아브라함이 하나님께 요청한 것이 무엇일까요? 그는 정말 타락한 소돔 백성을 위해 기도했습니까? 성경 본문은 전혀 다르게 증거합니다. 하나님께서 소돔과 고모라에 내릴 심판을 예고하실 때, 그는 이렇게 질문합니다.

> "가까이 나아가 가로되 *주께서 의인을 악인과 함께 멸하시려나이까* 23 *그 성중에 의인 오십이 있을찌라도 주께서 그곳을 멸하시고 그 오십 의인을 위하여 용서치 아니하시리이까* 24 *주께서 이같이 하사 의인을 악인과 함께 죽이심은 불가하오며 의인과 악인을 균등히 하심도 불가하니이다 세상을 심판하시는 이가 공의를 행하실 것이 아니니이까* 25"(창

신들은 심판받고(출 12:12; 민 33:4), 이스라엘은 보호받습니다. 에스겔 9장에도 예루살렘은 심판받으며, 그 성안에 있는 의인(모든 가증한 일로 인하여 탄식하며 우는 자)들은 그 이마에 표를 받아 보호받습니다. [그 내용은 마치 새로운 유월절과 같이 전개되지만, 이방 신들을 섬기는 예루살렘이 애굽처럼 심판받는다는 점에서 '역전된 유월절'입니다(참고, 에스겔 8장; 마태복음 23장; 계 11:8).] 여호와 하나님께서는 한편으로는 어떤 자들을 심판하시며, 다른 한편으로는 어떤 자들을 그 심판에서 건져내십니다. 계시록에도 일곱 인과 일곱 대접이 같은 의미를 나타냅니다. 계시록에서 하나님의 심판은 어린양이 일곱 인을 하나씩 제거하는 데서부터 시작합니다. 인들이 제거되자 오랫동안 보호받던 이들은 이제 심판받기 시작합니다. 마침내 일곱 대접이 쏟아지자 그 심판은 완결됩니다. 우리 하나님께서는 그분의 아들 예수 그리스도를 십자가에서 심판하심으로 성령으로 인 치신 자들을 구원하십니다. 이 복음을 거절하는 자들은 보호받지 못하며, 심판을 피할 수 없습니다. 현대 자유주의 신학이 유일무이한 구원의 복음을 상대화하는 잘못을 범했다면, 현대 복음주의 신학은 심판의 복음을 약화하는 우를 범했습니다.

18:23~25)

타락한 소돔 백성을 살리는 것은 애초부터 아브라함의 관심사가 아니었습니다. 그의 관심은 소돔 성에 있는 의인들입니다. 아브라함은 소돔과 고모라 성에 임할 심판을 당연시합니다. 그것이 하나님의 공의에 합당하기 때문입니다. 다만, 아브라함은 하나님께서 행여나 악인과 함께 의인까지 심판하실까 염려합니다. 이는 하나님의 공의에 어긋나는 처사이기 때문입니다. 아브라함의 관심사를 다음의 두 가지 측면으로 요약할 수 있습니다.

첫째, 하나님께서는 **공의로운 심판주**십니다. 그래서 소돔과 고모라 백성을 심판하셔야 마땅합니다.

둘째, 그러나 의인까지 심판하신다면 하나님의 공의에 어긋납니다. **의인을 악인과 함께 심판하시면 안 됩니다.** 수많은 악인 가운데 극소수의 의인이 있더라도, 그들까지 악인과 함께 도매금으로 취급되면 안 됩니다.

바로 이것이 아브라함이 호소한 내용입니다. 의인 오십 명에서 시작하여 열 명까지 숫자를 줄여가며 여러 번 매달린 이유가 바로 이 때문입니다.[66]

---

66 이 점에서 아브라함의 기도는 하박국의 기도(합 1:2~4, 12~17)와 같은 내용을 담고 있습니다. 이 두 사람은 하나님께 항변하며 여쭙습니다. 의인을 악인과 같이 취급하시면 하나님의 공의에 어긋난다고 말입니다. 이 두 사람은 애초부터 악인이 아니라 의인을 변호하려는 목적으로 호소합니다. 하나님께서는 이 두 사람의 기도에 응답하십니다. 어떤 일이 있어도 의인을 악인과 똑같이 심판하지 않으시

하나님의 응답: 의인의 보존

아브라함의 **구속주이신 하나님은 동시에 공의로운 심판주**십니다. 아브라함의 기도에 대한 그분의 대답은 한결같습니다.

"내가 만일 소돔 성에서 의인 ○○명을 찾으면 그 성을 멸하지 아니하리라"

아브라함에게 꼭 필요한 대답입니다. 어떤 경우에도 의인을 악인과 함께 심판하지 않으시겠다는 굳은 약속입니다. 그럴 바에야 차라리 그 성 전체를 심판하지 않겠다고 대답하십니다. 아브라함이 '의인 한 명'까지 줄여서 기도해야 했다고 생각하십니까? 그랬다면 소돔과 고모라 성에 임할 심판을 막았으리라 생각하십니까? 천만의 말씀입니다. 하나

겠다고 말입니다. 하나님의 응답을 한마디로 응축한 것이 바로 합 2:4입니다.
"… 그러나 의인은 믿음으로 말미암아 살리라"(합 2:4)
로마서에서 사도 바울은 합 2:4를 인용하여 '이신칭의(以信稱義)'의 복음을 설명합니다(롬 1:16~17; 참고, 갈 3:11; 히 10:38). 이어서 바울은 '하나님의 의'와 '사람의 의(의인의 구원)'를 모두 만족시키는 복음을 설명합니다. 이 두 가지가 구속자 예수 그리스도를 통해 가능해졌다고 말입니다.
"그리스도 예수 안에 있는 구속으로 말미암아 하나님의 은혜로 값없이 의롭다 하심을 얻은 자 되었느니라24 이 예수를 하나님이 그의 피로 인하여 믿음으로 말미암는 화목제물로 세우셨으니 이는 하나님께서 길이 참으시는 중에 전에 지은 죄를 간과하심으로 *자기의 의로우심을 나타내려 하심이니*25 곧 이때에 *자기의 의로우심을 나타내사 자기도 의로우시며 또한 예수 믿는 자를 의롭다 하려 하심이니라*26"(롬 3:24~26)
로마서가 이신칭의의 복음을 설명하는 논증은 창세기 18~19장의 전개, 즉 '구속자의 구원과 심판'이라는 두 가지 사역과 병행합니다(로마서 1~8장). 그리고 하박국의 전개, 즉 '심판 중에도 택하신 백성(의인)들을 보존하시는 섭리'와도 병행합니다(로마서 9~11장). 하박국의 기도에 대해서는, 이 책 "제16장. 하박국의 기도와 하나님의 응답: 의인은 믿음으로 말미암아 살리라!"를 참고하십시오.

님의 응답은 이것으로 충분했습니다. 여러 번에 걸쳐, 그리고 같은 말씀으로 대답하신 후, 하나님께서는 아브라함을 떠나십니다. 아브라함 역시 하나님의 굳은 약속을 확인했으므로 자기 자리로 돌아갑니다(창 18:33).[67]

여호와 하나님은 공의로우십니다. 그분은 틀림없이 악인을 심판하십니다.[68] 그러나 심판 중에서도 의인을 보존하십니다. 의인을 결코 악인과 똑같이 취급하지 않으십니다. 정말 하나님께서는 소돔을 불로 심판하실 때, 의인 롯을 건져내셨습니다.

"아브라함이 그 아침에 일찌기 일어나 *여호와의 앞에 섰던 곳에* 이르러 27 소돔과 고모라와 그 온 들을 향하여 눈을 들어 연기가 옹기점 연기같이 치밀음을 보았더라 28 하나님이 들의 성들을 멸하실 때 곧 롯의

---

67 렘 5:1은 극도로 타락한 예루살렘 성을 하나님의 심판에 기소하는 '언약 소송장 (covenant lawsuit)'입니다.
"너희는 예루살렘 거리로 빨리 왕래하며 그 넓은 거리에서 찾아보고 알라 너희가 만일 공의를 행하며 진리를 구하는 자를 한 사람이라도 찾으면 내가 이 성을 사하리라"(렘 5:1)
우리는 문자주의(literalism)의 위험에 빠지지 않도록 주의해야 합니다. 렘 5:1의 "한 사람"이라는 숫자를 소돔과 고모라 심판 사건에 그대로 대입하는 성경 읽기는 오히려 그 본래 의미를 왜곡할 우려가 다분합니다. 렘 5:1을 에스겔 9장과 비교해서 읽어보십시오. 예레미야와 에스겔은 같은 시기에 서로 다른 장소(전자는 예루살렘, 후자는 바벨론)에서 활동한 선지자입니다. 예레미야에 의하면, 예루살렘 성은 단 한 사람의 의인도 없는 사악한 도성입니다. 그래서 그들은 심판받아 멸망해야 마땅합니다. 에스겔에 의하면, 하나님께서는 예루살렘 성에 약간의 의인들이 남아 있다고 하십니다. 그래서 이 성을 심판하는 중에도 그 의인들을 한 사람도 남김없이 모두 다 구원하십니다. 예레미야가 예루살렘 성이 받을 심판의 당위성을 예언했다면, 에스겔은 그 성에서 자행되는 범죄로 인해 애통하는 의인의 보존을 예언했습니다.
68 참고, 출 34:7; 히 9:27.

거하는 성을 엎으실 때에 *아브라함을 생각하사*(필자 주: *기억하사*)[69] 롯을 그 엎으시는 중에서 내어 보내셨더라₂₉"(창 19:27~29)

"소돔과 고모라 성을 멸망하기로 정하여 재가 되게 하사 후세에 경건치 아니할 자들에게 본을 삼으셨으며₆ 무법한 자의 음란한 행실을 인하여 고통하는 의로운 롯을 건지셨으니₇ (이 의인이 저희 중에 거하여 날마다 저 불법한 행실을 보고 들음으로 그 의로운 심령을 상하니라)₈"(벧후 2:6~8)

하나님께서는 아브라함을 기억하십니다. 그의 기도에 응답하십니다. 롯과 그의 두 딸이 구출된 것은 아브라함의 기도에 대한 하나님의 응답입니다. 한편, 아브라함 역시 "여호와의 앞에 섰던 곳에 이르러"(창 19:27) 소돔과 고모라가 받는 심판을 목격합니다. 아브라함은 하나님과 대화하던 곳에 서서 그분의 응답을 확인한 것입니다. 그는 여호와께서 약속에 신실하신 하나님, 공의로우신 하나님, 의인을 보존하시는 하나님, 기도를 들으시는 하나님이심을 확인합니다. 그분이 말씀하신 바로 그 장소에서 말입니다. 말씀이 있는 곳에 기도가 있었습니다. 아브라함은 말씀과 기도가 있던 바로 그 자리에서 약속에 신실하신 하나님을 확인합니다.

중보자 예수님의 기도: 택하신 백성의 보존

의인 롯조차 아브라함의 기도로 인해 구출되었습니다. 아브라함과 롯

---

69 "생각하사"로 번역된 히브리 동사 "זָכַר(자카르)"는 '기억하다(remember)', '언급하다(mention)'라는 뜻입니다.

모두 하나님의 백성이지만, 이 점에서 아브라함의 위치는 독특합니다. 그는 **족장 언약의 중보자**입니다. 하나님께서는 아브라함과 그의 씨를 복과 저주의 갈림길로 삼으셨습니다.[70] 그래서 하나님께서는 아브라함의 기도로 롯을 살려주셨습니다.[71]

우리에게는 **영원한 언약의 중보자**이신 예수 그리스도가 계십니다. 그분은 하나님께서 아브라함에게 약속한 "씨(자손)"입니다.

"이 약속들은 아브라함과 그 자손에게 말씀하신 것인데 여럿을 가리켜 그 자손들이라 하지 아니하시고 오직 하나를 가리켜 네 자손이라 하셨으니 곧 그리스도라"(갈 3:16)

"하나님은 한 분이시요 또 하나님과 사람 사이에 중보도 한 분이시니 곧 사람이신 그리스도 예수라"(딤전 2:5)

예수 그리스도는 이 땅에 계실 때, 우리를 위해 기도하셨습니다. 잡히시던 날 밤, 성만찬의 자리에서 기도하셨으며, 밖으로 나가 겟세마네 동산에서 기도하셨고, 심지어 십자가 위에서도 우리를 위해 아버지께 기도하셨습니다. 그리고 지금도 하나님 아버지 우편에서 우리를 위해 기

---

70 창 12:2~3; 15장; 17장; 20:7, 17; 22:17~18.

71 이후에 하나님께서는 그랄 왕 아비멜렉에게도 (성경에 최초로 "선지자"라고 명시된) 아브라함이 그를 위해 기도하면 살려주겠다고 하십니다. 이 역시 아브라함의 독특한 지위를 보여줍니다.
"이제 그 사람의 아내를 돌려보내라 그는 *선지자*라 그가 너를 위하여 *기도하리니* 네가 살려니와 네가 돌려보내지 않으면 너와 네게 속한 자가 다 정녕 죽을 줄 알찌니라"(창 20:7)

도하십니다(롬 8:34). 그분의 대속으로 우리는 의롭다 하심을 얻었으며, 아버지께서 그분의 기도를 들으심으로 우리가 죄와 사망의 도성에서 구출되었습니다. 아버지께서는 지금도 예수 그리스도의 기도 때문에 우리를 버리지 않으십니다.

우리의 기도: 참 교회의 보존

그리스도를 믿음으로 우리 역시 아브라함의 씨(자손)가 되었습니다.

"그러므로 후사가 되는 이것이 은혜에 속하기 위하여 믿음으로 되나니 이는 그 약속을 그 모든 후손에게 굳게 하려 하심이라 율법에 속한 자에게 뿐 아니라 아브라함의 믿음에 속한 자에게도니 아브라함은 하나님 앞에서 우리 모든 사람의 조상이라"(롬 4:16)

"그런즉 믿음으로 말미암은 자들은 아브라함의 아들인 줄 알찌어다 7 또 하나님이 이방을 믿음으로 말미암아 의로 정하실 것을 성경이 미리 알고 먼저 아브라함에게 복음을 전하되 모든 이방이 너를 인하여 복을 받으리라 하였으니 8 그러므로 믿음으로 말미암은 자는 믿음이 있는 아브라함과 함께 복을 받느니라 9 … 너희가 그리스도께 속한 자면 곧 아브라함의 자손이요 약속대로 유업을 이을 자니라 29"(갈 3:7~9, 29)

"형제들아 너희는 이삭과 같이 약속의 자녀라 28 … 그런즉 형제들아 우리는 계집종의 자녀가 아니요 자유하는 여자의 자녀니라 31"(갈 4:28, 31)

그래서 이제 우리도 공의로운 재판장이신 하나님께 기도합니다.

"우리를 시험에 들게 하지 마옵시고, 다만 악에서 구하옵소서!
복음의 대적을 심판하여 우리를 신원하여 주옵소서!
주님께서 택하신 교회와 백성을 보존해 주옵소서!"

복습을 위한 질문 ◆ ◆ ◆

1. 창세기 18장의 두 장면을 요약하고, 그 의미를 설명해 보십시오.

2. 아브라함이 기도한 내용이 무엇입니까? 그에 대한 하나님의 대답이 무엇입니까?

3. 아브라함의 기도가 어떤 방법으로 이루어졌습니까?

4. 아브라함의 기도와 하나님의 응답이 렘 5:1과 충돌하지 않는 이유를 설명해 보십시오.

5. 아브라함의 독특한 지위가 예수 그리스도의 사역과 어떤 관련이 있습니까?

6. 한 걸음 더 '참 교회의 보존'을 진술하는 웨스트민스터 신앙고백서 25:5를 함께 읽고, 우리가 무엇을 위해 기도할 것인지 서로 말해봅시다.

7. 한 걸음 더 성경, 특히 시편에는 하나님의 공의로운 심판을 호소하는 기도가 많습니다. 이 기도가 왜 중요한지, 그리고 오늘날 우리가 이런 기도를 어떻게 적용할지 말해봅시다.

제9장

이삭과 리브가의 기도와 하나님의 응답: 태 속에서 싸우는 쌍둥이

창 25:19~26

아브라함의 아들 이삭의 후예는 이러하니라 아브라함이 이삭을 낳았고 19 이삭은
사십 세에 리브가를 취하여 아내를 삼았으니 리브가는 밧단 아람의 아람 족속 중
브두엘의 딸이요 아람 족속 중 라반의 누이였더라 20 이삭이 그 아내가 잉태하지 못
하므로 그를 위하여 여호와께 간구하매 여호와께서 그 간구를 들으셨으므로 그 아
내 리브가가 잉태하였더니 21 아이들이 그의 태 속에서 서로 싸우는지라 그가 가로
되 이 같으면 내가 어찌할꼬 하고 가서 여호와께 묻자온대 22 여호와께서 그에게 이
르시되 두 국민이 네 태중에 있구나 두 민족이 네 복중에서부터 나누이리라 이 족
속이 저 족속보다 강하겠고 큰 자는 어린 자를 섬기리라 하셨더라 23 그 해산 기한
이 찬즉 태에 쌍동이가 있었는데 24 먼저 나온 자는 붉고 전신이 갖옷 같아서 이름
을 에서라 하였고 25 후에 나온 아우는 손으로 에서의 발꿈치를 잡았으므로 그 이름
을 야곱이라 하였으며 리브가가 그들을 낳을 때에 이삭이 육십 세이었더라 26

롬 9:10~13

이뿐 아니라 또한 리브가가 우리 조상 이삭 한 사람으로 말미암아 잉태하였는데 10
그 자식들이 아직 나지도 아니하고 무슨 선이나 악을 행하지 아니한 때에 택하심을
따라 되는 하나님의 뜻이 행위로 말미암지 않고 오직 부르시는 이에게로 말미암아
서게 하려 하사 11 리브가에게 이르시되 큰 자가 어린 자를 섬기리라 하셨나니 12 기
록된바 내가 야곱은 사랑하고 에서는 미워하였다 하심과 같으니라 13

제9장

이삭과 리브가의 기도와 하나님의 응답: 태 속에서 싸우는 쌍둥이

두드러지지 않은 족장

창세기의 족장 시대에는 네 분의 족장이 주로 활동했습니다. 아브라함, 이삭, 야곱, 요셉입니다. 아브라함, 야곱, 요셉의 인생 역정은 정말 극적입니다. 그에 비해 이삭의 삶은 그리 두드러지지 않습니다. 마치 아브라함과 야곱의 징검다리 역할에 불과한 것처럼 보입니다.[72] 그는 정적이고 수동적인 사람처럼 보입니다. 모리아 산에서(창세기 22장), 리브가와 혼인하기까지 모든 과정에서(창세기 24장), 이방 족속과의 관계에서(창 26:1~33), 심지어 그의 아들 에서가 이교도와 혼인할 때조차(창 26:34~35) 그렇게 보입니다. 오히려 어떤 때는 그 아내 리브가가 이삭

---

[72] 이 사실은 창세기의 뼈대를 이루는 열 개의 계보(תּוֹלְדוֹת, 톨레도트) 중 '아브라함의 계보'가 없다는 사실을 통해서도 나타납니다. '데라의 계보'(11:27~25:11)에서 중심인물은 아브라함입니다. '이삭의 계보'(25:19~35:29)에서 중심인물은 야곱입니다. '야곱의 계보'(37:2~50:26)에서 중심인물은 요셉입니다. 이 세 계보는 창세기 전체 분량의 70~80%를 차지합니다. 그러나 이삭이 중심인물로 대두되는 '아브라함의 계보'는 없습니다. 이 사실은 이삭이 나머지 세 족장을 연결하는 징검다리 역할을 하고 있음을 암시합니다.

보다 더 능동적으로 행동합니다.[73]

기도와 인내의 사람

이삭은 인내의 사람이자 기도의 사람입니다. 그는 사십 세에 리브가
와 혼인합니다(창 25:20). 그리고 육십 세가 되어서야 쌍둥이 에서와 야
곱을 낳습니다(창 25:26). 이삭과 리브가는 무려 이십 년이나 되는 불임
의 세월을 견딥니다. 성경은 이 기간 이삭이 한 일을 짧은 어구로 요약
합니다.

> "이삭이 그 아내가 잉태하지 못하므로 그를 위하여 여호와께 간구하
> 매…"(창 25:21)

적어도 이 점에 있어서, 이삭은 믿음의 선조이자 자기 아버지 아브라
함(아브람)과 대조됩니다. 원래 갈대아 우르에서 살다 하나님의 부르심
을 받은 아브람은 칠십오 세에 마침내 가나안 땅에 들어옵니다.[74] 이때
그는 자신의 조카 롯을 데리고 옵니다(창 12:4). 이는 후사가 없을 때,
롯을 양자로 삼을 가능성을 내포합니다. 하나님께서는 아브람과 롯이
헤어지게 하십니다(창세기 13장). 후사가 없던 아브람은 (종으로 추정되
는) 다메섹 엘리에셀을 양자로 삼으려고 합니다(창 15:2). 그러나 하나
님께서는 아브람의 몸에서 날 자가 상속자가 될 것이라고 말씀하십니

---

73 창 24:18~20, 58~61, 64~65; 27:6~17, 42~46.
74 성경에 의하면, 아브라함이 가나안 땅으로 들어오기까지 최소한 두 번 하나님의
    계시를 받았습니다. 첫 번째는 원래 살던 곳 갈대아 우르에서, 그다음은 하란에서
    입니다(행 7:2~4; 참고, 창 11:31~32; 12:1~6).

다(창 15:4). 그 후, 아브람은 애굽 여인 하갈을 첩으로 취하여 서자 이스마엘을 낳습니다(창세기 16장). 이때 아브람의 나이 팔십육 세였습니다. 그로부터 십삼 년이 지난 후, 아브람이 구십구 세에 하나님께서 나타나 "너는 내 앞에서 행하여 완전하라"라고 꾸짖으십니다(창 17:1). 칠십오 세부터 팔십육 세까지, 아브람은 적어도 세 번(조카 롯, 다메섹 엘리에셀, 이스마엘) 하나님의 약속과는 결이 다른 길을 선택할 가능성을 내비쳤습니다.

이에 반해, 이삭은 이십 년이라는 긴 세월 동안 다른 여자를 취하지도 양자를 구하지도 않습니다. 그는 약속하신 하나님께 기도합니다. 그리고 인내하며 기다립니다. **기도의 대상은 약속에 신실하신 하나님입니다. 기도의 내용은 약속(말씀)하신 바를 이루어달라는 것**입니다. 이때 이삭의 **믿음은 약속을 소망하며 기다리는(인내하는) 순종**으로 나타났습니다.

불임 그리고 잉태와 출산: 사망과 부활

마침내 하나님께서 이삭의 기도에 응답하십니다. 리브가가 잉태합니다. 약속하신 분이 친히 이루십니다. 이삭의 기도와 하나님의 응답을 읽을 때, 불임 부부가 간절히 기도하면 아이를 갖게 된다고 적용하지 않도록 주의해야 합니다.

'잉태'와 '출산'은 성경(특히 창세기)에서 자주 반복되는 중요한 주제 중 하나입니다. 이는 절망이나 죽음 또는 죽음과 방불한 상황 가운데 하나님의 약속이 성취되는 통로입니다. 이 때문에 **'잉태'와 '출산'은 자주 '약속의 성취', '부활' 주제와 밀접하게 맞물려 구속사를 한층 더 높은 단계로 진전**시킵니다. 동산에서 쫓겨난 아담과 하와 가정의 잉태와 출산(창 4:1~2), 아벨이 죽은 후 셋의 잉태와 출산(창 4:25), 노아가 오백세 된 후에야 비로소 태어난 세 아들(창 5:32), 인류 대부분이 죽은 홍수 후 이 년에 셈의 가정에서 태어난 아르박삿(창 11:10) 등을 들 수 있습니다. 특히 족장 시대에는 족장들의 아내가 모두 '불임'을 경험한 후에 아들을 낳음으로써 '약속의 성취'와 '부활' 주제가 더욱 선명하게 나타납니다. 아브라함(아브람)과 사라(사래), 이삭과 리브가, 야곱과 두 아내 레아[75]와 라헬 모두 일정 기간 불임을 경험한 후에 아들을 낳습니다. 요셉이 불임을 경험했다는 내용은 성경에 없습니다. 그러나 그가 애굽에 잡혀가 보디발의 집과 감옥에서 겪은 고난은 죽음과 방불합니다. 요셉은 그 모든 고난 후에 애굽의 총리대신이 되어 두 아들 므낫세와 에브라임을 낳습니다(창 41:50~52). 이렇게 **'잉태'와 '출산', 그리고 '부활'을 통한 '약속의 성취'라는 주제는 첫 사람 아담에서부터 마지막 족장 요셉까지 창세기 전체를 관통**합니다.

이후 이스라엘 역사에서도 '잉태'와 '출산', 그리고 '부활' 주제가 계속 이어집니다. 창세기 이후의 첫 번째 지도자 모세는 많은 부분에서 요셉과 닮은꼴입니다. 두 사람 다 빼어난 용모를 가졌습니다.[76] 언약 백성들에게 미움을 받아 타지로 떠납니다.[77] 그곳에서 이방인 제사장의 딸

---

75 레아가 불임을 겪었다는 사실을 아는 이는 적습니다. 레아는 네 아들(르우벤, 시므온, 레위, 유다)을 낳은 후, 일정 기간 불임을 경험합니다(30:9). 그다음, 하나님께서 레아의 닫힌 태를 열어 두 아들(잇사갈, 스불론)과 딸(디나)을 주십니다(30:17~21).

76 창 39:6; 출 2:2; 행 7:20. 두 사람의 빼어난 용모는 외적 아름다움뿐 아니라 하나님의 사역자로서 특별한 인물임을 암시합니다. 모세와 요셉의 공통점에 대해서는 Peter J. Leithart, *A House for My Name: A Survey of the Old Testament* (Moscow, ID: Canon Press, 2000), 74~75를 참고하십시오.

77 창세기 37장; 출 2:14; 행 7:25~29, 35.

과 혼인하여[78] 각각 두 명의 아들을 낳습니다.[79] 타지에서도 믿음으로 고난의 세월을 견딥니다.[80] 그리고 마침내 자신을 거절한 언약 백성들의 구원자와 보호자의 직무를 수행합니다. 요셉과 마찬가지로, 모세 역시 '불임'의 문제에 봉착한 것 같지는 않습니다. 그러나 애굽의 왕자에서 하루아침에 광야의 방랑자가 된 모세의 고난 역시 죽음의 상황과 방불합니다. 그러므로 그가 광야의 우물에서 극적으로 아내를 만나 두 아들을 낳는 것은 창세기의 '잉태'와 '출산', 그리고 '부활'을 통한 '약속의 성취' 주제와 연결됩니다.

아예 대가 끊어졌다가 구속자 보아스를 통해 소망을 발견한 과부 나오미, 그의 며느리로서 오벳을 낳은 과부 룻, 삼손을 낳은 마노아 부부, 사무엘의 어머니 한나, 출산의 길이 막힌 문제에서 벗어난 여리고 성 거민들[81], (포로가 된 이스라엘 백성을 상징하는) 과부에게 출산의 약속을 전하는 이사야,[82] "만민의 기도하는 집"이 될 성전으로 부르심을 받은

---

78 창 41:45; 출 2:16~21.

79 창 41:50~52; 출 2:22; 18:3~4.

80 창세기 39~40장; 시 105:17~19; 히 11:27.

81 왕하 2:19~22. 19절의 "토산이 익지 못하고 떨어지나이다"라는 표현은 식물이 열매를 맺지 못한다는 뜻도 되지만, 동시에 '아이를 낳지 못하고 유산하다'라는 번역도 가능합니다. 21절의 "다시는 죽음이나 토산이 익지 못하고 떨어짐이 없을 찌니라"라는 엘리사의 선포는 '불임'이라는 저주가 풀려 '잉태'와 '출산'이 가능해졌음을 의미합니다. 엘리사가 이 이적을 행한 것이 엘리야의 승천 바로 다음 문맥이라는 사실이 의미심장합니다. 엘리야는 오므리 왕조가 다스리던 거짓 교회에 심판을 선언하고, 선지자의 생도들을 길러냄으로써 참 교회의 씨앗을 뿌립니다. 엘리사는 말씀(선지자의 겉옷)과 성례(소금으로 여리고의 물을 고침)와 권징(곰 두 마리가 나타나 여리고의 아이들을 찢어 죽임)을 통해 참 교회의 표지를 회복합니다(참고, 벨직 신앙고백서 제27~29조).

82 사 54:1.

고자들과 이방인들[83], 그리고 세례 요한의 부모 사가랴와 엘리사벳까지…. 그리고 마침내 (잉태와 출산을 상상할 수도 없는) 동정녀 마리아에게서 성령의 능력으로 예수 그리스도께서 탄생하십니다.[84]

이렇게 셀 수 없이 등장하는 (특히 불임 후의) '잉태'와 '출산' 기사들은 세 가지 측면에서 중요한 교훈을 줍니다. 첫째는 **부활**입니다. 굳게 닫힌 태(사망)가 열려 생명이라는 열매가 맺힙니다. 둘째는 **약속을 이루시는 전능하신 하나님**입니다. 약속하신 분이 친히 이루십니다. 셋째는 **원시복음(창 3:15)의 성취**입니다. 하나님께서는 '잉태하는 큰 고통'으로 여자를 징벌하셨습니다(창 3:16). 그러나 하나님의 징벌(심판)은 곧 여자가 구원받는 통로가 됩니다.[85] 여자의 후손으로 인해 뱀(사탄)의 머리가 깨질 것입니다. 심판의 복음이야말로 구원의 복음입니다. 이 약속은 궁극적으로 예수 그리스도를 통해 성취됩니다. 동시에 그분이 오시기까지 구약시대 내내 하나님께서는 '불임'과 '잉태'와 '출산' 기사들을 통해 이를 희미하게 그림자로 보여주셨습니다.

---

83 이사야 56장. 이사야가 선포한 "내 집은 만민의 기도하는 집이라"(사 56:7)라는 이 예언의 대상은 고자와 이방인입니다. 이 예언은 예수님의 성전 숙정 사건을 통해 인용되고 성취됩니다(마 21:12~17; 막 11:15~19; 눅 19:45~48). 특히 마태복음은 고자와 이방인 대신 "소경과 저는 자들"(마 21:14)이 성전으로 나아와 예수님께 고침을 받고, "아이들"(마 21:15)이 성전에서 찬송하는 사건을 언급합니다.

84 특히 계 12:1~6은 구약 전체를 관통하여 예수 그리스도의 탄생까지 이르는 '잉태'와 '출산' 주제의 요약판입니다.

85 "그러나 여자들이 만일 정절로써 믿음과 사랑과 거룩함에 거하면 그 *해산함으로 구원을 얻으리라*"(딤전 2:15)

태 속에서 싸우는 쌍둥이

이상의 내용을 고려할 때, 단지 이삭과 리브가에게 아기를 주셨다는 생물학적 결과가 하나님의 응답이 아닙니다. 하나님의 응답은 이삭과 리브가가 전혀 예기치 못한 말씀으로 구체화 됩니다.

오랜 기간 불임이던 리브가의 뱃속에 쌍둥이가 잉태됩니다. 그러나 기쁨도 잠시, 두 아기는 뱃속에서부터 서로 싸우기 시작합니다.

> "아이들이 그의 태 속에서 서로 싸우는지라…"(창 25:22)

물리적으로는, 두 아기가 뱃속에서 격렬하게 발길질하며 몸부림치는 상태를 표현한 말입니다(아마도 이 때문에 리브가는 심한 통증을 느꼈을 것입니다). 그러나 단지 격렬한 태동과 산모의 통증만을 말하려고 했다면 이런 독특한 표현을 사용하지 않았을 것입니다. 뱃속의 두 아기가 서로 싸운다는 이런 표현 말입니다. 이는 다분히 은유적입니다. 이 표현은 두 아기가 **태어나기도 전에 원수 관계**임을 암시합니다. 리브가는 하나님께 기도합니다.

> "… 그(필자 주: 리브가)가 가로되 이 같으면 내가 어찌할꼬 하고 가서 여호와께 묻자온대"(창 25:22)

이 구절에서 주목할 내용이 있습니다. 리브가가 여호와께 여쭌 내용은 단순히 통증 경감을 위한 기도가 아니라는 사실입니다. 원래 밧단아람에 살던 리브가는 아브라함이 보낸 종을 우물에서 기적적으로 만났습니다. 종의 말을 듣고, 한 번도 만난 적 없는 남편과 혼인하기 위해 이곳 가나안 땅까지 그를 따라왔습니다. 그렇게 해서 혼인한 상대가 바로 이삭입니다(창세기 24장). 그다음, 리브가는 무려 이십 년의 불임 기간 후에 기적적으로 잉태했습니다. 그는 자기 남편 이삭 역시 전능하신 하나님의 능력으로 태어났다는 사실을 익히 들어 알고 있었을 것입니다. 남편 이삭과 마찬가지로, 리브가 역시 믿음의 사람입니다. 기도의 사람입니다. 리브가는 뱃속의 격렬한 요동에는 임산부가 흔히 경험하는 태아의 움직임 이상의 의미가 있으리라 생각했습니다. 그는 여호와께 묻습니다.

"여호와 하나님!
지금 제 뱃속에서 격렬한 요동이 일어나고 있습니다.
제가 어떻게 해야 합니까?"

여호와 하나님께서 그에게 응답하십니다. 그분의 응답에는 기이하고 놀라운 내용이 담겨 있었습니다.

"여호와께서 그에게 이르시되 두 국민이 네 태중에 있구나 두 민족이
네 복중에서부터 나누이리라 이 족속이 저 족속보다 강하겠고 큰 자는
어린 자를 섬기리라 하셨더라"(창 25:23)

이것이 뱃속의 두 아기가 싸운 일에 대한 하나님의 해석입니다. 동시에 이는 리브가의 기도에 대한 그분의 응답입니다. 놀랍지 않습니까? 뱃속에서 태어나지도 않은 쌍둥이의 격렬한 요동은 장차 두 나라의 관계를 보여주는 하나님의 계시였습니다. 큰 자(필자 주: 에서와 에돔 족속)가 어

린 자(필자 주: 야곱과 이스라엘 민족)를 섬길 미래를 미리 보여주는 예고편이었습니다.

로마서는 이를 **하나님의 주권, 특히 선택과 유기**로 설명합니다.

> "이뿐 아니라 또한 리브가가 우리 조상 이삭 한 사람으로 말미암아 잉태하였는데 10 그 자식들이 아직 나지도 아니하고 무슨 선이나 악을 행하지 아니한 때에 택하심을 따라 되는 하나님의 뜻이 행위로 말미암지 않고 오직 부르시는 이에게로 말미암아 서게 하려 하사 11 리브가에게 이르시되 큰 자가 어린 자를 섬기리라 하셨나니 12 기록된바 내가 야곱은 사랑하고 에서는 미워하였다 하심과 같으니라 13"(롬 9:10~13; 참고, 말 1:2~5[86])

이렇게 해서 태어난 두 사람이 바로 에서와 야곱입니다. 하나님께서 하신 말씀대로, 동생 야곱이 장자의 명분과 중요한 복을 독차지합니다. 그러나 에서는 야곱을 섬기는 대신, 그를 죽이려 합니다. 하나님의 약속

---

86 사도 바울이 로마서에서 인용한 구약성경은 창세기와 말라기입니다. 말라기의 예언은 하나님과 이스라엘 양측의 팽팽한 법정 대결 형식으로 전개됩니다. 이를 오늘날의 장르로 표현하자면, 법정 드라마입니다. 사도 바울이 인용한 구절은 총 여섯 개의 변론 중 첫 번째입니다. 이스라엘은 하나님의 사랑을 받은 적 없다고 주장하나, 하나님께서는 이에 반박하십니다.
"여호와께서 가라사대 내가 너희를 사랑하였노라 하나 너희는 이르기를 주께서 어떻게 우리를 사랑하셨나이까 하는도다 나 여호와가 말하노라 에서는 야곱의 형이 아니냐 그러나 내가 야곱을 사랑하였고2 에서는 미워하였으며 그의 산들을 황무케 하였고 그의 산업을 광야의 시랑에게 붙였느니라3 에돔은 말하기를 우리가 무너뜨림을 당하였으나 황폐된 곳을 다시 쌓으리라 하거니와 나 만군의 여호와는 이르노라 그들은 쌓을찌라도 나는 헐리라 사람들이 그들을 일컬어 악한 지경이라 할 것이요 여호와의 영영한 진노를 받은 백성이라 할 것이며4 너희는 목도하고 이르기를 여호와께서는 이스라엘 지경 밖에서 크시다 하리라5"(말 1:2~5)

을 팥죽 한 그릇보다 못하게 여깁니다. 그는 교회 안에서, 신앙의 가정에서 태어났으나, 망령된 자가 되어 버림을 받습니다.

"음행하는 자와 혹 한 그릇 식물을 위하여 장자의 명분을 판 에서와 같이 망령된 자가 있을까 두려워하라 16 너희의 아는 바와 같이 저가 그 후에 축복을 기업으로 받으려고 눈물을 흘리며 구하되 버린 바가 되어 회개할 기회를 얻지 못하였느니라17"(히 12:16~17)

겸손하나 담대하게

오늘날 그리스도인들은 이런 이야기를 듣기 싫어합니다. 기도하면 (세속적인 의미에서) 좋은 것만을 받아야 한다고 생각하는 분이 많습니다. 한국 교회 안에는 그런 분들이 자주 하는 말이 있습니다.

"우리 하나님은 절대 손해 보는 분이 아니야. 그러니 내가 잘될 수밖에 없어."

필자도 어릴 때부터 설교 중에, 성경공부 중에, 그리고 성도들과의 대화 중에 이런 말을 많이 들으면서 자랐습니다. 그러나 이는 궤변입니다. 하나님 아버지는 온 우주의 창조주시며 주인이십니다. 우리 주 예수 그리스도는 만왕의 왕, 만주의 주님이십니다. 하나님께서 우리에게 맡기신 재물을 가져가신다고 해서, 하나님께서 우리에게 불치병을 주신다고 해서, 심지어 하나님께서 우리의 목숨을 앗아가신다고 해서 그분에게 무슨 손해가 있습니까? 자신에게 좋지 않은 일이 발생하면 하나님께 손해가 된다고 여기는 것은 창조주 하나님과 그분의 섭리를 자기 생각

안에 가두려는 교만한 태도입니다. 성경 어디에도 그런 가르침이 없습니다. 교회사 가운데 정통신앙을 고백하는 그 어떤 교회도, 그 어떤 참된 교사도 이렇게 가르치지 않았습니다. 오히려 아버지의 작정이, 예수 그리스도 안에서, 성령의 능력으로 나타나길 기도하라고 가르쳤습니다. 삼위일체 하나님의 이 신비로운 창조와 섭리의 사역을 믿음으로 받아들이며, 겸손히 순종하라고 가르쳤습니다.

리브가의 기도와 하나님의 응답은 우리에게 중요한 교훈을 줍니다. 기도는 우리의 탐욕을 채우는 수단이 아닙니다. 오히려 **하나님의 계획 (작정)이 이루어지는 은혜의 방편**입니다. 이삭의 기도와 하나님의 응답을 통해 리브가의 뱃속에 쌍둥이가 잉태합니다. 리브가의 기도와 하나님의 응답을 통해 신비한 그분의 계획이 드러납니다. 기도와 응답을 통해 하나님의 신비로운 계획이 이 땅 위에 전개됩니다.

교회 안에도 **알곡과 가라지**가 있습니다. 교부 아우구스티누스 (Augustinus)가 말한 것처럼, 그리스도의 교회 안에도 이리가 있습니다. 신앙의 가정 안에도 **여자의 후손과 뱀의 후손**이 서로 투쟁합니다. 그러나 핍박하는 에서보다 오히려 핍박받는 야곱이 승리합니다. 선조들의 신앙을 따라 야곱은 온갖 험난한 일을 겪었으나[87], 이 과정을 통해 교회가 보존되고 성장합니다. 교회 안에서 함께 태어나 함께 자란 이(에서)에게 생명의 위협을 당해 쫓겨난 야곱. 그러나 그런 일을 통해 밧단아람에서 새로운 교회가 탄생했으며, 이 교회는 마침내 아버지 이삭이 다스리는 헤브론 교회와 만나 하나가 됩니다(창 35:27[88]). 이른바 밧단아람

---

87 창 47:9; 참고, 히 11:13~16.
88 "야곱이 기럇아르바의 마므레로 가서 그 아비 이삭에게 이르렀으니 기럇아르바는 곧 아브라함과 이삭의 우거하던 헤브론이더라"(창 35:27)

교회와 헤브론 교회의 연합입니다. 야곱의 극적인 인생 역정, 즉 기쁜 일뿐 아니라 그가 당한 고난과 슬픔과 괴로움조차 하나님의 계획이 이루어지는 구원 역사의 씨줄과 날줄이 됩니다.

이 사실은 우리를 **겸손**하게 만듭니다. 기도의 응답과 성취는 인간의 열심에 좌지우지되지 않습니다. (인간의 열심과 지혜와 능력을 넘어,) 오직 약속하신 하나님께서 그분의 주권으로, 그분의 능력으로 역사하십니다. 그래서 우리는 오히려 **담대히 기도**할 수 있습니다. 변덕이 죽 끓듯 하고 무능력한 우리가 아니라 약속에 신실하신 하나님, 전능하신 하나님께서 우리의 기도에 응답하시며 그분의 구속 계획을 성취해 가시기 때문입니다. 택하신 백성과 참 교회를 끝까지 책임지고 인도하시는 그분의 신실하심을 믿고 기도할 수 있기 때문입니다.

1. 아브라함, 야곱, 요셉에 비해 이삭의 삶이 갖는 특징을 말해보십시오.

2. 오랜 불임의 기간에 이삭이 한 행동을 아브람과 비교하여 말해보십시오.

3. 성경에 자주 등장하는 불임과 잉태/출산 주제가 의미하는 바가 무엇입니까?

4. 뱃속에서부터 쌍둥이가 서로 싸운 것과 하나님의 응답이 의미하는 바가 무엇입니까?

5. 한 걸음 더 하나님의 작정과 그분의 뜻이 이루어지기를 기도하기 위해 우리에게 필요한 것이 무엇입니까?

6. 한 걸음 더 개혁자 칼뱅은 죄가 많은 교회(참 교회)와 거짓 교회를 구별했습니다. 이를 오늘 배운 내용과 연결하여 말해보십시오.

7. 한 걸음 더 하나님의 뜻을 구하는 기도와 내가 원하는 바를 구하는 기도를 비교해 보십시오. 개혁자 칼뱅이 "기도는 믿음의 최상의 실천"이라고 한 이유를 이것과 관련하여 말해보십시오. 맹신과 확신의 차이가 무엇인지도 이와 관련하여 말해보십시오.

야곱의 기도와 하나님의 응답:
이스라엘과 브니엘

창 32:24~32

야곱은 홀로 남았더니 어떤 사람이 날이 새도록 야곱과 씨름하다가 24 그 사람이 자기가 야곱을 이기지 못함을 보고 야곱의 환도뼈를 치매 야곱의 환도뼈가 그 사람과 씨름할 때에 위골되었더라 25 그 사람이 가로되 날이 새려 하니 나로 가게 하라 야곱이 가로되 당신이 내게 축복하지 아니하면 가게 하지 아니하겠나이다 26 그 사람이 그에게 이르되 네 이름이 무엇이냐 그가 가로되 야곱이니이다 27 사람이 가로되 네 이름을 다시는 야곱이라 부를 것이 아니요 이스라엘이라 부를 것이니 이는 네가 하나님과 사람으로 더불어 겨루어 이기었음이니라 28 야곱이 청하여 가로되 당신의 이름을 고하소서 그 사람이 가로되 어찌 내 이름을 묻느냐 하고 거기서 야곱에게 축복한지라 29 그러므로 야곱이 그곳 이름을 브니엘이라 하였으니 그가 이르기를 내가 하나님과 대면하여 보았으나 내 생명이 보전되었다 함이더라 30 그가 브니엘을 지날 때에 해가 돋았고 그 환도뼈로 인하여 절었더라 31 그 사람이 야곱의 환도뼈 큰 힘줄을 친 고로 이스라엘 사람들이 지금까지 환도뼈 큰 힘줄을 먹지 아니하더라 32

제10장

야곱의 기도와 하나님의 응답: 이스라엘과 브니엘

공포의 밤

무려 이십 년 만에 아버지 집으로 돌아가는 중입니다. 기쁘고 설레야 마땅합니다. 그러나 야곱은 공포에 휩싸입니다. 에서가 오고 있다는 소식 때문입니다. 그것도 무려 사백 명이나 되는 장정들을 거느리고서 말입니다.

에서가 누구입니까? 혈통으로는 쌍둥이 형입니다. 신앙적으로는 같은 날 할례를 받은 교우입니다. 아버지 이삭이 치리하는 헤브론 교회에서 함께 말씀을 듣고 자란 사이입니다. 그런데도 이십 년 전, 동생 야곱을 미워하여 죽이려 계획한 자입니다. 바로 그 에서가 야곱을 만나러 오고 있습니다.

'왜 사백 명을 대동하고 오는 것일까?
형제의 재회가 목적이라면 그렇게 많은 사람이 필요하지 않을 텐데….
혹시 형은 아직도 나를 향해 이를 갈고 있을까?
내 목숨은, 그리고 내 가족은….'

야곱은 에서를 위해 어마어마한 규모의 가축 떼를 예물로 준비합니다. 그러나 두려움은 좀처럼 가시지 않습니다. 두 아내와 두 여종과 열한 명의 아들을 먼저 보낸 후, 야곱은 홀로 얍복 강나루에 남습니다. 에서와 사백 명의 용사 앞에서, 야곱 자신은 아무것도 할 수 없는 존재입니다. 맞서 싸워 이길 수도, 그렇다고 도망할 방법도 없습니다. **야곱이 직면한 문제는 사망(죽음)**입니다. 에서라는 장벽 앞에서, 사망의 권세 앞에서 그가 스스로 해결할 수 있는 것은 없습니다. 인정하고 싶지는 않으나, 인정할 수밖에 없는 현실. **인간의 무능력**입니다.

과거로의 회상과 현실: 하나님의 약속 & 사망의 짙은 그림자

돌이켜 보면, 에서는 혈통보다 믿음을 강조한 할아버지, 아버지와는 달랐습니다. 믿음의 가정에서 태어나 할례를 받고 또 신앙 양육을 받으며 자랐으나, 그는 애초부터 믿음과는 담을 쌓은 인물이었습니다. 하나님의 약속 대신 세속의 욕망이 그를 지배했습니다. 그는 이교도인 헷 족속 여인 둘과 혼인(창 26:34~35)하여 그 지역의 입지와 세력을 크게 넓혀갔습니다.[89] [이후에 그는 두 아내가 아버지 이삭을 기쁘게 하지 못하는 것을 보고, 할아버지 아브라함의 집에서 쫓겨난 이스마엘의 딸과도 혼인했습니다(창 28:8~9).] 거룩한 나라, 거룩한 교회, 거룩한 가정을 건설하겠다는 열망은 애초에 마음 한구석에서조차 자리하지 않았습니다. 이후 히브리서 기자는 에서를 예로 들어 배교자 발생에 대비하라고 수

---

89 이는 아마도 정략결혼이었을 것입니다. 아브라함은 막벨라 굴과 그 일대의 땅을 헷 족속에게서 구매합니다(창세기 23장). 이로 보건대, 당시 헷 족속은 헤브론과 그 일대에 꽤 큰 영향력을 갖고 있었을 것입니다. 에서는 하나님의 약속(말씀)이 아니라 철저히 세속적인 기준으로 혼인했습니다. 그의 혼인은 이삭과 리브가의 마음에 근심이 되었습니다.

신자들을 권면합니다.

> "너희는 돌아보아 하나님 은혜에 이르지 못하는 자가 있는가 두려워하
> 고 또 쓴 뿌리가 나서 괴롭게 하고 많은 사람이 이로 말미암아 더러움
> 을 입을까 두려워하고 15 음행하는 자와 혹 한 그릇 식물을 위하여 장
> 자의 명분을 판 에서와 같이 망령된 자가 있을까 두려워하라 16 너희
> 의 아는 바와 같이 저가 그 후에 축복을 기업으로 받으려고 눈물을 흘
> 리며 구하되 버린 바가 되어 회개할 기회를 얻지 못하였느니라 17"(히
> 12:15~17)

같은 어머니의 배에서 한날에 태어난 형제지만, 야곱은 에서의 말과
행동과 눈길에서 자주 살의(殺意)를 느끼며 살아야 했습니다. 특히 에서
가 사냥하러 간 사이에 아버지에게 가서 자기가 형이라고 속이고 축복
을 받은 이후로 더욱 그랬습니다(창세기 27장). 그 뒤로 형이 자기를 향
해 이를 갈고 있는 것을 피부로 느꼈습니다. 나이든 아버지가 죽으면 그
가 자기를 죽일 것이 분명했습니다(창 27:41). 에서가 자기를 죽이려 한
다는 말이 어머니 리브가의 귀에까지 들렸으니(창 27:42) 절대 착각이
아닙니다. 이십 년 전, 정든 아버지 집, 태어나 자란 교회를 떠나게 된
것도 그 때문입니다. 아버지께는 혼인할 배우자를 찾기 위해서라고만
말했지만, 한편으로는 형에게서 멀리 달아나기 위해서이기도 했습니다
(창 27:41~45; 28:1~7).

그리운 헤브론! 아버지와 어머니가 계신 곳. 태어나 언약의 표 할례를
받아 자란 곳. 마므레 상수리 수풀이 있는 곳. 할아버지가 쌓은 제단이
있어 항상 여호와 하나님께 예배하던 곳. 할아버지와 할머니가 장사 된

막벨라 굴이 있는 곳. 어릴 때 할아버지가 하늘의 별을 가리키며, 하나님께서 주신 약속을 이야기해 주던 곳.

"장차 우리 자손이 저 하늘의 별처럼 많아지고 또 위대하게 될 거야.
여호와 하나님께서 내게 나타나 약속하셨단다.
이 땅 가나안을 우리 자손에게 기업으로 주시겠다고 말이야.
나는 이 약속을 믿고 저 먼 고향 갈대아 우르를 떠나 하란을 거쳐 여기까지 왔단다.
그러나 어느새 나도, 네 할머니도 아들 없이 늙어버렸지.
그런데 말이다.
하나님께서는 내가 백 살 되던 해에 네 아버지를 주셨단다.
그리고 삼십칠 년이 지나 네 할머니는 손주는커녕 며느리도 보지 못하고 죽었지.
난 그를 막벨라 굴에 장사했어.
우리가 항상 예배하는 상수리 수풀 제단 건너편 말이다.
이 제단에서 여호와 하나님께 희생 제물을 드릴 때마다 건너편에 있는 아내의 무덤을 보았단다.
삼 년이 지난 어느 날, 나는 내 친족이 있는 밧단아람으로 내 종을 보냈지.
하나님께서 극적으로 네 엄마를 만나게 하셨어.
네 엄마도 약속을 믿고 이곳까지 와서 네 아버지와 혼인했단다.
이십 년이 지나 너와 에서가 아직 태 중에 있을 때, 하나님께서 다시 약속하셨지.
네가 장자가 되고, 네 형이 너를 섬기게 되리라고.
잊지 마라.

바로 네가 하나님께서 정하신 다음 세대 족장이다."[90]

헤브론은 할아버지와 아버지가 거주해 오던 곳이기도 하지만, 무엇보다도 **하나님의 약속이 깃든 곳**입니다. 그곳이 이제 멀지 않았습니다. 그러나 야곱 앞에는 거대한 장벽이 있습니다. 사망의 그늘보다 두려운 거대한 장벽. 쌍둥이 형 에서입니다. 그가 무려 사백 명의 용사를 이끌고 자기를 만나러 오는 중입니다. 전쟁 상황도 아닌데 말입니다.[91]

에서보다 더 두려운 심판주

그날 밤, 공포에 사무쳐 홀로 남은 야곱에게 누군가 찾아와 싸움을 겁니다. 날이 밝을 때까지 둘은 서로 싸웁니다. 싸움은 비등하고, 어쩌면 야곱이 이길 것도 같습니다. 날이 샐 즈음, 그 사람이 야곱의 환도뼈, 즉 골반과 허벅지 사이 움푹한 부위를 살짝 건드립니다.[92] 그러자 야곱의 환도뼈가 위골됩니다. 어마어마한 위력입니다(아마도 야곱은 평생 다리를 절었을 것입니다). 야곱은 그제야 이분이 신적인 존재임을 깨닫습니다.

조금 전까지 야곱은 에서를 두려워했습니다. 여태껏 살아온 인생에

---

90 야곱과 에서가 태어날 때 이삭의 나이는 육십 세, 아브라함의 나이는 일백육십 세였습니다. 아브라함과 야곱은 약 십오 년 정도 함께 살았습니다.

91 이전에 아브람이 삼백십팔 인의 종들을 이끌고 여러 도시 국가들의 연합군과 전투를 벌여 롯을 구한 사건(창 14:14~16)을 생각해 보십시오. 물론 그때 동맹 관계인 아넬과 에스골과 마므레의 사병 역시 출전한 것으로 보입니다(창 14:13, 24). 아무튼, 고대 사회에서 사백 명의 무리는 전투를 벌일 수 있는 규모임이 틀림없습니다.

92 25절의 "치매"에 해당하는 히브리 동사 "נגע(나가)"는 '대다/건드리다(touch)'라는 뜻입니다. 즉, 세게 내리친 것이 아니라 살짝 닿을 정도로 건드렸다는 뜻입니다. 이 단어는 하나님께서 신적 재앙/심판을 내리실 때 자주 사용됩니다. 그 실례로 창 12:17(동사와 명사 각 1회 사용)과 사 53:4를 보십시오.

서, 에서보다 더 두려운 존재는 없었습니다. 같은 부모 아래 태어난 쌍둥이 형이지만, 그보다 더 두려운 적수는 없었습니다. 그러나 에서가 찾아오기 전, 여호와 하나님께서 먼저 야곱을 찾아오셨습니다. 에서가 야곱을 죽이기 전, 하나님께서 먼저 야곱을 심판하러 오셨습니다. 에서가 사망의 권세를 상징한다면, 하나님은 **생명과 사망을 주관하는 심판주**십니다. 에서보다 먼저, 하나님께서 야곱을 심판하러 오셨습니다. 에서보다 더 두려운 분이 찾아오셨습니다. 육신의 생명을 노리는 자보다 앞서, **몸과 영혼을 능히 지옥에 멸하시는 분**이 찾아오셨습니다.

> "몸은 죽여도 영혼은 능히 죽이지 못하는 자들을 두려워하지 말고 오직 몸과 영혼을 능히 지옥에 멸하시는 자를 두려워하라"(마 10:28)

심판주를 되려 붙잡는 기도와 하나님의 응답: "이스라엘"과 "브니엘"

에서보다 더 두려운 심판주 앞에 야곱이 한 행동이 무엇입니까? 그분으로부터 도망쳤습니까? 아닙니다. 야곱은 되려 그분을 붙잡습니다. 에서보다 더 강하신 그분을 붙듭니다.

"날이 새려 하니 나로 가게 하라!"
"저를 축복하지 않으시면 보내드릴 수 없습니다."
"네 이름이 무엇이냐?"
"야곱입니다."
"네 이름은 이제부터 이스라엘이다. 즉, '하나님과 싸워 이긴 자'라는 뜻이다."
"당신의 이름을 가르쳐주십시오."

"어찌 내 이름을 묻느냐?"

그 사람은 이름을 가르쳐주는 대신, 그 자리에서 야곱을 축복하고 떠나버립니다. 에서보다 먼저 하나님께서 야곱을 심판하러 오셨습니다. 야곱은 심판하시는 하나님에게서 멀리 달아나는 대신, 오히려 그분을 붙잡음으로써 심판을 면합니다. 오랜 세월이 지난 후, 선지자 호세아는 이 사건을 기억합니다. 야곱과는 달리, 하나님 대신 이방 제국을 의지하는 당대 이스라엘 백성을 꾸짖습니다.

"에브라임은 바람을 먹으며 동풍을 따라가서 날마다 거짓과 포학을 더하며 앗수르와 계약을 맺고 기름을 애굽에 보내도다₁ 여호와께서 유다와 쟁변하시고 야곱의 소행대로 벌 주시며 그 소위대로 보응하시리라₂ 야곱은 태에서 그 형의 발뒤꿈치를 잡았고 또 장년에 하나님과 힘을 겨루되₃ 천사와 힘을 겨루어 이기고 울며 *그에게 간구*하였으며 하나님은 벧엘에서 저를 만나셨고 거기서 우리에게 말씀하셨나니₄ 저는 만군의 하나님 여호와시라 여호와는 그의 기념 칭호니라₅ 그런즉 너의 하나님께로 돌아와서 인애와 공의를 지키며 항상 너의 하나님을 바라볼찌니라₆"(호 12:1~6)[93]

---

93 야곱이 처한 상황과 북 왕국이 처한 상황은 원리적으로 같습니다. 야곱에게는 에서가, 북 왕국 백성들에게는 앗수르와 애굽이라는 강대국이 공포의 대상입니다. 야곱은 하나님께 울며 간구한 반면, 북 왕국은 오히려 앗수르와 애굽 사이를 줄타기하며 외교력에 의지합니다. 선지자 호세아는 족장 야곱이 한 것과 같이 만군의 하나님을 붙드는 것만이 북 왕국이 살길이라고 선포합니다. "제11장. 호세아가 선포한 야곱의 기도: 돌아와 울며 간구하라!"를 참고하십시오.

그 사람이 이름을 가르쳐주지 않고 떠났지만, 야곱은 깨닫습니다. 자신이 방금 만난 분이 하나님이라는 사실을 말입니다. 그래서 그는 그곳 이름을 '**하나님의 얼굴**'을 뜻하는 **"브니엘"**이라고 짓습니다.

> "그러므로 야곱이 그곳 이름을 브니엘이라 하였으니 그가 이르기를 내 가 하나님과 대면하여 보았으나 내 생명이 보전되었다 함이더라"(30절)

이윽고 해가 돋기 시작합니다. 성경에서 캄캄한 밤은 자주 '고난'과 '죽음' 또는 '심판'의 기간을 상징합니다.[94] 반면, 새벽과 일출은 자주 '부활'과 '구원'의 때를 상징합니다.[95] 에서보다 먼저 하나님께서 그를 심판하십니다. 힘의 근원인 그의 환도뼈, 즉 골반과 허벅지 부위를 쳐서 못 쓰게 만드십니다. 야곱이 하나님을 붙들고 간구하자, 하나님께서 그에게 복 주십니다. 이날, 야곱은 **죽음과 부활을 경험**합니다. 자신의 힘 대신 하나님을 의지하게 됩니다. 에서 대신 하나님을 두려워하게 됩니다.

> "그가 브니엘(필자 주: 하나님의 얼굴)을 지날 때에 해가 돋았고(필자 주: 부활) 그 환도뼈로 인하여 절었더라(필자 주: 죽음)"(31절)[96]

---

94 참고, 창 15:12~13; 요 9:4; 롬 13:12~13.

95 참고, 삿 5:31; 시 46:5; 말 4:2.

96 "브니엘"이 지명인 동시에 그 뜻이 '하나님의 얼굴'이므로 필자는 31절이 중의법(重義法)을 사용한 수사적 어구라고 봅니다. 31절 앞부분을 직역하면, 다음과 같습니다: "그가 하나님의 얼굴을 지날 때 해가 떠올랐다." 이 표현은 두 가지 의미를 함축합니다. 첫째, 야곱의 브니엘(지명)을 지날 때 실제로 일출이 시작되었다는 뜻입니다. 둘째, 하나님을 대면한 야곱은 죽기는커녕 오히려 부활(일출)을 경험했다는 뜻입니다.

죽음과 부활의 기념

이것이 끝이 아닙니다. 하나님께서 야곱에게 지어주신 새 이름 "이스라엘"(28절)은 야곱뿐 아니라 그의 모든 자손에게도 주어집니다. 그래서 그 이후로 야곱의 자손들은 이스라엘 백성(자손)이라 불립니다. 그러니 하나님께서 야곱에게 주신 약속 역시 (이를 믿는) 이스라엘 백성(자손) 모두의 약속이 됩니다. 야곱의 후손, 즉 이스라엘 백성들은 하나님께서 선조 야곱에게 주신 약속을 잊지 않고 대대로 기억합니다. 그들이 이를 기억하는 방법은 독특합니다. 고기를 먹을 때, "환도뼈 큰 힘줄"을 먹지 않는 관습입니다.

> "그 사람이 야곱의 환도뼈 큰 힘줄을 친 고로 이스라엘 사람들이 지금까지 환도뼈 큰 힘줄을 먹지 아니하더라"(32절)

이런 방식으로 이스라엘 자손들은 그날 밤 야곱의 씨름을 통해 주신 약속을 대대로 기념했습니다.

첫째, **심판주 하나님(죽음)**
둘째, 자신의 힘을 의지하지 않고 오직 하나님만을 붙드는 **믿음(기도)**
셋째, 생명을 주시는 **부활의 하나님**

더 위대한 죽음과 부활의 기념

이제 우리는 양과 소의 힘줄을 보면서 그 사건을 기억하지 않습니다. 그럴 필요도, 그래서도 안 됩니다. 그 대신 우리는 다른 양을 알고 있습니다. 이스라엘 백성들이 유월절에 살코기를 먹고 그 피를 문의 좌우 설주와 인방에 바른 것도 장차 우리를 위해 죽을 그 양을 바라보기 위해서입니다. 사실 그 양은 사람이 되신 하나님입니다. 우리 주 예수 그리스도십니다(고전 5:7~8). 잡히시던 날 밤 그분이 제자들에게 하신 말씀을 사도 바울이 전합니다.

"내가 너희에게 전한 것은 주께 받은 것이니 곧 주 예수께서 잡히시던 밤에 떡을 가지사 23 축사하시고 떼어 가라사대 이것은 너희를 위하는 내 몸이니 이것을 행하여 *나를 기념하라* 하시고 24 식후에 또한 이와 같이 잔을 가지시고 가라사대 이 잔은 내 피로 세운 새 언약이니 이것을 행하여 마실 때마다 *나를 기념하라* 하셨으니 25 너희가 *이 떡을 먹으며 이 잔을 마실 때마다 주의 죽으심을 오실 때까지 전하는 것이니라* 26"(고전 11:23~26)

여기서 26절 말씀을 좀 더 분석해 보겠습니다. 아래의 표 6을 보십시오.

표 6. 고전 11:26에 나타난 성찬의 의미

어구	시간	의미
이 떡을 먹으며 이 잔을 마실 때마다	현재의 기념	자기를 살피고 주의 몸(특히 빈궁한 자들)을 분별하여 믿음으로 참여
주의 죽으심을	과거의 사건	그리스도의 대속의 죽음과 부활: 하나님의 심판과 승리
오실 때까지	미래의 소망	그리스도의 강림: 우리의 육의 부활과 최후의 심판

우리는 야곱이 경험한 것보다, 그리고 옛 이스라엘이 대대로 기억한 것보다 더 위대한 죽음과 부활을 기념합니다. 소와 양의 힘줄을 버리는 대신 오히려 유월절 어린양의 몸과 피를 (상징하는 떡과 포도주를) 먹고 마심으로. 그분이 다시 오시는 그날까지. 성찬을 시행할 때마다, 새 이스라엘인 교회/성도는 다음의 세 가지를 잊지 않고 항상 기억합니다.

첫째, 그리스도의 **죽음(심판)과 부활**　　　과거의 사건
둘째, 오직 그리스도만을 붙드는 **믿음(기도)**　　현재의 기념
셋째, 우리의 **육의 부활과 최후의 심판**　　미래의 소망

이렇게 성찬은 과거, 현재, 미래가 만나는 현장입니다. 과거의 구원 사건, 그분을 믿음으로 붙드는 현재의 기도, 그리고 미래에 주실 소망! 그 누구도 이 기념을 폐하지 못합니다. 그 어떤 권세도 이 모임을 폐하지 못합니다.

"너희는 누룩 없는 자인데 새 덩어리가 되기 위하여 묵은 누룩을 내어 버리라 우리의 유월절 양 곧 그리스도께서 희생이 되셨느니라 7 이러므로 우리가 명절을 지키되 묵은 누룩도 말고 괴악하고 악독한 누룩도 말고 오직 순전함과 진실함의 누룩 없는 떡으로 하자 8"(고전 5:7~8)

"너희가 알거니와 너희 조상의 유전한 망령된 행실에서 구속된 것은 은이나 금같이 없어질 것으로 한 것이 아니요 18 오직 흠 없고 점 없는 어린 양 같은 그리스도의 보배로운 피로 한 것이니라 19"(벧전 1:18~19)

"그러므로 형제들아 우리가 *예수의 피*를 힘입어 성소에 들어갈 담력을 얻었나니 19 그 길은 우리를 위하여 휘장 가운데로 열어 놓으신 새롭고 산 길이요 휘장은 곧 *저의 육체*니라 20 … 모이기를 폐하는 어떤 사람들의 습관과 같이 하지 말고 오직 권하여 그날이 가까움을 볼수록 더욱 그리하자 25"(히 10:19~20, 25)

복습을 위한 질문 ◆ · ·

1. 야곱이 직면한 문제가 무엇입니까?

2. 야곱이 에서보다 더 두려워해야 할 존재가 누구입니까? 왜 그렇습니까?

3. 야곱이 하나님 앞에서 취한 행동을 통해 기도의 원리를 말해보십시오.

4. 이 사건에 담긴 죽음과 부활이 어떤 방식으로 옛 이스라엘 역사에서 계속 기억되었
   습니까? 오늘날 새 이스라엘인 교회는 어떤 방식으로 죽음과 부활을 기념합니까?

5. 창 32:31 말씀에 담긴 죽음과 부활의 의미를 설명해 보십시오.

6. 한 걸음 더 설교가 귀로 듣는 말씀이라면 (세례와) 성찬은 눈으로 보는 말씀입니
   다. 창 32:28~32에서 같은 원리를 찾아보십시오.

7. **한 걸음 더** 성찬은 과거, 현재, 미래가 만나는 현장입니다. 동시에 하늘과 땅이 만나는 현장이기도 합니다. 고전 10:16~17을 읽고 이것이 어떻게 가능한지 설명해 보십시오.

8. **한 걸음 더** 성찬을 자주 시행하면 그 가치를 훼손한다고 우려하는 분들이 있습니다. 그렇다면 설교의 가치를 훼손하지 않기 위해 매년 두 번만 시행해도 되겠습니까? 중세 미사는 자주 설교 없이 성찬만 시행했습니다. 오늘날 성찬을 좀 더 자주 시행하는 것에 대해 어떻게 생각하십니까?

9. **한 걸음 더** 야곱의 기도를 성찬에 적용한다면, 우리는 어떤 태도로 성찬에 참여해야겠습니까? 대교리 168~175문답과 소교리 제97문답을 참고하십시오.

제11장

호세아가 선포한 야곱의 기도:
돌아와 울며 간구하라!

호 12:1~6

에브라임은 바람을 먹으며 동풍을 따라가서 날마다 거짓과 포학을 더하며 앗수르와 계약을 맺고 기름을 애굽에 보내도다 1 여호와께서 유다와 쟁변하시고 야곱의 소행대로 벌 주시며 그 소위대로 보응하시리라 2 야곱은 태에서 그 형의 발뒤꿈치를 잡았고 또 장년에 하나님과 힘을 겨루되 3 천사와 힘을 겨루어 이기고 울며 그에게 간구하였으며 하나님은 벧엘에서 저를 만나셨고 거기서 우리에게 말씀하셨나니 4 저는 만군의 하나님 여호와시라 여호와는 그의 기념 칭호니라 5 그런즉 너의 하나님께로 돌아와서 인애와 공의를 지키며 항상 너의 하나님을 바라볼찌니라 6

제11장

호세아가 선포한 야곱의 기도: 돌아와 울며 간구하라!

뛰어난 지도력과 외교정책

솔로몬이 죽은 후, 이스라엘은 남북으로 분단됩니다(주전 930년경). 북 왕국은 '이스라엘', 남 왕국은 '유다'라는 이름으로 불립니다. 호세아는 주전 8세기 중엽에 활동한 북 왕국 이스라엘의 선지자입니다. 당시 북 왕국은 여로보암 2세가, 남 왕국은 웃시야가 왕이 되어 오랫동안 다스립니다. 다윗과 솔로몬 치세만큼은 아니었으나, 남북 왕국 모두 분단 이후 최전성기를 구가합니다.

당시 이스라엘 주위에는 두 개의 강대국이 있었습니다. 서남쪽에는 북아프리카의 강호 애굽, 동북쪽에는 앗수르 제국입니다. 여로보암 2세는 고도의 정치 수완과 외교 등 여러 가지 면에서 지도력을 입증합니다. 그는 앗수르와 애굽 사이를 줄타기하며 나라를 부강하게 하는 놀라운 능력을 발휘합니다.[97] 강대국 사이에 낀 나라를 보존하는 것을 넘어 영토를 크게 확장합니다(물론 자신은 몰랐겠지만, 하나님께서 선지자 요나로

---

97 참고, 호 5:13; 7:11; 8:9; 10:6.

하신 말씀 때문입니다).[98] 세상의 기준으로 볼 때, 여로보암 2세는 자타가 공인하는 탁월한 통치자입니다. 북 왕국 역사에 등장한 열아홉 명의 왕 중 그를 능가할 자 아무도 없습니다.

---

98 왕하 14:25~27. 선지자 요나는 지나치게 저평가되어왔습니다. 하나님의 말씀에 불복하다가 물고기 뱃속에 들어가는 큰일을 치른 선지자, 그 후에도 불평하다 책망받은 선지자 정도로 말입니다. 여로보암 2세가 영토를 크게 확장한 배경에는 선지자 요나의 사역이 있습니다. 선지자 요나는 이스라엘 전체의 축소 모형(miniature)과 같습니다. 그가 불순종하자 배에 탄 모든 이방인이 하나님의 심판 아래 놓입니다. 요나를 바다에 던지자 심판이 그칩니다. 제사장 나라인 이스라엘이 심판받아야 할 이유가 여기에 있습니다(요나 1장). 큰 물고기 뱃속에 들어간 요나의 상태는 스올(음부)의 포로입니다. 그는 다시 성전에 가서 하나님께 예배하기 위해 기도하며 응답받습니다. 요나는 이때 죽음과 부활을 경험합니다. 스올(음부)의 포로와 귀환을 경험합니다(요나 2장). 예수님께서는 이 사건을 그분 자신의 죽음과 부활로 연결하십니다(마 12:39~41; 16:2~4; 눅 11:29~30, 32). 니느웨(앗수르 제국의 수도) 백성들은 요나의 선포를 듣고 회개합니다(요나 3장). 그러나 요나와 예수님의 선포를 들은 이스라엘은 회개하지 않습니다. 요나는 하나님께서 니느웨를 보존하시자 못마땅해합니다. 하나님께서는 니느웨를 마치 금방 자랐다가 시들어버린 박넝쿨처럼 보존하십니다. 짧은 기간에 강성해진 앗수르 제국은 이스라엘에 그늘과 피난처를 제공할 것입니다. 그러나 잠시 피었다 사라질 것입니다(요나 4장). 여로보암 2세의 단독 통치와 전성기 직전(주전 780년경)에 활동한 선지자 요나의 메시지와 사역은 이스라엘이 강대국의 틈바구니에서 번성하는 배경이 되며, 회개의 기회를 제공합니다. 그러나 북 왕국이 돌이키지 않을 때, 하나님께서 그들을 심판하실 것입니다. 실제로 북 왕국은 여로보암 2세가 죽은 지 한 세대도 지나지 않아 멸망합니다(주전 722년경). (물론 요나 이후에도 선지자가 있었으나,) 요나의 표적은 이스라엘이 회개할 마지막 시간을 제공합니다. 요나보다 더 큰 선지자 예수님의 죽음과 부활은 옛 이스라엘이 회개할 마지막 기회를 제공하는 "요나의 표적"입니다. 이스라엘이 회개하지 않으면 니느웨 사람들이 그들을 정죄할 것입니다. 회개하지 않는 이스라엘은 더는 변명할 말이 없습니다.

표 7. 북 왕국 이스라엘의 대표적인 네 왕

왕	대수	통치 기간(주전)	특징
여로보암 1세	제1대	930~910년경	북 왕국의 초대 왕 금송아지 숭배 고안(예배 타락)
아합 (오므리 왕조)	제7대	874~853년경	오므리의 아들로 가장 악한 왕 금송아지 숭배 바알과 아세라 종교 도입 (북 왕국의 이교도화) 딸 아달랴를 남 왕국에 시집 보냄 (남 왕국의 이교도화)
예후	제10대	841~814년경	오므리 왕조 척결 바알 숭배(자) 척결 금송아지 숭배로 돌아감(예배 타락)
여로보암 2세 (예후 왕조)	제13대	793~781년경 (공동 통치) 781~753년경 (단독 통치)	예후의 증손자 부왕 요아스와 793~781년경 공동 통치 금송아지 숭배(예배 타락) 우상숭배와 사회악 만연 (선지자 호세아, 아모스의 사역) 북 왕국 최전성기

영적 타락

그러나 하나님께서 보시기에 여로보암 2세는 **악한 왕**입니다. 이전과 이후의 다른 모든 왕과 마찬가지로, 그 역시 북 왕국의 초대 왕 여로보암이 만든 금송아지를 섬깁니다(왕하 14:24). 백성들도 다르지 않습니다. 하나님께서는 호세아에게 "고멜"이라는 이름을 가진 음란한 여인을 아내로 취하라고 명령하십니다(호 1:2). 이 여인은 우상숭배로 영적 간음을 범하고 있는 이스라엘을 상징합니다. 우상숭배로 예배가 타락하니 삶도 피폐해집니다. 하나님을 바르게 알려고 하는 사람이 거의 사라집니다(호 4:6~7). 살인, 도둑질, 간음, 사기 등 온갖 범죄가 자행됩니다(호 4:1~2). 외적인 성장과 발전 이면에, 내적으로는 우상숭배 그리고 온갖 불의와 악행으로 인해 썩어들어갑니다.

내적인 타락뿐 아니라 탁월하다 평가받는 외교정책에도 큰 문제가 있습니다. 이스라엘을 지키시는 분은 "만군[99]의 하나님 여호와"(5절)십니다. 그러나 여로보암 2세와 북 왕국 이스라엘은 **하나님 대신 강대국을 의지**합니다.

"에브라임은 바람을 먹으며 동풍을 따라가서 날마다 거짓과 포학을 더하며 앗수르와 계약을 맺고 기름을 애굽에 보내도다"(1절)

심판주 하나님

야곱이 에서를 두려워하자 에서보다 먼저 하나님께서 찾아와 그를 심판하셨습니다. 야곱의 힘의 근원인 환도뼈, 즉 골반과 허벅지 관절 부위를 치셨습니다. 마찬가지로, 애굽과 앗수르를 두려워하고 의지하는 이스라엘을 하나님께서 심판하실 것입니다.

"여호와께서 유다와 쟁변하시고 야곱의 소행대로 벌 주시며 그 소위대로 보응하시리라"(2절)

다가오는 심판 앞에 주어진 기회: 여호와께 돌아와 울며 간구하라!

자신의 힘을 빼앗긴 야곱은 심판주 하나님으로부터 멀리 도망하는 대신, 오히려 그분을 붙들었습니다. 자신을 축복하지 않으면 절대 보내지 않겠다며 그분만을 의지했습니다. 선지자 호세아는 이를 **야곱의 회개와 기도**로 해석합니다.

---

99 "만군"으로 번역된 히브리 명사 'צָבָא(차바)'은 '군대(army)'라는 뜻입니다.

"야곱은 태에서 그 형의 발뒤꿈치를 잡았고 또 장년에 하나님과 힘을

겨루되 3 천사와 힘을 겨루어 이기고 울며 *그에게 간구*하였으며 하나님

은 벧엘[100]에서 저를 만나셨고 거기서 우리에게 말씀하셨나니 4"(3~4절)

호세아 선지자는 그 옛날 얍복 강나루에서 발생한 그 사건을 자기 시

대로 가져옵니다. 하나님께서 야곱에게 '이스라엘'이라는 새 이름을 하

사하신 바로 그 사건 말입니다(창 32:24~32). 심판의 날이 다가오고 있

습니다. 그러나 아직 늦지 않았습니다. 이스라엘은 믿음의 선조 야곱을

기억해야 합니다. 그들도 애굽과 앗수르 대신 하나님을 두려워해야 합

니다. 그분을 붙들어야 합니다. **야곱처럼 울며 간구**해야 합니다. 하나님

께로 돌아와야 합니다. **회개**해야 합니다. 이것이야말로 이스라엘이 사

망의 장벽을 넘어 부활을 체험하는 유일한 길입니다.

포로 생활과 귀환

그러나 이스라엘 백성들은 끝끝내 회개하지 않습니다. 아이러니하게

---

100 선지자 호세아가 이 구절에서 브니엘 사건과 함께 "벧엘"을 언급한 것은 매우 의
미심장합니다. 에서의 살해 위협 때문에 밧단아람으로 가던 야곱이 이곳 벧엘에
서 꿈에 하나님의 계시를 듣고 신앙을 고백하며 서원합니다. 야곱은 자신이 베고
자던 돌을 세워 기름을 붓고, 이곳 이름을 "벧엘"이라고 짓습니다. "벧엘"은 '하
나님의 집'이라는 뜻입니다(창 28:17). 그러나 북 왕국 초대 왕 여로보암은 이곳
에 금송아지 우상을 만들어 세우고, 산당과 제단을 짓습니다(왕상 12:28~33; 13
장 전체). '하나님의 집' 벧엘이 '사탄의 집'이 된 것입니다. 선지자 호세아는 금
송아지 우상숭배가 만연한 이곳 벧엘에서 과거에 어떤 일이 발생했는지 일깨워
줍니다. 하나님께서 이곳 벧엘에서 에서를 두려워하던 야곱을 만나셨습니다(창
28:10~22). 20년 후 하나님께서는 이곳 벧엘에서 가나안 족속의 추격과 보복을
두려워하던 야곱과 그의 가족을 다시 만나셨습니다(창 35:1~7). 애굽과 앗수르를
두려워하는 북 왕국 백성들도 이곳 벧엘에서 하나님을 만나야 합니다. '사탄의
집'이 아닌 '하나님의 집'으로 돌아가야 합니다.

도, 그들은 자신들이 그토록 믿고 의지하던 앗수르 제국에 의해 멸망합니다. 이후 남 왕국 유다 역시 앗수르 다음에 부상한 신흥 강국 바벨론 제국에 의해 멸망합니다. 그들은 약속의 땅 가나안, 즉 하나님께서 주신 기업에서 쫓겨납니다. 수많은 사람이 포로로 끌려갑니다. 신랑인 호세아를 버리고 간음한 고멜처럼, 신랑이신 하나님을 버린 구약 교회는 이렇게 심판받습니다.

그러나 하나님은 사랑이십니다. 큰 심판 중에도 택하신 백성들을 남겨두십니다. 세월이 흘러 이스라엘은 포로 생활에서 놓여 기업의 땅으로 돌아옵니다. 예루살렘 성전을 건축하고 다시 하나님께 예배합니다. 자신을 버린 고멜을 호세아가 다시 데려온 것처럼, 하나님께서는 간음한 신부 이스라엘을 다시 데려오십니다.

"여호와께서 내게 이르시되 이스라엘 자손이 다른 신을 섬기고 건포도 떡을 즐길찌라도 여호와가 저희를 사랑하나니 너는 또 가서 타인에게 연애를 받아 음부 된 그 여인을 사랑하라 하시기로1 내가 은 열다섯 개와 보리 한 호멜 반으로 나를 위하여 저를 사고2 저에게 이르기를 너는 많은 날 동안 나와 함께 지내고 행음하지 말며 다른 남자를 좇지 말라 나도 네게 그리하리라 하였노라3 이스라엘 자손들이 많은 날 동안 왕도 없고 군도 없고 제사도 없고 주상도 없고 에봇도 없고 드라빔도 없이 지내다가4 그 후에 저희가 돌아와서 그 하나님 여호와와 그 왕 다윗을 구하고 말일에는 경외하므로 여호와께로 와 그 은총으로 나아가리라5"(호 3:1~5)

하나님과 이스라엘, 그리고 호세아와 고멜의 관계는 더 큰 미래를 보여주는 희미한 그림자입니다. 다시 수백 년이 지납니다. 하나님의 아들이 이 세상에 오십니다. 간음하여 죄와 사망의 포로가 된 그분의 신부를 데려오시기 위해서입니다. 고멜을 데려오기 위해, 호세아는 "은 열 다섯 개와 보리 한 호멜 반"(호 3:2)이라는 값을 치렀습니다.[101] 자신의 신부를 데려오기 위해, 같은 이름[102]을 가진 하나님의 아들은 십자가에서 자신의 생명을 값으로 치르십니다.

간음한 신부는 울며 그에게 간구해야 합니다. 노기가 가득한 신랑의 품으로 뛰어드는 것이 범죄 한 교회가 회복되는 길입니다. 사망의 장벽을 넘어 부활을 체험하는 통로입니다. **울며 간구하는 심판의 장소, 바로 그곳 아골 골짜기가 간음한 교회의 회복이 시작되는 소망의 문**입니다.

"그러므로 내가 저를 개유하여 거친 들로 데리고 가서 말로 위로하고 14
거기서 비로소 저의 포도원을 저에게 주고 *아골 골짜기로 소망의 문을
삼아 주리니* 저가 거기서 응대하기를 어렸을 때와 애굽 땅에서 올라오
던 날과 같이하리라 15"(호 2:14~15; 참고, 수 7:26[103]).

---

101 이 점에서 호세아는 고멜의 구속자(redeemer)입니다. '구속자'는 '값을 대신 치르는 사람'이라는 뜻입니다.

102 '예수'라는 이름은 '여호와는 구원이시다'라는 뜻을 가진 '호세아', '여호수아'와 같은 이름입니다.

103 "아골 골짜기"는 여호수아와 이스라엘이 범죄 한 아간을 처형한 심판의 장소입니다. 이곳에서 공의로운 심판이 시행되자 이스라엘을 향한 하나님의 진노가 그칩니다. 아이 성 전투에서 36명의 사망자를 내고 패한 이스라엘은 이제 승리하여 대적의 진을 정복합니다. 그러니 심판의 장소인 아골 골짜기는 사망에서 부활로 전환되는 통로입니다.

복습을 위한 질문 ◆ ･ ･

1. 선지자 호세아가 살던 시대의 외적인 부흥과 실제 영적 상태를 설명해 보십시오.

2. 이스라엘의 외교정책은 어떤 점에서 야곱의 상황과 연결됩니까?

3. 호세아가 선포한 심판은 어떤 점에서 야곱의 상황과 연결됩니까?

4. 이스라엘에게 주어진 기회는 어떤 점에서 야곱의 상황과 연결됩니까?

5. 한 걸음 더 자신의 죄에 대하여, 그리고 교회 안에 발생한 죄에 대하여 회개 기
   도가 왜 필요한지 말해봅시다.

6. 한 걸음 더 공예배 순서 중에는 '죄의 공적 고백(회개 기도)'과 '사죄의 선포'가
   있습니다. 개인적으로 회개하면 될 텐데 왜 공예배 시간에 회개하는 순서가 있을
   까요?

7. 한 걸음 더 호세아 당대의 이스라엘이 세속주의를 포용하며 외적 성장만을 추구하는
   현대 교회의 모습과 닮은꼴이 아닌지 생각해 보십시오. 기복주의, 번영신학(prosperity
   theology)으로 인해, 회개와 (교회의 회복을 위한) 기도의 중요성이 왜곡되거나 약화
   되고 있지 않은지 돌아봅시다.

Pray with the Church,
Pray to Restore the Church

야베스의 기도와 하나님의 응답:
다만 악에서 구하옵소서!

대상 4:9~10
야베스는 그 형제보다 존귀한 자라 그 어미가 이름하여 야베스라 하였으니 이는 내가 수고로이 낳았다 함이었더라9 야베스가 이스라엘 하나님께 아뢰어 가로되 원컨대 주께서 내게 복에 복을 더하사 나의 지경을 넓히시고 주의 손으로 나를 도우사 나로 환난을 벗어나 근심이 없게 하옵소서 하였더니 하나님이 그 구하는 것을 허락하셨더라10

야베스의 기도와 하나님의 응답:
다만 악에서 구하옵소서!

야베스는 현대 그리스도인들에게 인기 있는 인물 중 하나입니다. 그는 그리스도인의 (물질적, 사회적) 성공 모델로 알려져 있습니다. 꽤 많은 설교자, 특히 부흥회 강사들의 단골 소재이기도 합니다. "야베스의 축복" 또는 "야베스의 기도"라는 제목으로 유행하는 각종 설교의 내용은 대부분 대동소이(大同小異)한데, 대체로 다음과 같습니다.

'야베스는 복에 복을 더해달라고 하나님께 기도했다.
우리도 세상에서 복을 받도록 기도해야 한다.
야베스는 지경을 넓혀달라고도 기도했다.
우리도 사업이 확장되고 더 많은 부(富)를 달라고 적극적으로 기도해야 한다.
야베스는 환난을 벗어나 근심이 없게 해달라고 기도했다.
우리도 환난이나 근심 없이 행복하게 살도록 기도해야 한다.
하나님께서는 야베스의 기도를 들어주셨다.
그리스도인들은 세상에서 부(富)와 건강, 그리고 행복을 마음껏 누려야 한다.

이를 위해 기도해야 한다.

그러면 하나님께서 소원대로 이루어주신다.'

이는 세속주의와 기복신앙의 시각으로 본문을 해석하고 적용한 것입니다. 이런 설교의 문제는 성경을 심각하게 곡해한다는 점입니다.

기도의 상황: 환난과 근심, 난산(難産)의 시대

야베스는 성경 전체에서 이 본문 외에는 등장하지 않습니다. 같은 이름을 가진 지명이나 동명이인이 있을 뿐입니다.[104] 그렇다고 해서 실망할 필요는 없습니다. 우리는 **성경의 문맥과 자증(自證)**을 통해 그가 살던 시대적 배경을 알 수 있습니다.

역대기의 구성은 독특합니다. 무려 첫 아홉 장이 이스라엘 자손들의 계보입니다. 그 계보 중 역대상 1장은 아담에서부터 이스라엘 열두 지파가 형성되기 전까지의 계보입니다. 역대상 2장에서 8장은 이스라엘 열두 지파의 계보입니다. 역대상 9장은 포로에서 돌아온 백성들의 계보입니다. 이 긴 계보의 행렬이 끝난 후에야 비로소 이스라엘 역사가 전개됩니다. 역대기는 사울이 죽고 다윗이 왕이 되는 데서 이스라엘 역사를 시작합니다. 그것이 바로 긴 분량을 차지하는 계보 다음에 이어지는 역대상 10장과 11장입니다. 이상의 내용을 포함한 역대기 전체 구조와 핵

---

104 왕하 15:10, 13~14에는 북 왕국 이스라엘의 왕 살룸의 아비 야베스가 언급되지만, 전혀 다른 인물입니다. 한편, 대상 2:55에는 유다 지파의 성읍 중 하나인 야베스가 언급됩니다. 그 외에도 요단 동편 지역 중 길르앗 야베스 또는 야베스 길르앗이 있습니다.

심 내용은 다음과 같습니다.

그림 1. 역대기의 구조와 핵심 내용

A. 이스라엘 자손들의 계보(대상 1~9장)

  a. 이스라엘 열두 지파 형성 이전의 계보(아담에서 에서까지)(대상 1장)

  b. 이스라엘 열두 지파의 계보(대상 2~8장)

  c. 바벨론 포로에서 돌아온 이스라엘 자손들(대상 9:1~34) [105]

  d. 사울의 계보(대상 9:35~44)

B. 왕국 시대의 계보(대상 10장~대하 36:21)

  a. 다윗과 솔로몬 시대의 통일 왕국(대상 10장~대하 9장)

  b. 남 왕국 유다의 역사(바벨론 포로까지)(대하 10장~36:21)

C. 바사 왕 고레스의 영(令): 포로 귀환과 성전 건축 명령(대하 36:22~23) [106]

야베스에 대한 기록은 위의 구조에서 "A.b."에 있습니다. 대상 2:3~4:23은 **유다 지파**의 계보입니다. 즉, 야베스는 유다 지파 자손입니다.

역대기의 구조와 내용을 통해 우리는 야베스가 살던 시대도 알 수 있습니다. 대상 9장을 제외한 대상 2장에서 8장은 주로 왕국 시대 이전의 계보입니다. 그리고 대상 10~11장에서 사울이 죽고 다윗이 이스라엘의 왕이 됩니다. 이를 볼 때, 야베스는 **통일 왕국 시대 이전에 살던 사람**입니다. 이는 그의 기도를 통해서도 뒷받침됩니다.

---

105 계보 마지막에 '사울의 계보'가 소개된 것은 사울이 죽고 다윗이 왕이 되는 10~11장의 내용과 관련됩니다. 즉, 이 부분은 역대기의 계보(대상 1~9장)와 이스라엘 역사(대상 10장 이하)를 잇는 징검다리 역할을 합니다.

106 역대기의 결론인 이 두 구절은 스 1:1~3과 같은 내용입니다.

"… 나의 지경을 넓히시고 …"(10절)

이는 단순히 부동산이나 재물을 달라는 기도가 아닙니다. 문자 그대로 땅의 경계를 넓혀 달라는 기도입니다. 야베스는 하나님께서 주신 기업의 땅을 아직 다 차지하지 못한 가운데 있었습니다. 그러니 그는 적어도 **가나안 땅에 들어간 이후의 세대**입니다. "지경을 넓히시고"라는 말은 야베스가 기업의 땅을 차지하기 위해 출정(出征)한다는 사실을 암시합니다. 그러므로 이는 교회의 전투적 사명과 관련한 내용입니다.

야베스의 어머니는 그를 "수고로이 낳았다"라고 합니다(9절). 이 말은 '고통 가운데 출산했다'라는 뜻입니다. 한 마디로 **"난산(難産)"**입니다. 이는 이스라엘이 하늘의 별처럼 많게 되리라는 약속[107]이 역전된 것입니다. 야베스는 교회가 하나님의 심판 아래 있던 시대에 태어나 자란 사람입니다.

"너희가 하늘의 별같이 많았을지라도 네 하나님 여호와의 말씀을 순종치 아니하므로 남는 자가 얼마 되지 못할 것이라"(신 28:62)

"야베스"라는 이름은 '슬픔', '고통', 또는 '말라버린 뿌리'를 의미합니다. 여러분이라면 난산했다고 해서 아들의 이름을 이렇게 짓겠습니까? 이 역시 하나님께서 아브라함에게 주신 약속이 역전된 것입니다.

"내가 너로 큰 민족을 이루고 네게 복을 주어 네 이름을 창대케 하리니

---

107 창 15:5; 출 32:13; 신 1:10; 10:22.

너는 복의 근원이 될찌라"(창 12:2)

야베스는 **"환난"**을 벗어나 **"근심"**이 없게 해달라고 기도합니다. 그의 기도는 당대 교회가 큰 환난과 근심 가운데 있던 시기임을 보여줍니다. 이는 언약의 최고 절정인 **'안식'이 상실**된 상황입니다.

> "야베스가 이스라엘 하나님께 아뢰어 가로되 원컨대 주께서 내게 복에 복을 더하사 나의 지경을 넓히시고 주의 손으로 나를 도우사 나로 환난을 벗어나 근심이 없게 하옵소서 하였더니 하나님이 그 구하는 것을 허락하셨더라"(10절)

이상의 모든 내용은 야베스가 살던 시대 상황을 반영합니다. 야베스는 기업의 땅을 다 차지하지 못한 상태입니다. 그는 환난과 근심 가운데 있습니다. 그의 모친은 '슬픔', '고통'이 가득한 시대에 살면서 '난산'으로 겨우 야베스를 낳았습니다. 우리는 그런 시대를 잘 알고 있습니다. **사사 시대**입니다. 야베스는 좋은 환경에서 편하게 살다 간 인물이 아닙니다. 오히려 당대 교회는 **이방 민족의 압제와 내부적인 타락** 가운데 처해 있었습니다.

타락한 교회

사사 시대의 특징을 두 마디로 요약할 수 있습니다: 외부적으로는 **이방 민족의 침략과 압제**(삿 3:7~16:31), 그리고 내부적으로는 **극심한 타락과 분쟁**(사사기 17~21장). 이렇게 된 데는 이유가 있습니다. 가나안 족속들은 이스라엘보다 훨씬 앞선 문명을 누리고 있었습니다.

첫째, 이스라엘이 목축을 주업을 하는 유목문화였다면 가나안 족속들은 이미 오래전부터 그보다 훨씬 앞선 **농경문화**를 발전시켰습니다. 가나안 족속들은 영험하다고 널리 알려진 신들을 섬기고 있었습니다. 천둥과 번개를 동반하여 비를 내려준다는 바알 신이 있었고, 풍성한 농작물을 맺게 해준다는 아스다롯 또는 아세라 여신이 있었습니다. 그러니 이스라엘은 자연스럽게 바알과 아스다롯, 바알과 아세라 숭배에 빠져들었습니다.

둘째, 헷(히타이트) 족속과 블레셋 족속 등은 이미 **철기문화**를 소유하고 있었습니다. 그들에게는 철 병거가 있었습니다.[108] 이는 청동기문화 가운데 있던 이스라엘보다 최소한 몇백 년 이상 앞선 것입니다.[109]

셋째, 가나안에 이미 살고 있던 족속 중에는 **거인들과 장대한 용사들**이 많았습니다. 또한, 그들에게는 **크고 견고한 성**이 있었습니다.[110]

그러니 이스라엘 자손들은 가나안 족속을 점점 더 두려워하게 되었습니다. 그들과 싸우기보다는 오히려 그들과 혼인하여 자녀를 낳고, 그들이 믿는 신들을 섬기며, 나아가 그들의 통치를 받는 것이 더 낫다고 생각했습니다.[111] 그러나 이 모두는 핑계에 불과합니다. 그들이 타락한 주된 이유는 단 하나 불신앙 때문입니다. 요약하자면, 사사 시대의 교회는

---

108 수 17:16; 삿 1:18~19; 4:3. 아마도 병거 전체를 쇠로 만들었다기보다는 중요 부위를 쇠로 둘렀을 것입니다.

109 참고, 삼상 13:19~22; 삼하 1:6; 8:4.

110 민 13:28, 31~33; 신 1:28; 9:2; 수 14:12, 15:13~14; 삼하 21:16~22; 대상 20:4~8.

111 특히 사사 시대 말기, 유다 지파 자손들이 블레셋과 싸우는 삼손에게 한 말과 행동은 가히 충격적입니다. 그들은 블레셋의 통치를 당연시하여 삼손이 괜히 분란을 일으킨다고 생각합니다. 그래서 삼손을 결박하여 블레셋의 손에 넘깁니다(삿 15:11~13).

전투적 사명을 포기하고, **세속주의와 혼합주의**를 신앙의 기치로 내세 웠습니다.

기도의 대상: 이스라엘 하나님

야베스는 당대의 여느 이스라엘 자손들과 달랐습니다. 그는 기도합니 다. 성경은 그가 누구에게 기도했는지 명시합니다.

"야베스가 이스라엘 하나님께 아뢰어 가로되 …"(10절)

그는 **"이스라엘 하나님"께 기도**합니다. '이스라엘'은 야곱의 새 이름 입니다. 하나님과 밤새 씨름한 후에 받은 이름입니다. 사백 명의 용사를 거느리고 오는 에서를 두려워하던 야곱에게 하나님께서 찾아와 지어주 신 이름입니다. 야베스의 시대 상황은 얍복 강나루에서 야곱이 처한 상 황과 너무나도 비슷합니다.

(1) 두려운 대적

야곱은 자신의 힘으로는 도무지 이길 수 없는 큰 대적(에서)을 두려워 합니다. 마찬가지로, 사사 시대 이스라엘 자손들 역시 철 병거를 가진 가나안 족속들을 두려워합니다.

(2) 더 두려운 심판주

에서보다 먼저 하나님께서 야곱에게 오셔서 그를 치십니다(심판). 마 찬가지로, 가나안 족속을 두려워하여 그들과 화친하던 이스라엘 자손 은 오히려 하나님의 심판 아래 놓입니다.

(3) 기도

야곱은 자신을 심판하시는 하나님을 오히려 붙듭니다. 그분께 울며 간구합니다(호 12:4). 자기에게 축복하지 않으면 보낼 수 없다고 매달립니다(창 32:26). 마찬가지로, 야베스는 "이스라엘 하나님"께 아룁니다. 그분을 의지하고 기도합니다. 자기에게 복에 복을 더해달라고 매달립니다(대상 4:10).

(4) 부활

하나님께서 야곱의 기도를 들어주십니다. 야곱은 사망의 장벽을 넘어 부활을 체험합니다. 마찬가지로, 하나님께서 야베스의 기도를 들어주십니다.

"… 하나님이 그 구하는 것을 허락하셨더라"(10절)

야베스는 철 병거를 가진 가나안 족속과의 전쟁에서 승리합니다. 그는 부활을 체험합니다.

이제까지 살펴본 바에 의하면, 이 책 제10~12장에서 야곱과 야베스, 그리고 선지자 호세아 당대 북 왕국 이스라엘이 처한 상황은 매우 비슷합니다. 북 왕국 이스라엘 백성들과는 달리, 야곱과 야베스는 하나님께 기도함으로 응답받습니다. 표 8을 보십시오.

표 8. 야곱, 야베스, 선지자 호세아 당대의 상황과 기도

요소	야곱	야베스	호세아
두려움의 대상	에서	가나안 족속	애굽과 앗수르
범죄	에서를 두려워함	가나안 족속과 통혼 가나안 신들을 숭배	하나님 대신 애굽과 앗수르에 의지
더 두려운 심판주	여호와 하나님	이스라엘 하나님	만군(군대)의 하나님 여호와
예비적 심판	환도뼈 위골	가나안 족속의 압제 난산 환란과 근심	애굽과 앗수르의 위협
반응(기도)	하나님을 붙듦 울며 간구 축복하시길 기도	기업의 땅과 안식을 주실 것을 기도	회개하지 않음 기도하지 않음
응답(부활) /최종 심판	새 이름: 이스라엘 새 지명: 브니엘 새 생명: 일출(부활)	전쟁에서 승리 기업의 땅 차지 안식을 누림	이스라엘 멸망

가장 큰 대적과 싸워 승리한 부활의 주님

죄인인 인간이 결코 이길 수 없는 대적이 있습니다. 죄와 사망입니다. 죄의 삯은 사망이므로(롬 6:23) 모든 죄인은 죄와 사망의 포로입니다.

그러나 십자가에 달리신 예수 그리스도는 가장 큰 대적과 싸워 승리하십니다. 죽음에서 부활하여 사망의 권세를 깨뜨리시고, 우리를 죄와 사망의 포로에서 해방하십니다. 예수님께서는 십자가를 앞에 두고 밤새 아버지께 기도하십니다. 십자가 위에서도 아버지께 기도하십니다. 그분은 우리를 구원하기 위해 기도하시고, 끝까지 싸워 승리하십니다.[112]

---

112 참고, 골 2:15; 빌 2:5~11.

예수님과 함께 죽고 부활한 우리(롬 6:1~7)도 기도해야 합니다. 환난과 핍박은 기도 중단의 이유가 되지 못합니다. 교회의 타락은 기도를 중단할 핑계가 되지 못합니다. 영적 전쟁의 가장 큰 무기는 하나님의 약속(말씀)과 그에 근거하여 드리는 기도입니다. 기도로 출정한 우리는 승리할 뿐 아니라 복음의 말씀으로 죄의 포로 된 자들을 건져내는 해방군입니다.

복습을 위한 질문 ◆ · ·

1. 야베스는 어느 시대 인물입니까? 어떻게 이를 알 수 있습니까?

2. 사사 시대 교회의 전반적인 특징을 말해보십시오. 왜 그렇게 되었습니까?

3. 야베스가 처한 상황이 어떠했는지 본문 말씀을 통해 설명해 보십시오.

4. 야베스가 기도한 대상이 누구입니까? 본문 말씀은 왜 그런 표현을 사용합니까?

5. 야베스가 기도한 내용이 무엇입니까?

6. 야곱과 야베스, 그리고 선지자 호세아 당대의 상황과 기도를 비교해서 말해보십시오.

7. 예수 그리스도께서 승리하신 전쟁, 그리고 우리가 승리할 전쟁에 대해 말해보십시오.

8. 한 걸음 더 야베스를 물질적, 사회적 성공 모델로 설명하는 해석이 합당합니까? 이런 해석의 문제점이 무엇입니까? 이런 해석이 왜 대중에게 큰 인기를 얻고 있다고 생각하십니까?

9. 한 걸음 더 야베스가 처한 상황과 그가 한 기도를 생각할 때, 한국 교회가 처한 상황과 해야 할 기도가 무엇인지 말해보십시오.

모세의 기도와 하나님의 응답: 그들의 죄를 사하시옵소서!

출 32:15~32

모세가 돌이켜 산에서 내려오는데 증거의 두 판이 그 손에 있고 그 판의 양면 이편 저편에 글자가 있으니 15 그 판은 하나님이 만드신 것이요 글자는 하나님이 쓰셔서 판에 새기신 것이더라 16 여호수아가 백성의 떠듦을 듣고 모세에게 말하되 진중에서 싸우는 소리가 나나이다 17 모세가 가로되 이는 승전가도 아니요 패하여 부르짖는 소리도 아니라 나의 듣기에는 노래하는 소리로다 하고 18 진에 가까이 이르러 송아지와 그 춤추는 것을 보고 대노하여 손에서 그 판들을 산 아래로 던져 깨뜨리니라 19 모세가 그들의 만든 송아지를 가져 불살라 부수어 가루를 만들어 물에 뿌려 이스라엘 자손에게 마시우니라 20 모세가 아론에게 이르되 이 백성이 네게 어떻게 하였기에 네가 그들로 중죄에 빠지게 하였느뇨 21 아론이 가로되 내 주여 노하지 마소서 이 백성의 악함을 당신이 아나이다 22 그들이 내게 말하기를 우리를 위하여 우리를 인도할 신을 만들라 이 모세 곧 우리를 애굽 땅에서 인도하여 낸 사람은 어찌 되었는지 알 수 없노라 하기에 23 내가 그들에게 이르기를 금이 있는 자는 빼어 내라 한즉 그들이 그것을 내게로 가져왔기로 내가 불에 던졌더니 이 송아지가 나왔나이다 24 모세가 본즉 백성이 방자하니 이는 아론이 그들로 방자하게 하여 원수에게 조롱거리가 되게 하였음이라 25 이에 모세가 진문에 서서 가로되 누구든지 여호와의 편에 있는 자는 내게로 나아오라 하매 레위 자손이 다 모여 그에게로 오는지라 26 모세가 그들에게 이르되 이스라엘의 하나님 여호와께서 이같이 말씀하시기를 너희는 각각 허리에 칼을 차고 진 이 문에서 저 문까지 왕래하며 각 사람이 그 형제를, 각 사람이 그 친구를, 각 사람이 그 이웃을 도륙하라 하셨느니라 27 레위 자손이 모세의 말대로 행하매 이날에 백성 중에 삼천 명 가량이 죽임바 된지라 28 모세가 이르되 각 사람이 그 아들과 그 형제를 쳤으니 오늘날 여호와께 헌신하게 되었느니라 그가 오늘날 너희에게 복을 내리시리라 29 이튿날 모세가 백성에게 이르되 너희가 큰 죄를 범하였도다 내가 이제 여호와께로 올라가노니 혹 너희의 죄를 속할까 하노라 하고 30 여호와께로 다시 나아가 여짜오되 슬프도소이다 이 백성이 자기들을 위하여 금신을 만들었사오니 큰 죄를 범하였나이다 31 그러나 합의하시면 이제 그들의 죄를 사하시옵소서 그렇지 않사오면 원컨대 주의 기록하신 책에서 내 이름을 지워 버려 주옵소서 32

신 9:15~21

내가 돌이켜 산에서 내려오는데 산에는 불이 붙었고 언약의 두 돌판은 내 손에 있었느니라 15 내가 본즉 너희가 너희 하나님 여호와께 범죄하여 자기를 위하여 송아지를 부어 만들어서 급속히 여호와의 명하신 도를 떠났기로 16 내가 그 두 돌판을 내 두 손에서 들어 던져 너희의 목전에서 깨뜨렸었노라 17 그리고 내가 전과 같이 사십 주야를 여호와 앞에 엎드려서 떡도 먹지 아니하고 물도 마시지 아니하였으니 이는 너희가 여호와의 목전에 악을 행하여 그를 격노케 하여 크게 죄를 얻었음이라 18 여호와께서 심히 분노하사 너희를 멸하려 하셨으므로 내가 두려워하였었노라 그러나 여호와께서 그때에도 내 말을 들으셨고 19 여호와께서 또 아론에게 진노하사 그를 멸하려 하셨으므로 내가 그때에도 아론을 위하여 기도하고 20 너희의 죄 곧 너희의 만든 송아지를 취하여 불살라 찧고 티끌같이 가늘게 갈아 그 가루를 산에서 흘러내리는 시내에 뿌렸었느니라 21

모세의 기도와 하나님의 응답: 그들의 죄를 사하시옵소서!

배교

출애굽 한 이스라엘은 시내산에 도착했습니다. 모세는 이스라엘 백성을 대표하여 시내산 꼭대기에 있는 여호와의 구름 속에서 사십 주야 내내 하나님과 함께 있었습니다. 드디어 십계명이 새겨진 두 돌판을 받아 산에서 내려온 모세는 상상할 수 없는 배교의 현장을 목격합니다. 그 유명한 '금송아지 숭배' 사건입니다.

회복을 위한 세 가지 행동

배교를 목격한 모세는 세 가지 중요한 일을 합니다. 이 세 가지는 타락한 이스라엘(교회)을 심판하는 도구인 동시에 회복하는 통로가 됩니다.

(1) 깨어진 돌판

모세가 첫 번째로 취한 행동은 십계명이 기록된 두 돌판을 던져 깨뜨린 것입니다.

"진에 가까이 이르러 송아지와 그 춤추는 것을 보고 대노하여 손에서
그 판들을 산 아래로 던져 깨뜨리니라"(출 32:19)

모세의 이 행동을 그의 불같은 성격 탓으로 돌리기 쉽습니다. 그래서
이렇게 생각하는 분이 많습니다.

'얼마나 화가 났으면 하나님께서 직접 써서 주신 두 돌판을 던져서 깨
뜨려버렸을까?'

그러나 모세가 한 이 일은 선지자의 공적인 행위입니다. 이 책 제6장
에서 설명한 바와 같이, 선지자는 말로도 하나님의 말씀을 전하지만(**구
술 계시**), 행동으로도 종종 하나님의 말씀을 전합니다(**행동 계시**). 즉, 입
과 혀를 통해 귀로 듣게 하는 말씀과 행위를 통해 눈으로 보여주는 말씀
입니다. 사십 년 후, 신명기에서 모세는 자신이 한 그 일을 이스라엘 백
성들에게 상기시킵니다.

"내가 돌이켜 산에서 내려오는데 산에는 불이 붙었고 *언약의 두 돌판*은
내 손에 있었느니라 15 내가 본즉 너희가 너희 하나님 여호와께 범죄하
여 자기를 위하여 송아지를 부어 만들어서 급속히 여호와의 명하신 도
를 떠났기로 16 내가 그 두 돌판을 내 두 손에서 들어 던져 너희의 목전
에서 깨뜨렸었노라 17"(신 9:15~17)

여호와 하나님께서는 시내산에서 이스라엘과 언약을 맺으셨습니다.
이로써 여호와 하나님은 왕이자 남편이 되었으며, 이스라엘은 백성이

자 신부가 되었습니다. 그러나 이스라엘은 금송아지를 숭배함으로 하나님과 맺은 언약을 깨뜨렸습니다. 반역한 백성, 음행한 신부가 되었습니다. 모세는 십계명이 기록된 두 돌판을 가리켜 **"언약의 두 돌판"**(신 9:15)이라고 표현합니다.[113] 즉, 십계명이 기록된 두 돌판은 하나님과 이스라엘 사이에 맺은 '**언약 증서**'입니다. 이스라엘이 언약을 깨뜨렸기에 모세는 '언약 증서'인 이 돌판을 깨뜨린 것입니다. 이를 통해 중보자 모세는 언약을 파기한 교회에 임할 심판을 '행위 계시'로 보여줍니다. 행위로 전한 설교입니다. **말씀의 심판**입니다.

(2) 의심의 법

모세가 두 돌판을 던져 깨뜨렸으나, 백성들은 전혀 회개하는 기색이 없습니다. 이에 모세는 곧바로 두 번째 행동에 착수합니다. 금송아지를 불살라 부수어 가루로 만듭니다. 그 가루를 시냇물에 뿌리고, 일부는 물에 타서 이스라엘 자손들이 마시게 합니다.

"모세가 그들의 만든 송아지를 가져 불살라 부수어 가루를 만들어 물에 뿌려 이스라엘 자손에게 마시우니라"(출 32:20)

"너희의 죄 곧 너희의 만든 송아지를 취하여 불살라 찧고 티끌같이 가늘게 갈아 그 가루를 산에서 흘러내리는 시내에 뿌렸었느니라"(신 9:21)

---

113 성경의 다른 본문에서는 주로 "증거[עֵדוּת(에이두트)]"(출 16:34; 25:16, 21; 40:20) 또는 "증거판"(출 31:18), "증거의 판"(출 32:15) 등으로 부릅니다. 히브리어로는 "증거[עֵדוּת(에이두트)]"라고 기록된 본문도 한글개역성경과 한글개역개정성경에 "증거판"으로 번역된 구절이 다수 있습니다.

금송아지 가루를 시냇물에 뿌린 행위는 에덴에서 온 세상으로 생명수 강이 흘러가는 것의 역전 현상입니다. 이스라엘은 제사장 나라의 소명을 감당하지 못했습니다. 이스라엘의 배교는 온 세상을 하나님께로 인도하기는커녕 오히려 독으로 가득한 물을 마시고 죽게 하는 행위입니다.[114] 즉, 금송아지를 태운 가루를 물에 타서 이스라엘이 마시게 한 것은 '먹고 마시는' 것과 관련한 **성례전적 심판**입니다.

모세가 이렇게 조치한 이유는 죄를 짓고도 말도 안 되는 핑계를 대는 아론과 방자한 이스라엘 때문입니다. 출 32:21~25를 보십시오.

"모세가 아론에게 이르되 이 백성이 네게 어떻게 하였기에 네가 그들로 중죄에 빠지게 하였느뇨21 아론이 가로되 내 주여 노하지 마소서 이 백성의 악함을 당신이 아나이다 22 그들이 내게 말하기를 우리를 위하여 우리를 인도할 신을 만들라 이 모세 곧 우리를 애굽 땅에서 인도하여 낸 사람은 어찌 되었는지 알 수 없노라 하기에 23 내가 그들에게 이르기를 금이 있는 자는 빼어 내라 한즉 그들이 그것을 내게로 가져왔기로 내가 불에 던졌더니 이 송아지가 나왔나이다 24 모세가 본즉 백성이 방자하니 이는 아론이 그들로 방자하게 하여 원수에게 조롱거리가 되게 하였음이라25"(출 32:21~25)

---

114 계시록의 셋째 나팔(계 8:10~11)과 함께 읽어보십시오. 필자는 이 본문이 오순절 성령 강림 이후 더욱 완악해진 유대 지도자들과 그들의 하수인들이 거짓 교리로 사람들을 죽이는 모습이라고 해석합니다. 예루살렘 성전은 사탄의 본거지가 되었으며, 영혼을 죽이는 샘이 되었습니다. 이는 그리스도의 교회가 참된 복음으로 생명수 강을 흘러내리는 모습(참고, 에스겔 47장; 계 22:1~2)과 대조됩니다.

이스라엘 백성들의 상태를 잘 묘사한 표현이 25절의 "방자하니"입니다. 이 번역은 '풀어주다(let one loose)', '날뛰게 하다(let one go out of control/run wild)' 등을 뜻하는 히브리 동사 'פָּרַע(파라)'의 칼(Qal), 분사, 남성, 단수, 수동태입니다. 그 어떤 제재나 질서 없이, 백성들이 미친 듯이 날뛰고 있는 모습입니다. 어쩌면 옷까지 풀어 헤쳐 벌거벗은 상태일지도 모릅니다.[115]

백성들이 이렇게 된 가장 큰 책임은 아론에게 있습니다. 25절은 그 이유를 "아론이 그들로 방자하게" 하였기 때문이라고 명시합니다. 이 구절에서 "방자하게 하여"는 앞서 언급한 히브리 동사 'פָּרַע(파라)'의 칼(Qal), 완료, 3인칭, 남성, 단수에 3인칭, 남성, 단수 접미사가 붙은 형태입니다. 아론이 이스라엘(단수 취급)을 아무런 제재 없이 풀어서 날뛰게 허용했다는 뜻입니다.

그런데도 모세가 이 상황에 관하여 묻자, 아론은 두 가지 핑계를 댑니다. 첫째는 자기 잘못이 아니라 이 백성이 본래 악하다는 핑계입니다(22절). 둘째는 금송아지를 만들 의도가 아니었는데, 백성들이 모은 금을 불에 던졌더니 금송아지가 되어 튀어나왔다는 핑계입니다(24절). 이는 출 32:2~6에서 아론이 이 배교를 주도한 실제 사실과 배치됩니다.

다시 모세가 취한 두 번째 조치로 돌아갑시다. 금송아지의 가루를 마시게 한 이 조치는 (이후에 성문화되는) **"의심의 소제"**(민 5:15) 또는 **"의심의 법"**(민 5:29)이라 불리는 율법을 적용한 것입니다. "의심의 법"(민 5:29)은 부정(不貞)을 의심하는 남편 앞에서 아내가 끝까지 부인하고 자

115　영어 KJV(King James Version)에는 "the people were naked(그 백성들이 벌거벗었다)"로 번역되었습니다.

신의 정절을 주장할 때, 그 심판을 하나님의 손에 맡기는 율법입니다.[116] 의심받는 아내는 저주가 적힌 율법 글귀를 의심의 소제물과 함께 물에 타서 마십니다. 그 여인이 부정한 일을 하지 않았으면 해를 받지 않을 것이고, 그렇지 않으면 하나님께서 그를 심판하신다는 율법입니다. 이는 마치 미신처럼 보이지만 그렇지 않습니다. 재판장이신 하나님께 최종 판결을 요청하는 율법입니다. 사람의 눈을 속일 수 있을지는 몰라도 불꽃 같은 눈으로 인생을 지켜보시는 하나님을 속일 수 없습니다. 하나님께서 의인을 보호하시며, 죄인을 심판하신다는 확신과 신앙고백이 이 율법에 내포되어 있습니다.

모세는 음행한 신부 이스라엘, 그러나 전혀 뉘우치지 않고 날뛰는 그녀에게 "의심의 법"(민 5:29)을 시행합니다. 범죄하고도 회개하지 않고, 자신의 죄를 숨기는 자는 하나님께서 심판하십니다. 그는 죄를 먹고 마시며 심판을 먹고 마실 것입니다. 이는 (그 외적인 방식과 모습에서는 다르지만,) **신약시대의 성찬과 본질적으로 같은 심판**입니다.

> "그러므로 누구든지 주의 떡이나 잔을 합당치 않게 먹고 마시는 자는 주의 몸과 피를 범하는 죄가 있느니라 27 사람이 자기를 살피고 그 후에야 이 떡을 먹고 이 잔을 마실찌니 28 주의 몸을 분변치 못하고 먹고 마시는 자는 자기의 죄를 먹고 마시는 것이니라 29"(고전 11:27~29)

"7. 이 성례의 가시적 요소에 외적으로 참여함으로써 합당하게 성찬을 받는 자들은 믿음으로 인하여 내적으로 그리고 참으로 참여하며, 그냥

---

116 민 5:11~31.

육적이거나 몸으로만이 아니라 영적으로 십자가의 그리스도와 그분의 죽음이 주는 모든 은덕을 받고 먹는다. 이때 그리스도의 몸과 피는 빵과 포도주 안이나 그것들과 더불어 또는 그것들 아래에 몸으로나 육적으로 임재하지 않는다. 오히려 그리스도의 몸과 피는 그 규례 안에서 실재(實在)로, 그러나 영적으로 신자들의 믿음에 임한다. 이것은 마치 요소들이 외적 감각들에 감지되어 임하는 것과 같다.

8. 무지하고 사악한 자들이 이 성례로 외적 요소들을 받는다 하더라도, 그들은 요소들이 표하는 바를 받지 못하고, 오히려 부당하게 접근하여 주님의 몸과 피를 범함으로 자신의 심판을 초래한다. 그러므로 무지하고 불경한 자들은 그리스도와의 교제를 즐기기에 합당하지 않을 뿐만 아니라 주님의 성찬상에 앉을 자격도 없으며, 여전히 무지하고 불경한 채로 있으면서도 이 거룩한 신비에 스스로 참여하든지 참여를 허락받는 것은 그리스도께 큰 죄를 범하는 것이다."(웨스트민스터 신앙고백서 29:7~8)

"주님의 잔은 유다에게는 독이었습니다. 그가 악한 것을 받아 마셨기 때문이 아니라, 악한 사람이 악한 의도로 선한 것을 받아 마셨기 때문입니다. … 성찬을 받아 생명에 이르는 사람도 있고, 사망에 이르는 사람도 있습니다. 그러나 성례를 구성하는 물질 그 자체는 생명을 주기 위한 것이며, 어느 누구에게도 사망을 주기 위한 것이 아닙니다. … 겉모양이 아니라 속으로 먹는 사람, 즉 이로 씹는 것이 아니라 마음으로 먹는 사람은 죽지 않습니다."[117]

---

117 Augustinus, *John's Gospel*, xxvi.11~12, 15. John Calvin, *Institutes*, IV.14.15에서 재인용.

(3) 권징

그다음, 모세는 세 번째 행동에 착수합니다.

"이에 모세가 진문에 서서 가로되 누구든지 여호와의 편에 있는 자는 내게로 나아오라 하매 레위 자손이 다 모여 그에게로 오는지라"(출 32:26)

이때 레위 자손들이 여호와의 편에 서서 모세에게 옵니다. 모세의 지시에 따라 그들은 이날 무려 삼천 명이나 되는 사람을 죽입니다.

"모세가 그들에게 이르되 이스라엘의 하나님 여호와께서 이같이 말씀하시기를 너희는 각각 허리에 칼을 차고 진 이 문에서 저 문까지 왕래하며 각 사람이 그 형제를, 각 사람이 그 친구를, 각 사람이 그 이웃을 도륙하라 하셨느니라 27 레위 자손이 모세의 말대로 행하매 이날에 백성 중에 삼천 명 가량이 죽인바 된지라 28"(출 32:27~28)

모세는 이렇게 한 레위 자손들을 축복합니다.

"모세가 이르되 각 사람이 그 아들과 그 형제를 쳤으니 오늘날 여호와께 헌신하게 되었느니라 그가 오늘날 너희에게 복을 내리시리라"(출 32:29)

사십 년 후에도 모세는 이 사건을 다시 한번 상기시켜[118] 그들을 축복합니다.

> "레위에 대하여는 일렀으되 주의 둠밈과 우림이 주의 경건한 자에게 있도다 주께서 그를 맛사에서 시험하시고 므리바 물가에서 그와 다투셨도다 8 그는 그 부모에게 대하여 이르기를 내가 그들을 보지 못하였다 하며 그 형제들을 인정치 아니하며 그 자녀를 알지 아니한 것은 주의 말씀을 준행하고 주의 언약을 지킴을 인함이로다 9 주의 법도를 야곱에게, 주의 율법을 이스라엘에게 가르치며 주 앞에 분향하고 온전한 번제를 주의 단 위에 드리리로다 10 여호와여 그 재산을 풍족케 하시고 그 손의 일을 받으소서 그를 대적하여 일어나는 자와 미워하는 자의 허리를 꺾으사 다시 일어나지 못하게 하옵소서 11"(신 33:8~11, 특히 9절)

레위 자손들은 혈통보다 믿음을 선택했습니다. 교회의 거룩을 위해 우상 숭배자들을 제거했습니다. 심지어 자기 자녀와 형제와 부모까지도 아끼지 않았습니다.[119] 교회 안의 누룩을 제거한 것입니다(참고, 고전 5:6~8). 교회의 **권징**이 바로 이 원리를 보여줍니다.

---

118 신명기는 모세가 전한 마지막 예언으로서 온 이스라엘을 위해 주신 말씀입니다. 그러므로 레위에 대한 이 축복은 온 이스라엘이 함께 듣고 되새겨야 할 경고이자 위로입니다.

119 레위 지파의 선조이자 야곱의 셋째 아들인 레위는 믿음보다는 혈통을 더 중시한 사람이었습니다. 그는 자기 누이(디나)를 겁탈했다는 이유로 세겜 성 주민들을 살육했습니다(창세기 34장). 이때 그는 은혜의 방편인 할례를 사적 복수를 위해 악용했습니다. 그 결과, 그는 야곱에게서 저주를 받습니다(창 49:5~7). 레위 지파 자손들의 믿음과 결단은 자신들의 선조 레위와 대조됩니다. 그 결과, 선조 레위에게 선포된 저주가 변하여 복이 됩니다(신 33:8~11).

중보자의 기도

말씀(깨뜨린 두 돌판)과 성례(의심의 법)와 권징(삼천 명을 죽임)으로 이스라엘을 심판한 다음, 모세는 하나님께 나아가 이스라엘을 용서해 주십사 간구합니다. 하나님께서 이스라엘의 죄를 사해주시지 않을 바에는 차라리 자신의 이름을 하나님의 책에서 지워달라고 기도합니다.[120] 모세는 자신보다 이스라엘을 더 사랑했습니다. 이스라엘을 위해서라면 차라리 자신이 저주와 심판을 받을 각오로 기도했습니다.

> "여호와께로 다시 나아가 여짜오되 슬프도소이다 이 백성이 자기들을 위하여 금신을 만들었사오니 큰 죄를 범하였나이다 31 그러나 합의하시면 이제 그들의 죄를 사하시옵소서 그렇지 않사오면 원컨대 주의 기록하신 책에서 내 이름을 지워 버려 주옵소서 32"(출 32:31~32)

놀라운 사실은 이후에 이스라엘의 대제사장이 될 아론조차 모세의 중보가 아니었으면 죽었을 것이라는 점입니다. 아론은 모세 덕분에 죽음을 면합니다. 모세는 대제사장 아론보다 더 높은 중보자입니다.

> "여호와께서 또 아론에게 진노하사 그를 멸하려 하셨으므로 내가 그때에도 아론을 위하여 기도하고"(신 9:20)

---

120 모세의 이 기도를 문자 그대로 적용하여 따라 하지 않도록 주의하십시오. 이 기도는 이스라엘 전체에서 오직 모세만이 할 수 있는 기도였기 때문입니다. 그는 온 이스라엘의 중보자로서 이렇게 기도했습니다. 모세의 직분과 그의 기도는 장차 오실 영원한 중보자 예수 그리스도의 직분과 사역에 대한 그림자입니다.

마침내 하나님께서 모세의 기도를 들어주십니다. 이스라엘은 모세의 중보 기도로 심판을 벗어나 회복됩니다(출애굽기 33~34장).

영원하신 중보자 예수 그리스도의 성취

중보자 모세는 장차 오실 예수 그리스도의 그림자입니다. 예수 그리스도께서는 율법의 저주를 친히 담당하십니다(**말씀의 심판**). 그 결과, 우리를 율법의 저주에서 속량하십니다.

> "그리스도께서 우리를 위하여 저주를 받은바 되사 율법의 저주에서 우리를 속량하셨으니 기록된바 나무에 달린 자마다 저주 아래 있는 자라 하였음이라"(갈 3:13; 참고, 신 21:22~23)

생명의 떡과 음료이신 그분은 오히려 십자가에서 "내가 목마르다"(요 19:28)라고 하시며, 자신의 몸이 찢어지고 피를 쏟는 심판을 받으십니다(**성례의 심판**). 그 결과, 우리가 그분의 몸을 먹고, 그분의 피를 마시는 사람으로 회복됩니다.

> "우리가 축복하는바 축복의 잔은 그리스도의 피에 참예함이 아니며 우리가 떼는 떡은 그리스도의 몸에 참예함이 아니냐 16 떡이 하나요 많은 우리가 한 몸이니 이는 우리가 다 한 떡에 참예함이라 17"(고전 10:16~17)

음행한 신부인 교회 대신, 신랑이신 그분이 저주의 십자가에 달리십니다(**권징**). 아버지께 버림받아 마땅한 우리를 대신하여 아들이 버림받으십니다. 하나님 아버지께서 우리 대신 그분의 아들을 심판하셨습니다.

> "제구시에 예수께서 크게 소리지르시되 엘리 엘리 라마 사박다니 하시니 이를 번역하면 나의 하나님, 나의 하나님, 어찌하여 나를 버리셨나이까 하는 뜻이라"(막 15:34; 참고, 마 27:46; 시 22:1)

그것이 끝이 아닙니다. 예수님께서는 십자가에서도 우리를 위해 중보기도하십니다.

> "… 아버지여 저희를 사하여 주옵소서 자기의 하는 것을 알지 못함이니이다…"(눅 23:34)

마침내 하나님께서 그 기도를 들으십니다. 우리 죄를 사하십니다. 이로써 교회인 우리는 용서받은 신부가 되었습니다.

교회의 표지(말씀, 성례, 권징)와 기도

한국 교회가 타락할 대로 타락했다는 말이 공공연히 나돈 지도 이미 오래되었습니다. 그 말을 하는 사람은 많으나, 교회의 회복을 위해 기도하는 사람은 적습니다. 오히려 한국 교회의 타락을 경건한 삶과 거리가 먼 자신의 방패막이로 내세우는 사람이 많습니다.

이와는 반대로, 교회의 표지(말씀, 성례, 권징)를 강조하면서 개혁을 주장하는 이들도 있습니다. 그러나 개중에는 몇몇 사람의 노력 여하로, 또는 계몽 운동과 같은 방식으로 교회가 개혁되리라 착각하는 이도 있습니다. '개혁주의'라는 어떤 신학 또는 지식을 습득하는 것으로 말입니다. 그런 사람은 표지를 강조하지만 정작 기도하지 않습니다. 하나님을 의지하지 않습니다.

교회의 표지는 한낱 구호가 아닙니다. 인간의 지혜와 능력에 달려 있지 않습니다. 표지의 주인은 아버지십니다. 아버지의 뜻에 따라 표지를 시행하는 분은 중보자이신 아들입니다. 그분이 '장로들의 회(會)'인 노회와 당회에 이를 시행할 사명을 위임하셨습니다. 인간 직분자들은 중보자가 시킨 대로 순종해야 합니다. 그리고 회중은 이 공적 질서를 따라 교회 개혁과 회복에 동참해야 합니다.

무엇보다도 우리는 교회가 죄로 물들 때조차 낙심치 않고 담대히 기도해야 합니다. 교회의 표지가 회복되도록 기도해야 합니다. 영원한 중보자 예수 그리스도께서 표지를 회복하시고, 인간 직분자들에게 지혜와 능력을 주시도록 기도해야 합니다. 목사와 (다스리는) 장로들은 마치 표지가 자신의 것인 양 휘두르는 대신, 자신들이 중보자의 도구가 되도록 겸손히 기도하며 순종해야 합니다. 사랑과 온유로, 눈물과 기도로, 희생과 헌신으로. 그러나 한 치의 물러섬 없이 담대히 표지를 시행해야 합니다. 하늘에 계신 중보자 예수 그리스도의 이름으로. 상대가 부모, 아내, 자녀라도. 심지어 온갖 미움을 받아 쫓겨나고, 면직되며, 죽는 한이 있더라도.

"사람들을 삼가라 저희가 너희를 공회에 넘겨 주겠고 저희 회당에서 채찍질하리라 17 … 장차 형제가 형제를 아비가 자식을 죽는 데 내어주며 자식들이 부모를 대적하여 죽게 하리라 21 또 너희가 내 이름을 인하여 모든 사람에게 미움을 받을 것이나 나중까지 견디는 자는 구원을 얻으리라 22 … 몸은 죽여도 영혼은 능히 죽이지 못하는 자들을 두려워하지 말고 오직 몸과 영혼을 능히 지옥에 멸하시는 자를 두려워하라 28 … 내가 세상에 화평을 주러 온 줄로 생각지 말라 화평이 아니요 검을 주러 왔노라 34 내가 온 것은 사람이 그 아비와, 딸이 어미와, 며느리가 시어미와 불화하게 하려 함이니 35 사람의 원수가 자기 집안 식구리라 36 아비나 어미를 나보다 더 사랑하는 자는 내게 합당치 아니하고 아들이나 딸을 나보다 더 사랑하는 자도 내게 합당치 아니하고 37 또 자기 십자가를 지고 나를 좇지 않는 자도 내게 합당치 아니하니라 38 자기 목숨을 얻는 자는 잃을 것이요 나를 위하여 자기 목숨을 잃는 자는 얻으리라 39”(마 10:17, 21~22, 28, 34~39; 참고, 출 32:26~29; 신 33:8~11; 계 6:3~4)

복습을 위한 질문　◆ · ·

1. 배교한 이스라엘을 회복하기 위해 모세가 한 첫 번째 행동과 의미가 무엇입니까?

2. 배교한 이스라엘을 회복하기 위해 모세가 한 두 번째 행동과 의미가 무엇입니까?

3. 배교한 이스라엘을 회복하기 위해 모세가 한 세 번째 행동과 의미가 무엇입니까?

4. 예수 그리스도께서는 모세가 한 이 세 가지 표지를 어떻게 성취하셨습니까?

5. 오늘날 교회가 시행해야 할 세 가지 표지가 무엇입니까?

6. 한 걸음 더　교회의 타락상 앞에 직분자가 해야 할 일이 무엇입니까? 일반 성도
   가 해야 할 일은 무엇입니까?

7. 한 걸음 더　개체교회의 당회의 중요성을 오늘 본문과 관련하여 말해보십시오.

Pray with the Church,
Pray to Restore the Church

히스기야의 기도와 하나님의 응답:
이 성을 보호하리라!

사 38:1~8

그 즈음에 히스기야가 병들어 죽게 되니 아모스의 아들 선지자 이사야가 나아와 그에게 이르되 여호와께서 이같이 말씀하시기를 너는 네 집에 유언하라 네가 죽고 살지 못하리라 하셨나이다 1 히스기야가 얼굴을 벽으로 향하고 여호와께 기도하여 2 가로되 여호와여 구하오니 내가 주의 앞에서 진실과 전심으로 행하며 주의 목전에서 선하게 행한 것을 추억하옵소서 하고 심히 통곡하니 3 이에 여호와의 말씀이 이사야에게 임하니라 가라사대 4 너는 가서 히스기야에게 이르기를 네 조상 다윗의 하나님 여호와께서 이같이 말씀하시기를 내가 네 기도를 들었고 네 눈물을 보았노라 내가 네 수한에 십오 년을 더하고 5 너와 이 성을 앗수르 왕의 손에서 건져내겠고 내가 또 이 성을 보호하리라 6 나 여호와가 말한 것을 네게 이룰 증거로 이 징조를 네게 주리라 7 보라 아하스의 일영표에 나아갔던 해 그림자를 뒤로 십 도를 물러가게 하리라 하셨다 하라 하시더니 이에 일영표에 나아갔던 해의 그림자가 십 도를 물러가니라 8

왕하 20:1~11

그때에 히스기야가 병들어 죽게 되매 아모스의 아들 선지자 이사야가 저에게 나아와서 이르되 여호와의 말씀이 너는 집을 처치하라 네가 죽고 살지 못하리라 하셨나이다 1 히스기야가 낯을 벽으로 향하고 여호와께 기도하여 가로되 2 여호와여 구하오니 내가 진실과 전심으로 주 앞에 행하며 주의 보시기에 선하게 행한 것을 기억하옵소서 하고 심히 통곡하더라 3 이사야가 성읍 가운데까지도 이르기 전에 여호와의 말씀이 저에게 임하여 가라사대 4 너는 돌아가서 내 백성의 주권자 히스기야에게 이르기를 왕의 조상 다윗의 하나님 여호와의 말씀이 내가 네 기도를 들었고 네 눈물을 보았노라 내가 너를 낫게 하리니 네가 삼 일 만에 여호와의 전에 올라가겠고 5 내가 네 날을 십오 년을 더할 것이며 내가 너와 이 성을 앗수르 왕의 손에서 구원하고 내가 나를 위하고 또 내 종 다윗을 위하므로 이 성을 보호하리라 하셨다 하라 하셨더라 6 이사야가 가로되 무화과 반죽을 가져오라 하매 무리가 가져다가 그 종처에 놓으니 나으니라 7 히스기야가 이사야에게 이르되 여호와께서 나를 낫게 하시고 삼 일만에 여호와의 전에 올라가게 하실 무슨 징조가 있나이까 8 이사야가 가로되 여호와의 하신 말씀을 응하게 하실 일에 대하여 여호와께로서 왕에게 한 징조가 임하리이다 해 그림자가 십 도를 나아갈 것이니이까 혹 십 도를 물러갈 것이니이까 9 히스기야가 대답하되 그림자가 십 도를 나아가기는 쉬우니 그리할 것이 아니라 십 도가 물러갈 것이니이다 10 선지자 이사야가 여호와께 간구하매 아하스의 일영표 위에 나아갔던 해 그림자로 십 도를 물러가게 하셨더라 11

대하 32:24~26

그때에 히스기야가 병들어 죽게 된 고로 여호와께 기도하매 여호와께서 그에게 대답하시고 또 이적으로 보이셨으나 24 히스기야가 마음이 교만하여 그 받은 은혜를 보답지 아니하므로 진노가 저와 유다와 예루살렘에 임하게 되었더니 25 히스기야가 마음의 교만함을 뉘우치고 예루살렘 거민들도 그와 같이 하였으므로 여호와의 노가 히스기야의 생전에는 저희에게 임하지 아니하니라 26

제14장

히스기야의 기도와 하나님의 응답:
이 성을 보호하리라!

히스기야의 수명 연장과 약한 교우를 위한 기도

"히스기야는 병에 걸려 죽게 되었지만, 하나님께 간절히 기도했습니다.
그러자 하나님께서는 그의 수명을 무려 십오 년이나 연장해 주셨습니다."

필자가 어릴 때 교회 어르신들에게서 자주 듣던 말입니다. 특히 심각
한 병환 중에 있는 교우를 문병하거나 그를 위해 기도할 때 자주 들었습
니다. 교회는 건강치 못한 교우를 위해 자주 기도해야 합니다. 하나님께
서는 약한 자를 돌보라고 명령하셨고,[121] 그중에는 건강치 못한 분들이
포함되기 때문입니다. 그들도 하나님의 자녀이며, 영적인 가족이기 때
문입니다.

그러나 히스기야의 수명 연장에 근거하여 오늘날의 우리에게 같은 현
상이 일어난다고 누군가 주장한다면 전혀 다른 문제가 됩니다. 우리도

---

121 행 20:35; 롬 12:8, 15; 살전 5:14; 약 5:14. 이 구절 중 행 20:35; 롬 12:8; 약
    5:14는 교회의 직분자들, 특히 장로와 집사 직무와 직접 관련이 있습니다.

히스기야처럼 간절히 기도하기만 하면, 생명이 위독한 병에서 벗어나 건강을 회복하고 수명이 연장된다고 확신할 수 있습니까? 반대로, 간절히 기도해도 그 일이 이루어지지 않으면 그 사람의 믿음은 헛된 것입니까?

정말 기적을 믿는다면?

이런 방식의 적용은 하나님께서 이 본문을 통해 주시는 교훈에서 벗어난 것입니다. 물론 하나님께서는 오늘날에도 어떤 사람을 심각한 병에서 고쳐주실 수 있습니다. 그러나 성경 어디에도 이런 현상을 그리스도인에게 일반화하지 않습니다. 여기까지만 말하면 혹자는 이렇게 반문할 것입니다.

"당신은 하나님의 능력을 믿지 않습니까?
그깟 질병 하나 고쳐주실 수 없겠습니까?"

필자는 그 사람에게 이렇게 대답하며 반문하겠습니다.

"저는 온 우주의 창조주 하나님을 믿습니다.
기적을 행할 능력과 질병을 치유할 능력이 그분에게 있습니다.
또한, 그분이 원하신다면 언제라도 그렇게 하십니다.
이제 저도 묻겠습니다.
선생님이 전능하신 하나님을 믿는다면 왜 질병을 위해서만 기도하십니까?
그분의 능력을 믿는다면 왜 해그림자가 뒤로 물러가게 기도하지는 않습니까?"

정말 그렇지 않나요? 히스기야의 기도와 하나님의 응답을 강조하는 분 중 질병을 고쳐 달라고 기도하는 분은 보았지만, 그 표징으로 해그림자가 뒤로 물러가게 해달라고 기도하는 분은 본 적이 없습니다. 또는 그렇게 믿고 기도했더니 정말 해그림자가 뒤로 물러갔다는 말을 들은 적도 없습니다.

성경에는 이런 일이 단 두 곳밖에 나타나지 않습니다. 첫째는 히스기야보다 한참 이전 가나안 정복 전쟁 때 발생한 사건입니다. 여호수아가 가나안 연합군과 전쟁할 때 하늘의 해와 달이 멈춘 사건입니다.

> "여호와께서 아모리 사람을 이스라엘 자손에게 붙이시던 날에 여호수아가 여호와께 고하되 이스라엘 목전에서 가로되 태양아 너는 기브온 위에 머무르라 달아 너도 아얄론 골짜기에 그리할찌어다 하매 12 태양이 머물고 달이 그치기를 백성이 그 대적에게 원수를 갚도록 하였느니라 야살의 책에 기록되기를 태양이 중천에 머물러서 거의 종일토록 속히 내려가지 아니하였다 하지 아니하였느냐 13 여호와께서 사람의 목소리를 들으신 이 같은 날은 전에도 없었고 후에도 없었나니 이는 여호와께서 이스라엘을 위하여 싸우셨음이니라 14"(수 10:12~14)

수 10:14는 이런 일이 일반화되지 않는 특별한 사건이라고 명시합니다. 그래서 우리는 이런 사건이 다시 발생하도록 기도할 필요도 없으며, 기도해서도 안 됩니다.

> "여호와께서 사람의 목소리를 들으신 이 같은 날은 전에도 없었고 후에도 없었나니 이는 여호와께서 이스라엘을 위하여 싸우셨음이니라"(수 10:14)

둘째는 히스기야 시대에 해그림자가 십 도 뒤로 물러간 일입니다. 이 사건을 문자 그대로, 즉 건강 회복과 수명 연장으로 일반화해서는 안 되는 결정적인 이유가 있습니다. 히스기야의 기도는 단순히 질병에 걸린 개인을 낫게 해달라는 기도가 아니며, 하나님의 응답 역시 개인의 수명 연장을 뛰어넘는 것이기 때문입니다. 히스기야는 **이스라엘(구약 교회)의 보존을 위해 기도**했으며, 하나님께서는 그의 기도에 응답하셨습니다.

표 9. 웃시야부터 므낫세까지 유다 왕들의 연대기

왕	통치 기간*	단독/공동 통치	관련 성구	사건
웃시야 (아사랴)	790~739 (52년)	791(790)~767(766)(공동)	왕하 15:1~7 대하 26:1~23	남 왕국의 최전성기 한센병 발병과 격리(750) 선지자 이사야 활동 시작
		767(766)~750(단독)		
요담	750~735(730) (16년/20년)**	750~740(739)(공동)	왕하 15:32~38 대하 27장	성전 윗문 건축 성들을 건축, 증축 암몬에게 승리, 조공 받음
		740(739)~735(단독)		
아하스	735(730)~715 (20년/16년)***	735~730(공동) •	왕하 16장 대하 28장	북 왕국-아람 연합 침공 앗수르와 계약 북 왕국 멸망(722)
		730~728(단독)		
		728~715(공동) ••		
히스기야	715~687(686) (29년)	715~697(696)(단독)	왕하 18~20장 대하 29~32장 사 36~39장	교회 개혁 운동 앗수르의 침공과 승리 왕의 질병과 회복
		697(696)~687(686)(공동)		
므낫세	697(696)~642 (55년)****	687(686)~642(단독)	왕하 21:1~18 대하 33:1~20	온갖 종류의 타락 선지자 이사야 사망 추정 왕의 앗수르 포로와 귀환

* 모든 연대는 주전(B.C.)이며, 추정 연대입니다. 계산 방법에 따라 1~2년의 격차가 있을 수 있습니다. 또한, 학자들의 견해가 상당히 불일치하는 경우도 있습니다. 특히 아하스의 통치 기간이 그러합니다.

** 요담 통치 기간에 대한 다양한 견해가 있습니다. 성경이 명시하는 요담의 통치 기간 16년은 선왕 웃시야에게 나병이 발병하여 공동 통치를 시작한 주전 750년경부

터 단독 통치가 끝나는 주전 735년경까지를 뜻합니다. 요담이 주전 735~730년 (또는 732년)경까지 그의 아들 아하스와도 공동 통치했다고 보는 견해도 있습니다. 이런 이유로 이 표에서 요담의 통치 기간을 "16년(20년)"으로 적어놓았습니다.

*** 성경이 명시하는 아하스의 통치 기간 16년은 주전 730~715년을 가리킵니다. 아하스가 주전 735~730년경까지 부왕 요담과 공동 통치한 기간에 대해서는 여러 이견이 있습니다. 왕하 16:1에 의하면 베가 17년에 아하스가 즉위했다고 기록되어 있습니다. 베가의 통치 기간이 주전 752~732년(20년)경이므로 아하스는 주전 735년경에 즉위했습니다. 그리고 왕하 15:37~38에 의하면 요담이 죽기 전에 아람 왕 르신과 이스라엘 왕 베가가 유다를 친 것으로 보입니다. 만일 이 전쟁이 왕하 16:5~6; 대하 28:5~7; 사 7:1과 같은 사건이라면 아하스 왕의 치세입니다. 이는 요담과 아하스의 공동 통치 기간이 존재했을 가능성을 보여줍니다. 이런 이유로 이 표에서 아하스의 통치 기간을 "20년/16년"으로 적어놓았습니다.

**** 성경에 기록된 므낫세의 총 통치 기간 55년은 히스기야와의 공동 통치 기간을 합친 것입니다.

˙ 이 기간에 대해서는 여러 이견이 있습니다. "**"와 "***"도 참고하십시오.

˙˙ 성경에 기록된 히스기야의 통치 기간 29년은 부왕 아하스와의 공동 통치 기간을 뺀 것입니다. 그러나 성경이 그가 (북 왕국 이스라엘의 마지막 왕인) 호세아 3년에 즉위했다고 한 사실을 통해 아하스 때부터 공동 통치를 시작했음을 알 수 있습니다. 이 기간까지 모두 합치면 약 42년입니다. 이 책 각주 123, 124, 128을 참고하십시오.

출(出) 앗수르: 새 출애굽

히스기야는 남 왕국 유다의 열두 번째 왕입니다.[122] 그는 이십오 세에 왕이 되어 이십구 년간 다스립니다.[123] 그가 단독으로 통치를 시작할 때

---

122 손자들을 죽이고 6년간 집권한 아달랴는 남 왕국의 대수에서 제외했습니다. 남 왕국 정통성을 잇는 왕들은 다윗 언약에 따라 모두 다윗의 후손들이기 때문입니다.

123 공동 통치로 인해 치세가 겹치는 왕들이 여럿 있는데, 히스기야도 그중 하나입니다. 예를 들어, 히스기야의 아들 므낫세가 열두 살에 왕이 되었다고 해서 히스기야가 질병에서 회복된 지 삼 년이 지나서야 낳은 아들이라고 말할 수 없습니다. 므낫세의 치세 오십오 년 중에는 히스기야와의 공동 통치 기간이 포함되어 있기

(주전 715년경)는 북 왕국 이스라엘이 앗수르 제국에게 이미 멸망(주전 722년경)한 뒤입니다.[124]

선왕 아하스는 심히 패역한 왕입니다. 그는 여호와 하나님을 버리고 온갖 이방 신들을 섬깁니다. 북 왕국 이스라엘과 아람 동맹에 대항하기 위해, 그는 하나님 대신 강대국 앗수르에 의지하는 친(親) 앗수르 정책을 펼칩니다. 하나님의 종이 되는 대신 스스로 앗수르의 종이 됩니다. 여호와의 성전과 왕궁 곳간에 있는 보물을 앗수르에 조공으로 바칩니다. 아하스의 요청으로 앗수르는 이스라엘-아람 연합을 격파합니다. 하지만 곧바로 물러가지 않고 오히려 유다 왕국을 압제합니다. 그 결과, 남 왕국은 멸망하지 않았을 뿐 실제로는 앗수르의 속국이 됩니다.[125] 늑대를 쫓아내려다 사자를 불러들인 셈입니다. 하나님을 버린 남 왕국 유다는 자신이 의지하던 앗수르 제국의 종으로 전락합니다.

아하스를 이어 왕이 된 히스기야는 여호와 하나님을 믿고 따릅니다. 그는 반(反)앗수르 정책을 펴면서 왕국을 회복하려 합니다. 히스기야는

때문입니다. 히스기야가 질병에 걸렸을 때, 므낫세는 왕의 직무를 감당할 수 없을 정도로 매우 어린 나이였습니다.

124 왕하 18:1에 의하면, 북 왕국 이스라엘의 마지막 왕 호세아 제위 삼 년에 히스기야가 남 왕국 유다의 왕이 됩니다. 왕하 18:9~12에 의하면, 히스기야의 제위 사 년에 앗수르 왕 살만에셀이 쳐들어와 사마리아를 포위하고, 삼 년 후인 히스기야 제위 육 년에 사마리아가 함락되어 북 왕국 이스라엘이 멸망합니다. 얼핏 생각하면 연대기의 착오로 보입니다. 그러나 이는 히스기야가 주전 728년경부터 부친 아하스와 공동 통치하던 시기이므로 가능한 기록입니다. 즉, 히스기야는 주전 728년경부터 부친과 공동으로 통치했으며, 이후 주전 715년경부터 혼자 통치하기 시작하여 주전 686년경에 죽습니다. 그리고 히스기야의 아들 므낫세는 주전 697년경에 왕이 되어 히스기야와 약 10~11년간 공동으로 통치했으며, 히스기야가 죽은 주전 686년경부터 혼자 통치하기 시작하여 주전 642년경에 죽습니다.

125 열왕기하 16장; 역대하 28장.

반(反)앗수르 정책과 함께 북아프리카의 강대국 애굽 및 구스와 동맹을 맺습니다. 그는 처음에는 하나님보다 외세에 더 의존하려 합니다. 그러나 이는 앗수르 대군 앞에 무용지물이었습니다.[126] 히스기야가 단독으로 통치를 시작한 지 제십사 년(주전 701년경), 마침내 앗수르는 히스기야가 다스리던 남 왕국을 침공합니다. 예루살렘이 포위되고 아무런 소망이 없었으나, 여호와 하나님께서 놀라운 기적을 베푸십니다. 여호와의 사자가 앗수르 군사 중 무려 십팔만 오천 명을 죽여버립니다.

"여호와의 사자가 나가서 앗수르 진중에서 십팔만 오천 인을 쳤으므로 아침에 일찌기 일어나 본즉 시체뿐이라"(사 37:36)

"이 밤에 여호와의 사자가 나와서 앗수르 진에서 군사 십팔만 오천을 친지라 아침에 일찌기 일어나 보니 다 송장이 되었더라"(왕하 19:35)

"여호와께서 한 천사를 보내어 앗수르 왕의 영에서 모든 큰 용사와 대장과 장관들을 멸하신지라 앗수르 왕이 얼굴이 뜨뜻하여 그 고국으로 돌아갔더니 그 신의 전에 들어갔을 때에 그 몸에서 난 자들이 거기서 칼로 죽였더라"(대하 32:21)

극적인 승리입니다. 값없는 구원입니다. 오직 하나님의 능력으로, 오

---

126 왕하 18:21, 24; 사 36:6, 9; 참고, 왕하 18:7~8, 13~17; 사 18:1~2; 19:1~15; 20:1~6; 29:15~24; 30:1~7; 31:1~3; 32:20. 애굽 및 구스와 맺은 동맹에 의지할 수 없음을 깨달은 히스기야는 그때부터 오직 하나님만을 의지합니다. 예루살렘이 앗수르의 대군에게 포위된 상황에서 여호와 하나님을 의지하고 그분께 기도합니다.

직 그분의 은혜로 남 왕국 유다는 앗수르에서 해방됩니다. **'새 출애굽(a new exodus)'**입니다. 모세 시대에 출(出) 애굽이 있었다면, 히스기야 때는 출(出) 앗수르가 발생합니다. 출(出) 애굽 때는 유월절 밤에 여호와의 사자가 애굽의 장자와 동물의 첫 새끼를 모두 다 죽였습니다. 출(出) 앗수르 때는 여호와의 사자가 앗수르 군사 십팔만 오천 명을 죽입니다. 선지자 이사야는 8장에서 이 놀라운 사건이 발생할 것을 예고합니다. 여호와께서 그분의 백성들과 함께하심, 즉 임마누엘의 역사를 통해 이 놀라운 구원이 일어날 것을 예언합니다.

> "그러므로 주 내가 흉용하고 창일한 큰 하수 곧 앗수르 왕과 그의 모든 위력으로 그들 위에 덮을 것이라 그 모든 골에 차고 모든 언덕에 넘쳐 7 흘러 유다에 들어와서 창일하고 목에까지 미치리라 **임마누엘**이여 그의 펴는 날개가 네 땅에 편만하리라 8"(사 8:7~8; 참고, 이사야 36~37장)[127]

---

127 사 8:7~8은 이후에 발생할 36~37장의 압축파일과도 같은 예고입니다. 이 예언에서, 이사야는 앗수르의 침공과 극적인 구원을 대홍수 심판/구원 이미지로 설명합니다. 앗수르 군대의 침공은 마치 홍수와도 같습니다. 남 왕국 유다 전역이 '군대-홍수(army-deluge)'에 잠깁니다. 하나님께서는 두 번 다시 물로 심판하지 않는 대신, 이제 군대-홍수를 일으켜 남 왕국 유다를 심판하십니다. 대홍수가 목에까지 차오르고, 오직 머리인 예루살렘만 남습니다. 군대-홍수에 포위된 예루살렘 성은 마치 대홍수의 물 위에 둥둥 떠 있는 방주와도 같습니다. 노아 당대 대홍수는 방주 밖에 있는 자들을 심판하는 물인 동시에 방주 안에 있는 자들을 구원하는 물입니다. 이 점에서, 히스기야는 '새 노아(a new Noah)'입니다. 예루살렘은 '새 방주(a new Ark)'입니다. 한편으로, 하나님께서는 이방 제국의 군대-홍수를 거짓 교회와 악인들을 심판하는 도구로 사용하십니다. 다른 한편으로, 하나님께서는 그것을 참 교회와 의인들을 보존하는 도구로 사용하십니다.

출(出) 죄악: 종말론적 새 출애굽

이사야의 이 예언은 히스기야 당대뿐 아니라 더 먼 미래에 발생할 구원 역사를 내다봅니다. 이로부터 무려 칠백 년이 지나 한 아기가 동정녀의 몸에서 탄생합니다. 그 아기는 **앗수르보다 더 큰 대적인 죄와 사망의 포로에서 하나님의 백성들을 구원**할 것입니다.

"그러므로 주께서 친히 징조로 너희에게 주실 것이라 보라 처녀가 잉태하여 아들을 낳을 것이요 그 이름을 *임마누엘*이라 하리라"(사 7:14)

"그런즉 모든 대수가 아브라함부터 다윗까지 열네 대요 다윗부터 바벨론으로 이거할 때까지 열네 대요 바벨론으로 이거한 후부터 그리스도까지 열네 대러라 17 예수 그리스도의 나심은 이러하니라 그 모친 마리아가 요셉과 정혼하고 동거하기 전에 성령으로 잉태된 것이 나타났더니 18 그 남편 요셉은 의로운 사람이라 저를 드러내지 아니하고 가만히 끊고자 하여 19 이 일을 생각할 때에 주의 사자가 현몽하여 가로되 다윗의 자손 요셉아 네 아내 마리아 데려오기를 무서워 말라 저에게 잉태된 자는 성령으로 된 것이라 20 아들을 낳으리니 이름을 *예수*라 하라 이는 *그가 자기 백성을 저희 죄에서 구원할 자*이심이라 하니라 21 이 모든 일의 된 것은 주께서 선지자로 하신 말씀을 이루려 하심이니 가라사대 22 보라 처녀가 잉태하여 아들을 낳을 것이요 그 이름은 *임마누엘*이라 하리라 하셨으니 이를 번역한즉 하나님이 우리와 함께 계시다 함이라 23"(마 1:17~23)

마태복음에 기록된 예수 그리스도의 계보(마 1:1~17)에 따르면, 이스라엘 백성들은 마치 아직도 바벨론 포로 생활 중인 것처럼 보입니다. 실제 역사에서는 칠십 년 만에 귀환했는데도 말입니다. 그 이유는 단순 명료합니다. 하나님의 백성들은 앗수르보다, 바벨론보다 더 큰 대적인 "죄"의 포로 가운데 있었기 때문입니다. 동정녀의 몸에서 탄생할 이 아기가 하나님의 백성들을 "죄"의 포로에서 "구원"하실 것입니다. 그래서 태어날 아기의 이름은 "예수"가 될 것입니다(마 1:21).

마태복음 1장은 여기서 한 걸음 더 나아갑니다. 예수 그리스도의 성육신을 가리켜 "임마누엘"이라 부르며, 이것이 "선지자로 하신 말씀"을 이루는 것이라고 선포합니다(마 1:22~23). 마태복음은 사 7:14만을 인용했으나, 1장 전체의 문맥은 사 8:7~8의 예언을 포괄합니다. 하나님께서 이스라엘의 중보자 히스기야 왕을 통해 앗수르의 포로에서 옛 이스라엘을 구원하신 것처럼, 그분은 새 이스라엘의 중보자인 이 아기-왕을 통해 죄의 포로에서 새 이스라엘을 구원하실 것입니다. 이는 마태복음의 핵심 주제인 **'이스라엘의 약속된 왕이신 예수 그리스도'**와 잘 어울립니다. **예수 그리스도는 '다윗의 자손', '새 히스기야'**입니다. 모세가 출(出) 애굽, 히스기야가 새 출애굽(a new exodus)인 출(出) 앗수르의 구원자/중보자라면 예수 그리스도는 출(出) 죄악을 이끄는 구원자/중보자입니다. 그분은 자기 백성을 죄에서 건지는 **'종말론적 새 출애굽(the eschatological New Exodus)'**을 성취하십니다. 부활하신 예수 그리스도 안에서 받는 세례는 죄에서 구원받는 표와 인이 될 것입니다. 노아 가족이 대홍수의 물에서, 히스기야의 백성들이 군대-홍수에서 구원받은 것처럼 말입니다(참고, 벧전 3:20~22; 사 8:7~8).

히스기야의 질병과 기도
히스기야의 질병은 앗수르 제국의 침공으로 유다 왕국 전체가 풍전등

화(風前燈火)의 위기에 놓인 가운데 발생했습니다. 히스기야는 총 이십구 년 통치[128]했는데, 질병에서 회복된 이후 십오 년 더 생존했습니다. 그렇다면 히스기야가 질병에 걸린 때는 그의 치세 십사 년쯤 지난 후(주전 701년경)입니다. 히스기야가 질병에 걸린 시기는 너무나도 중요합니다. 앗수르가 유다를 침공한 바로 그 해이기 때문입니다.

> "히스기야 왕 십사년에 앗수르 왕 산헤립이 올라와서 유다 모든 견고한 성을 쳐서 취하니라"(사 36:1)

> "히스기야 왕 십사년에 앗수르 왕 산헤립이 올라와서 유다 모든 견고한 성읍들을 쳐서 취하매"(왕하 18:13)

그러니 **히스기야가 질병에 걸린 때는 앗수르가 침공하기 얼마 전이나 얼마 후, 또는 침공 중입니다.** 성경이 앗수르 침공과 히스기야의 질병을 한데 묶어서 기록한 이유가 바로 그 때문입니다. 여기서 우리는 다음의 몇 가지를 고려해야 합니다.

---

[128] "표 9. 웃시야부터 므낫세까지 유다 왕들의 연대기"를 참고하십시오. 성경은 히스기야가 29년간 통치했다고 기록합니다. 이는 히스기야가 단독 통치를 시작한 주전 715년경부터 그가 사망한 주전 687(686)년경까지의 기간입니다. 히스기야가 단독 통치를 시작할 때, 북 왕국 이스라엘은 이미 멸망(주전 722년경)한 상태였습니다. 그러나 성경은 히스기야가 북 왕국 이스라엘 왕 호세아 삼 년(주전 728년경)에 즉위했다고 기록합니다. 이는 성경의 오류나 모순이 아닙니다. 히스기야는 단독 통치를 시작하기 약 13년 전부터 부왕 아하스와 공동 통치를 시작했다는 뜻입니다. 히스기야는 부왕 아하스와도 약 13년간, 죽기 전 약 10~11년간은 아들 므낫세와도 공동으로 통치합니다. 그의 치세를 모두 합치면 약 42년입니다.

(1) 유일한 교회

(북 왕국이 이미 멸망한 상태이므로) 남 왕국 유다는 당대 유일한 교회였습니다.

(2) 교회 개혁자

히스기야는 선왕 아하스 시대에 타락한 교회(유다 왕국)의 개혁자입니다.

(3) 언약 중보자

기름 부음을 받은 왕 히스기야는 하나님과 백성 사이의 중보자입니다.

(4) 다윗 언약

하나님께서는 다윗의 후손이 영원히 왕위를 이을 것이라고 약속하셨습니다. 이른바 '다윗 언약'입니다.[129] 이는 장차 다윗의 자손으로 오실 메시아(그리스도)라는 과녁을 향한 예언입니다.

(5) 앗수르의 유다 침공의 의의

앗수르 제국의 군대가 유다를 침공하여 예루살렘을 포위한 이 상황은 위에서 설명한 (1) ~ (4)에 대한 위협입니다.

(6) 앗수르의 유다 침공과 히스기야의 질병

히스기야의 질병은 앗수르의 유다 침공과 밀접한 관련이 있습니다. 이 둘은 같은 해에 발생했으며, 성경은 이 둘을 묶어서 기록합니다. 유

---

129 삼하 7:8~16; 대상 17:7~14.

다를 침공한 앗수르 군대로부터 극적인 구원을 얻은 바로 그 전후, 또는 그 와중에 히스기야가 큰 질병에 걸립니다. 하나님께서는 이사야를 보내 그가 죽을 것이라고 예언하게 하십니다.

이상에서 보건대, **히스기야의 질병**은 단순히 어느 한 개인의 문제가 아닙니다. **타락으로 얼룩진 당대 교회의 보존, 회복, 개혁이 가로막힌 사건**입니다. 따라서 히스기야의 기도는 단순히 수명을 연장해달라는 개인 기도가 아닙니다. 그는 왕이며, 왕은 하나님과 언약 공동체의 중보자입니다. 히스기야의 기도는 중보자의 기도입니다. **이스라엘의 왕으로서 교회를 위해 올린 중보의 기도**입니다. 히스기야는 자신이 하나님 앞에서 한 일을 기억해달라고 기도합니다.

> "가로되 여호와여 구하오니 내가 주의 앞에서 진실과 전심으로 행하며 주의 목전에서 선하게 행한 것을 추억하옵소서[130] 하고 심히 통곡하니"(사 38:3)

이는 히스기야가 자신의 공로를 자랑하는 것이 아닙니다. 그는 이제까지 우상을 척결하고 여호와 신앙을 회복하며, 성전과 제사장 그리고 절기를 재정비하여 시행했습니다. 그 외에도 수많은 개혁을 단행해 왔습니다. 그러므로 자신이 이제까지 했던 일을 기억해달라는 기도는 단

---

130 한글개역개정성경에는 "기억하옵소서"로 번역되었습니다. '기억하다(remember)'라는 뜻을 가진 히브리 동사 "זָכַר(자카르)"가 사용되었습니다. 이 단어는 하나님께서 이스라엘의 선조와 맺은 언약을 기억하시는 행위와 자주 연결되어 사용됩니다(출 2:24).

순히 개인의 업적이나 공로를 내세우는 것이 아닙니다. (북 왕국 이스라엘이 멸망한 후 유일하게 남은) 교회를 개혁 중인 자신의 직분적 사역을 기억해달라는 뜻입니다. 즉, 이 직무가 계속 이어져 교회가 보존되게 해달라는 탄원입니다.

하나님의 응답: 교회의 보존

히스기야가 간절히 기도한 것은 사실이지만, 그렇다고 해서 오래 기도하지 않았으며 그럴 필요도 없었습니다. 하나님께서는 히스기야를 만난 후 돌아가고 있던 선지자 이사야가 성읍 가운데 이르기도 전에 응답하십니다.

> "이사야가 성읍 가운데까지도 이르기 전에 여호와의 말씀이 저에게 임하여 가라사대"(왕하 20:4)

하나님께서는 수명 연장을 넘어 교회를 보존하시겠다는 약속으로 그에게 응답하십니다. 하나님의 응답은 히스기야의 질병과 회복이 **공교회의 보존**과 관련된 것이며, 그의 기도가 개인적인 차원을 넘어 **공교회적 기도**였음을 뒷받침하는 증거입니다.

> "너(필자 주: 이사야)는 가서 히스기야에게 이르기를 네 조상 다윗의 하나님 여호와께서 이같이 말씀하시기를 내가 네 기도를 들었고 네 눈물을 보았노라 내가 네 수한에 십오 년을 더하고 5 너와 이 성을 앗수르 왕의 손에서 건져내겠고 내가 또 이 성을 보호하리라 6"(사 38:5~6)

"너(필자 주: 이사야)는 돌아가서 내 백성의 주권자 히스기야에게 이르기를 왕의 조상 다윗의 하나님 여호와의 말씀이 내가 네 기도를 들었고 네 눈물을 보았노라 내가 너를 낫게 하리니 네가 삼 일 만에 여호와의 전에 올라가겠고 5 내가 *네 날을 십오 년을 더할 것이며 내가 너와 이 성을 앗수르 왕의 손에서 구원하고 내가 나를 위하고 또 내 종 다윗을 위하므로 이 성을 보호하리라 하셨다 하라 하셨더라*6"(왕하 20:5~6)

하나님께서는 중보자의 기도에 응답하셨습니다. 중보자의 기도 덕분에 교회 전체가 보존되었습니다. 우리 주 예수 그리스도께서도 겟세마네 동산에서 우리를 위해 기도하셨고, 우리를 위해 자기 목숨을 버려 십자가에 달리셨습니다. 그렇게 구원받은 우리 역시 그리스도의 몸 된 교회의 보존과 회복과 개혁을 위해 간절히 기도합니다.

복습을 위한 질문 ◆ ∙ ∙

1. 아하스와 히스기야의 신앙과 정책을 비교해서 말해보십시오.

2. 모세 시대의 출(出) 애굽과 히스기야 시대의 출(出) 앗수르는 어떤 점에서 서로 병행합니까?

3. 히스기야 시대의 새 출애굽(출 앗수르)은 장차 예수님께서 성취하실 종말론적 새 출애굽과 어떤 점에서 서로 병행합니까?

4. 히스기야의 질병이 단순히 한 개인의 문제가 아닌 이유를 설명해 보십시오(특히, 성경이 앗수르 침공과 히스기야의 질병을 묶어서 기록한 것과 관련하여).

5. 히스기야의 기도에 대한 하나님의 응답과 그 의미가 무엇입니까?

6. **한 걸음 더** 예수님께서 겟세마네 동산에서, 그리고 십자가에서 무엇을 위해, 그리고 누구를 위해 기도했는지 말해보십시오. 이것이 왜 중요합니까? 그리스도를 믿는 우리는 무엇을 위해 기도해야 합니까?

7. **한 걸음 더** 사 38:9~20은 히스기야가 질병에서 회복될 때 기록한 글이자 찬송 (시)입니다. 그 내용의 핵심은 중보자가 겪는 음부의 고통과 부활, 그리고 사죄입 니다. 교회의 왕이신 예수 그리스도께서 이 시를 어떻게 성취하셨습니까? 그 결 과, 우리에게 어떤 은혜가 주어졌습니까?

Pray with the Church,
Pray to Restore the Church

예레미야의 기도와 하나님의 응답:
크고 비밀한 일을 네게 보이리라!

렘 33:1~3
예레미야가 아직 시위대 뜰에 갇혔을 때에 여호와의 말씀이 그에게 다시 임하니라
가라사대1 일을 행하는 여호와, 그것을 지어 성취하는 여호와, 그 이름을 여호와라
하는 자가 이같이 이르노라2 너는 내게 부르짖으라 내가 네게 응답하겠고 네가 알
지 못하는 크고 비밀한 일을 네게 보이리라3

제15장

예레미야의 기도와 하나님의 응답: 크고 비밀한 일을 네게 보이리라!

비밀스런 체험?

3절 말씀은 그리스도인들에게 매우 사랑받는 구절 중 하나입니다. 이 구절에 근거하여, 하나님께 열심히 부르짖어 기도하면 어떤 신비한 방법으로 응답해 주신다고 생각하는 분들이 많습니다. 대체로 이렇게 생각하는 분들은 자주 고래고래 고함을 지르며 기도합니다. 부흥회나 기도원 집회에서는 비명을 지르기도 하고, 심지어 데굴데굴 구르는 사람도 있습니다. 강사로 초청받은 이가 이 구절을 언급하며 그렇게 하라고 시키기도 합니다.

그러나 이 본문을 잘 읽어보면, 하나님께서는 예레미야에게 "크고 비밀한 일로"가 아니라 "크고 비밀한 일을" 보여주시겠다고 하십니다. 즉, "크고 비밀한 일"은 하나님께서 선지자 예레미야의 기도에 **응답하시는 방법이 아니라 내용**입니다. 너무나도 크고 놀라운 소식입니다. 예레미야 당대 사람들, 즉 타락한 왕과 제사장 그리고 거짓 선지자들은 도무지 깨닫지 못하는 내용입니다.

타락한 교회(유다 왕국)

예수님께서 탄생하시기 약 육백 년 전, 남 왕국 유다는 근근이 명맥을 유지하고 있었습니다. 북 왕국 이스라엘은 이미 백여 년 전(주전 722년경)에 앗수르 제국에게 멸망했으며, 남 왕국 유다는 앗수르를 멸망시킨 바벨론 제국을 섬기는 속국이었습니다. 왕국은 심히 타락했으며, 심지어 예루살렘 성전 안 곳곳에 이방 신들의 제단이 있을 정도였습니다.[131] 아나돗 출신으로 제사장 가문에서 자란 선지자 예레미야는 이런 시기에 하나님의 부르심을 받습니다. 그는 남 왕국 마지막 다섯 왕의 치세에 예언했으며, 심지어 왕국이 멸망한 후에도 유다에 남아 계속 활동합니다. 이후 바벨론 제국에 반역하는 유다 백성들에 의해 애굽으로 끌려가 거기서도 예언합니다.[132] 그의 마지막을 아는 이는 없습니다. 유다 왕들과 백성 대부분은 왕국 멸망 전에도, 그리고 멸망 후에도 예레미야가 전한 하나님의 말씀을 듣지 않고 끝까지 반역합니다.

예레미야가 처음 하나님의 부르심을 받은 때는 요시야 십삼 년입니다(렘 1:2). 요시야는 히스기야와 함께 남 왕국 유다 역사상 가장 경건한 왕입니다. 어린 나이인 팔 세에 즉위하여 삼십일 년간 통치합니다. 그러나 요시야가 죽은 후 즉위한 마지막 네 명[여호아하스[133], 여호야김(엘리아김)[134], 여호야긴[135], 시드기야(맛다니야)[136]]은 모두 악한 왕들입니다.

---

131 이에 대한 적나라한 묘사로는 에스겔 8장을 참고하십시오.

132 남 왕국 유다 멸망부터 예레미야가 애굽으로 끌려가 예언하기까지의 역사는 예레미야 39~44장에 상세히 기록되어 있습니다.

133 왕하 23:30~34; 대하 36:1~4.

134 왕하 23:34~37; 24:1~6; 대하 36:4~8.

135 왕하 24:6~17; 25:27~30; 대하 36:8~10; 렘 52:31~34.

136 왕하 24:17~20; 25:1~7; 대하 36:10~21; 렘 52:1~11.

요시야의 손자 여호야긴을 제외한 나머지 세 명은 모두 요시야의 아들입니다. 여호아하스와 여호야긴의 치세는 각각 석 달밖에 되지 않습니다. 예레미야가 가장 왕성하게 활동한 시기는 여호야김과 시드기야 치세입니다. 이 두 명의 왕은 예레미야와 가장 강하게 맞선 왕들입니다.

예레미야는 바룩에게 하나님의 말씀을 불러주어 두루마리에 쓰게 한 후, 여호야김 왕 앞에 가져가 낭독하라고 지시합니다. 바룩이 전한 두루마리를 여후디가 왕과 대신들 앞에서 읽습니다. 예언을 낭독하는 족족 여호야김은 그 부분을 칼로 베어 화롯불에 던져 태워버립니다. 무도하게도, 하나님의 말씀을 발기발기 찢어버린 것입니다.

> "때는 구월이라 왕이 겨울 궁전에 앉았고 그 앞에는 불 피운 화로가 있더라 22 여후디가 삼편 사편을 낭독하면 왕이 소도로 그것을 연하여 베어 화로 불에 던져서 온 두루마리를 태웠더라 23 왕과 그 신하들이 이 모든 말을 듣고도 두려워하거나 그 옷을 찢지 아니하였고 24 엘라단과 들라야와 그마랴가 왕께 두루마리를 사르지 말기를 간구하여도 왕이 듣지 아니하였으며 25"(렘 36:22~25)

시드기야는 유다의 열아홉 번째 왕이자 마지막 왕입니다.[137] 타락한 제사장들과 거짓 선지자들이 그의 만용을 부채질합니다. 그의 앞 여호야김과 여호야긴 치세에 두 번이나 바벨론 군대가 쳐들어와 왕과 백성들을 포로로 잡아갔음에도 시드기야는 끝까지 반(反)바벨론 정책을 포기하지 않습니다. 어리석은 백성들이 보기에 시드기야는 바벨론 제국

---

137 손자들을 죽이고 6년간 집권한 아달랴는 남 왕국의 대수에서 제외했습니다. 남 왕국 정통성을 잇는 왕들은 다윗 언약에 따라 모두 다윗의 후손들이기 때문입니다.

의 압제에서 벗어나기 위해 독립운동을 하는 거룩한 통치자입니다. 그러나 회개 없는 교회 회복이 있던가요? 유다 왕국의 타락한 지도자들과 그들을 추종하는 백성들은 그런 일이 가능하다고 생각합니다. 시드기야는 바벨론 제국에 항복하라고 예언하는 예레미야를 시위대의 뜰에 투옥합니다. 그는 끝까지 바벨론 군대에 맞서다 예루살렘이 함락된 후 두 눈이 뽑혀 끌려갑니다. 예루살렘 성과 성전이 파괴되고, 남 왕국 유다는 완전히 멸망합니다.[138]

표 10. 남 왕국 유다 마지막 다섯 왕의 연대기

왕	통치기간*	관련 성구	사건
요시야	640~609 (8세**, 31년)	왕하 22:1~23:30 대하 34~35장	교회 개혁 운동 (성전 수리, 율법책 발견, 각종 우상 제거, 유월절 준수) 예레미야 활동 시작(요시야 13년) 바로느고(애굽 왕)에게 맞서다 전사
여호아하스	609 (23세, 3개월)	왕하 23:31~34 대하 36:2~4	요시야의 아들 바로느고에 의해 폐위
여호야김 (엘리아김)	609~598 (25세, 11년)	왕하 23:35~24:7 대하 36:5~8	요시야의 아들 바로느고에 의해 즉위 1차 바벨론 포로 (여호야김도 잡혀감, 606)****
여호야긴 (고니야, 여고냐)	598~597 (18세/8세***, 3개월)	왕하 24:8~17 왕하 25:27~30 대하 36:9~10 렘 52:31~34	여호야김의 아들 2차 바벨론 포로 (여호야긴도 잡혀감, 597) 37년 만에 옥에서 풀려남 남은 생애 왕 앞에서 양식을 먹음
시드기야 (맛다니야)	597~586 (21세, 11년)	왕하 24:18~25:21 대하 36:11~21 렘 39:1~9 렘 52:1~30	요시야의 아들(여호야긴의 삼촌)***** 바벨론에 의해 즉위 예루살렘 함락(성과 성전 파괴) 3차 바벨론 포로 (시드기야는 눈이 뽑혀 끌려감, 586)

---

138 남 왕국 유다의 수도 예루살렘의 함락과 그 비참한 모습은 왕하 25:1~21; 대하 36:17~20; 렘 39:1~10; 52:1~30을 참고하십시오.

** 즉위 시 연령입니다.

*** 왕하 24:8에는 십팔 세, 대하 36:9에는 팔 세로 기록되어 있습니다.

**** 여호야김은 즉위한 지 삼 년이 지난 후에 바벨론에게 반역하다 1차 포로가 된 사람들과 함께 잡혀갔다 (충성하겠다고 서약하고) 돌아온 것으로 보입니다. 이후 그는 다시 바벨론에게 반역했으며, 바벨론이 쳐들어왔을 때, 그는 죽고 그의 아들 여호야긴이 다스리고 있었습니다. 바벨론이 여호야긴을 사로잡아감으로 2차 포로가 발생합니다.

***** 한글개역성경 대하 36:10은 시드기야를 여호야긴의 "아자비"라고 소개합니다(한글개역개정성경에는 "숙부"로 번역됨). 여기에 사용된 히브리 명사는 '형제'를 뜻하는 "אָח(아흐)"입니다(이 단어는 '친형제'보다 폭넓게 사용됨). 왕하 24:17에도 시드기야를 여호야긴의 "아자비"(한글개역성경), "숙부"(한글개역개정성경)라고 소개하지만, 여기에 사용된 히브리 명사는 '삼촌', '사랑하는 자'를 뜻하는 "דּוֹד(도드)"입니다. 그 외에도 왕하 23:31; 24:17~18; 대상 3:15를 참고하면, 시드기야는 자기보다 먼저 왕이 되었다가 폐위된 여호아하스와 동복(同腹) 형제이며, 요시야의 아들임을 알 수 있습니다. 결론적으로, 시드기야는 여호야긴의 삼촌입니다.

참 선지자와 거짓 선지자

실제로는 온갖 이방 신들을 섬기면서도 겉으로는 여호와 하나님의 이름을 들먹이며 교회 개혁과 회복을 부르짖는 자들에게, 참 선지자 예레미야는 가축이 메는 멍에를 자신의 목에 메고 다니며[139] 외칩니다.

"하나님의 말씀을 전합니다.

바벨론은 하나님의 도구, 심판의 막대기입니다.

하나님의 심판을 받아들이십시오.

---

139 선지자의 '행동 계시'입니다. 이 책 "제6장. 엘리야의 담대한 기도 (2): 회개한 교회에 내리는 비"와 "제13장. 모세의 기도와 하나님의 응답: 그들의 죄를 사하시옵소서!"를 참고하십시오.

여러분은 바벨론의 멍에를 메야 합니다."(참고, 예레미야 27장)

그러나 거짓 선지자 하나냐는 예레미야의 목에서 멍에를 빼앗아 꺾어 버립니다. 예레미야를 대항하여 그는 이렇게 외칩니다.

"하나님께서 내게 말씀하셨다.
2년 안에 바벨론 느부갓네살의 멍에를 꺾어 우리를 해방하실 것이 다."(참고, 렘 28:10~11)

여러분의 귀에는 누구의 말이 더 솔깃합니까? 이 두 사람이 한국 교회의 강단에서 설교한다면 여러분은 누구의 말을 듣겠습니까?

기도하기 힘든 상황에서 주신 기도 명령: 갇힌 선지자, 매이지 않는 말씀
시드기야 십 년, 즉 유다 왕국이 멸망하기 한 해 전입니다. 예루살렘 성은 반역 소식을 듣고 침공한 바벨론 군대에 의해 이미 완전히 포위된 상태입니다.[140] 예레미야는 예루살렘 성이 함락되고 시드기야가 바벨론 으로 끌려갈 것이라고 예언합니다. 이런 예레미야를 시드기야 왕과 타락한 제사장, 거짓 선지자, 그리고 예루살렘 주민들이 좋아할 리 만무합니다. 예레미야는 왕의 궁궐 안 시위대의 뜰에 갇힙니다.

"유다 왕 시드기야의 제십년 곧 느부갓네살의 제십팔년에 여호와의 말

---

140 바벨론 왕 느부갓네살은 시드기야 9년 10월 10일부터 11년 4월 9일까지 약 1년 반, 햇수로는 3년에 걸쳐 예루살렘 성을 포위합니다. 그 결과, 예루살렘 성이 함락되고 시드기야는 두 눈이 뽑혀 바벨론으로 끌려갑니다(렘 52:1~11).

씀이 예레미야에게 임하니라₁ 때에 바벨론 군대는 예루살렘을 에워싸고 선지자 예레미야는 *유다 왕의 궁중에 있는 시위대 뜰에* 갇혔으니₂ 이는 그가 예언하기를 여호와의 말씀에 보라 내가 이 성을 바벨론 왕의 손에 붙이리니 그가 취할 것이며 유다 왕 시드기야는 갈대아인의 손에서 벗어나지 못하고 반드시 바벨론 왕의 손에 붙이운바 되리니 입이 입을 대하여 말하고 눈이 서로 볼 것이며 그가 시드기야를 바벨론으로 끌어 가리니 시드기야가 나의 권고할 때까지 거기 있으리라 나 여호와가 말하노라 너희가 갈대아인과 싸울찌라도 승리치 못하리라 하셨다 하였더니 유다 왕 시드기야가 가로되 네가 어찌 이같이 예언하였느뇨 하고 그를 가두었음이었더라₃~₅"(렘 32:1~5)

악한 세상이 하나님의 말씀을 듣지 않는 것보다 자칭 하나님의 백성이라고 하는 이들이, 그리고 그들의 지도자들이 하나님의 말씀을 듣지 않는 것이 더 괴롭고 절망적인 상황입니다. 그러나 바로 이때, 여호와의 말씀이 그에게 임합니다. 예레미야 33장이 바로 그것입니다.

"예레미야가 아직 시위대 뜰에 갇혔을 때에 여호와의 말씀이 그에게 다시 임하니라 가라사대₁ *일을 행하는 여호와, 그것을 지어 성취하는 여호와, 그 이름을 여호와라 하는 자가* 이같이 이르노라₂"(1~2절)

선지자는 옥에 갇혀 있습니다. 그러나 **하나님의 말씀은 매이지 않습니다.**[141] "일을 행하는 여호와", 그 일을 "지어 성취하는 여호와"는 전능

---

141   참고, 딤후 2:8~9.

하시기 때문입니다. 이것이 바로 하나님께서 예레미야에게 기도하라고 명령하신 상황입니다. 여러분은 이런 상황에서도 하나님의 구원 역사가 힘 있게 성취될 것을 믿을 수 있겠습니까? 그래서 믿음으로 기도할 수 있겠습니까? 도무지 기도할 수 없는 상황에서도 기도할 수 있는 이유는 단 하나, **약속에 신실하신 하나님** 때문입니다. **전능하신 하나님** 때문입니다.

부르짖으라! 크고 비밀한 일을 보이리라!

하나님께서는 예레미야에게 기도하라고 명령하십니다. 그분께 부르짖으라고 명령하십니다. 선지자는 이스라엘의 중보자입니다. 하나님께서는 중보자의 기도를 들으십니다. "크고 비밀한 일"을 보여주십니다.

여기서 "크고 비밀한 일"은 신비스러운 체험이나 황홀경을 뜻하지 않습니다. 우리가 어떤 소원을 하나님께 부르짖어 간절히 구하면 비밀스러운 방법으로 들어주신다는 뜻도 아닙니다. 다시 말하지만, "크고 비밀한 일"은 응답의 방법이 아니라 응답의 내용입니다. 내용이 본문 바로 다음 문맥에 기록되어 있습니다(렘 33:4~26). 필자가 이탤릭체로 표기한 부분을 염두에 두면서 읽어봅시다.

"이스라엘의 하나님 여호와가 말하노라 무리가 이 성읍의 가옥과 유다 왕궁을 헐어서 갈대아인의 흉벽과 칼을 막아 4 싸우려 하였으나 내가 나의 노와 분함으로 그들을 죽이고 그 시체로 이 성에 채우게 하였나니 이는 그들의 모든 악을 인하여 나의 얼굴을 가리워 이 성을 돌아보지 아니하였음이니라 5 그러나 보라 내가 이 성을 치료하며 고쳐 낫게 하고 평강과 성실함에 풍성함을 그들에게 나타낼 것이며 6 내가 유다의 포로와 이스라엘의 포로를 돌아오게 하여 그들을 처음과 같이 세울 것이며 7 내가 그들을 내게 범한 그 모든 죄악에서 정하게 하며 그들의 내게 범하며 행한 모든 죄악을 사할 것이라 8 이 성읍이 세계 열방 앞에서 내게 기쁜 이름이 될 것이며 찬송과 영광이 될 것이요 그들은 나의 이 백성에게 베푼 모든 복을 들을 것이요 나의 이 성읍에 베푼 모든 복과 모든 평강을 인하여 두려워하며 떨리라 9 나 여호와가 이같이 말하노라 너희가 가리켜 말하기를 황폐하여 사람도 없고 짐승도 없다 하던 여기 곧 황폐하여 사람도 없고 주민도 없고 짐승도 없던 유다 성읍들과 예루살렘 거리에서 즐거워하는 소리, 기뻐하는 소리, 신랑의 소리, 신부의 소리와 및 만군의 여호와께 감사하라, 여호와는 선하시니 그 인자하심이 영원하다 하는 소리와 여호와의 집에 감사제를 드리는 자들의 소리가 다시 들리리니 이는 내가 *이 땅의 포로로 돌아와서 처음과 같이 되게 할 것임이니라* 여호와의 말이니라 10~11 나 만군의 여호와가 이같이 말하노라 황폐하여 사람도 없고 짐승도 없던 이곳과 그 모든 성읍에 다시 목자의 거할 곳이 있으리니 그 양 무리를 눕게 할 것이라 12 산지 성읍들과 평지 성읍들과 남방의 성읍들과 베냐민 땅과 예루살렘 사면과 유다 성읍들에서 *양 무리가 다시 계수하는 자의 손 아래로 지나리라* 여호와의 말이니라 13 나 여호와가 말하노라 보라 내가 이스라엘 집과 유다 집에 대하여 이른 선한 말을 성취할 날이 이르리라 14 그날 그때에 내가 *다윗에게 한 의로운 가지가 나게 하리니 그가 이 땅에 공평과 정의를 실행할 것이라* 15 그날에 유다가 구원을 얻겠고 예루살렘이 안전히 거할 것이며 그 성은 여호와 우리의 의라 일컬음을 입으리라 16 나 여호와가 이같이 말하노라 *이스라엘 집 위에 앉을 사람이 다윗에게 영영히 끊어지지 아니할 것이며* 17 내 앞에서 번제를 드리며 소제를 사르며 다른 제를 항상 드릴 *레위 사람 제사장들도 끊어지지 아니하리*

라 하시니라 18 여호와의 말씀이 예레미야에게 임하니라 가라사대 19 나 여호와가 이같이 말하노라 너희가 능히 낮에 대한 나의 약정과 밤에 대한 나의 약정을 파하여 주야로 그 때를 잃게 할 수 있을찐대 20 *내 종 다윗에게 세운 나의 언약도 파하여 그로 그 위에 앉아 다스릴 아들이 없게 할 수 있겠으며 내가 나를 섬기는 레위인 제사장에게 세운 언약도 파할 수 있으리라* 21 하늘의 만상은 셀 수 없으며 바다의 모래는 측량할 수 없나니 내가 그와 같이 *내 종 다윗의 자손과 나를 섬기는 레위인을 번성케 하리라* 하시니라 22 여호와의 말씀이 예레미야에게 임하니라 가라사대 23 이 백성이 말하기를 여호와께서 그 택하신 두 족속을 버리셨다 한 것을 네가 생각지 아니하느냐 그들이 내 백성을 멸시하여 자기들 앞에서 나라로 인정치 아니하도다 24 나 여호와가 이같이 말하노라 나의 주야의 약정이 서지 아니할 수 있다든지 천지의 규례가 정한 대로 되지 아니할 수 있다 할찐대 25 내가 야곱과 내 종 다윗의 자손을 버려서 다시는 *다윗의 자손 중에서 아브라함과 이삭과 야곱의 자손을 다스릴 자를 택하지 아니하리라 내가 그 포로 된 자로 돌아오게 하고 그를 긍휼히 여기리라* 26" (렘 33:4~26)

렘 33:4~26에 기록된 긴 내용을 요약하면 다음과 같습니다. 첫째, **사죄와 포로 귀환**입니다(렘 33:4~13, 23~26). 둘째, **다윗의 왕권과 예배 회복, 왕직과 제사장직 회복**입니다(렘 33:14~22). 이것이 바로 하나님께서 선지자 예레미야에게 응답(약속)하신 "크고 비밀한 일"입니다.

성취하신 그리스도, 기도하는 교회

이 약속은 포로로 잡혀간 지 칠십 년 만에 이스라엘이 귀환함으로 성취되었습니다(주전 537~536년경).[142] 하나님께서는 예레미야의 기도에 응답하여 "크고 비밀한 일"을 정말 성취하셨습니다. 그러나 이는 장차 발생할 더 큰 포로 귀환의 예고편입니다. 하나님께서는 이보다 더 "크고 비밀한 일"을 준비하고 계셨습니다. 이 약속은 그분의 아들, 주 예수 그리스도 안에서 온전히 성취됩니다.

첫째, 예수 그리스도 안에서 **사죄와 포로 귀환**이 이루어집니다. 마태복음은 처음부터 예수 그리스도의 계보를 소개합니다.

> "아브라함과 다윗의 자손 예수 그리스도의 세계라 ₁ 아브라함이 이삭을 낳고 이삭은 야곱을 낳고 야곱은 유다와 그의 형제를 낳고 ₂ ⋯ 이새는 다윗 왕을 낳으니라 다윗은 우리야의 아내에게서 솔로몬을 낳고 ₆ ⋯ 바벨론으로 이거할 때에 요시야는 여고냐와 그의 형제를 낳으니라 ₁₁ 바벨론으로 이거한 후에 여고냐는 스알디엘을 낳고 스알디엘은 스룹바벨을 낳고 ₁₂ ⋯ 야곱은 마리아의 남편 요셉을 낳았으니 마리아에게서 그리스도라 칭하는 예수가 나시니라 ₁₆ 그런즉 모든 대수가 아브라함부터 다윗까지 열네 대요 다윗부터 바벨론으로 이거할 때까지 열네 대요 바벨론으로 이거한 후부터 그리스도까지 열네 대러라 ₁₇"(마 1:1~2, 6, 11~12, 16~17)

겉으로 보기에 이 계보는 좀 이상합니다. 마치 이스라엘이 아직 바벨론 포로 생활 가운데 있는 것처럼 설명하기 때문입니다. 마태복음은 다음 문맥에서 그 이유를 설명합니다.

---

142 좀 더 정확하게는, 세 차례의 귀환(주전 537~536년, 458~457년, 444년)을 통해 성취됩니다. 좀 더 상세한 설명으로는 이 책 제7장의 "표 5. 바벨론 포로 유수와 귀환"을 참고하십시오.

"아들을 낳으리니 이름을 예수라 하라 이는 그가 자기 백성을 저희 죄에서 구원할 자이심이라 하니라"(마 1:21)

하나님의 아들 예수 그리스도는 그분의 백성들을 바벨론보다 더 큰 대적의 손에서 건져내십니다. 그분은 우리를 **"죄"의 포로에서 해방**하십니다. **예수 그리스도 안에서 진정한 사죄와 포로 귀환이 이루어집니다. 그분 안에서 사죄와 포로 귀환이 하나가 됩니다.** 일찍이 이사야가 예고한 것처럼 말입니다.

"너희는 정다이 예루살렘에 말하며 그것에게 외쳐 고하라 그 *복역의 때가 끝났고 그 죄악의 사함을 입었느니라* 그 모든 죄를 인하여 여호와의 손에서 배나 받았느니라 할지니라"(사 40:2)[143]

둘째, 예수 그리스도는 다윗의 자손으로 태어나, 다윗의 왕권을 획득하십니다. 아니 그분은 **다윗보다 더 큰 왕**이십니다. 자기 자손으로 태어나겠지만, **다윗이 "내 주"라고 고백한 바로 그 왕**이십니다.

"바리새인들이 모였을 때에 예수께서 그들에게 물으시되 41 너희는 그리스도에 대하여 어떻게 생각하느냐 뉘 자손이냐 대답하되 다윗의 자손이니이다 42 가라사대 그러면 다윗이 성령에 감동하여 어찌 그리스도

---

143 구약시대 선지자들의 선포에서 '사죄'와 '포로 귀환'은 분리되지 않고 연쇄적으로 발생할 한 사건입니다. 사 40:2 외에도 스 9:6~15; 느 9:6~38; 사 33:20~24; 52:1, 3, 9; 53:5~6, 11~12; 54:1, 3, 8; 55:7, 12~13; 64:6~12; 렘 31:31~34; 33:4~11; 애 4:22; 겔 16:60~63; 36:24~27, 33; 37:21~23; 단 9:1~20; 슥 3:9~10; 13:1을 참고하십시오.

를 주라 칭하여 말하되 43 주께서 내 주께 이르시되 내가 네 원수를 네 발 아래 둘 때까지 내 우편에 앉았으라 하셨도다 하였느냐 44 *다윗이 그리스도를 주라 칭하였은즉 어찌 그의 자손이 되겠느냐* 하시니 45 한 말도 능히 대답하는 자가 없고 그날부터 감히 그에게 묻는 자도 없더라 46"

(마 22:41~46; 참고, 시 110:1)

예수 그리스도께서 인용하신 이 구절은 그 유명한 시편 110편입니다. 이 시편에 의하면, 장차 오실 메시아는 다윗의 주님, 만왕의 왕 만군의 주, 멜기세덱의 반차를 좇는 영원한 대제사장입니다. 이 모든 것을 예수 그리스도께서 성취하셨습니다.

결국, 하나님께서 중보자 예레미야의 기도에 응답하신 **"크고 비밀한 일"**은 바로 우리 주 예수 그리스도 안에서 성취될 종말론적 새 출애굽 (the eschatological New Exodus)을 가리킵니다. 다윗의 자손(왕) 예수 그리스도께서는 하늘 보좌에 앉아 영원히 다스리시며, 영원한 대제사장으로서 매 주일 우리의 예배를 인도하십니다. 우리를 위해 지금도 하나님 아버지 우편에서 중보하십니다. 영원한 왕이자 대제사장이신 예수 그리스도를 믿기에 우리는 어떤 상황에서도 낙심치 않고 기도할 수 있습니다. 그래서 오늘도 우리는 기도해야 합니다.

"나라이 임하옵시며 뜻이 하늘에서 이룬 것같이 땅에서도 이루어지이다"(마 6:10; 참고, 눅 11:2)

복습을 위한 질문 ◆ · ·

1. 예레미야 당대 유다 왕국의 정세와 영적 상태를 말해보십시오.

2. 참 선지자 예레미야와 거짓 선지자 하나냐의 예언을 비교해 보십시오.

3. 예레미야가 시위대의 뜰에 갇힌 이유가 무엇입니까? 이때 그에게 하나님의 말씀
   이 임했다는 것이 무엇을 의미합니까?

4. 예레미야가 갇힌 중에도 기도할 수 있는 이유가 무엇입니까?

5. "크고 비밀한 일"의 내용이 무엇입니까?

6. "크고 비밀한 일"은 궁극적으로 누구를 통해, 어떻게 성취되었습니까?

7. 한 걸음 더 선지자, 제사장, 왕은 이스라엘의 중보자들입니다. 그렇다면 선지자의
   기도를 '나의 개인기도'로 적용하기 전에 누구의 기도로 먼저 적용해야겠습니까?

8. 한 걸음 더 하나님의 약속과 그분의 속성보다는 개인의 열심에 근거하여 기도

   응답을 확신하지 않습니까? 이를 교정하기 위해 어떤 것이 필요하겠습니까?

Pray with the Church,
Pray to Restore the Church

하박국의 기도와 하나님의 응답: 의인은 믿음으로 말미암아 살리라!

합 1:2~4
여호와여 내가 부르짖어도 주께서 듣지 아니하시니 어느 때까지리이까 내가 강포를 인하여 외쳐도 주께서 구원치 아니하시나이다 2 어찌하여 나로 간악을 보게 하시며 패역을 목도하게 하시나이까 대저 겁탈과 강포가 내 앞에 있고 변론과 분쟁이 일어났나이다 3 이러므로 율법이 해이하고 공의가 아주 시행되지 못하오니 이는 악인이 의인을 에워쌌으므로 공의가 굽게 행함이니이다 4

합 2:4b
… 그러나 의인은 그 믿음으로 말미암아 살리라 4b

합 3:1~2, 17~19
시기오놋에 맞춘바 선지자 하박국의 기도라 1 여호와여 내가 주께 대한 소문을 듣고 놀랐나이다 여호와여 주는 주의 일을 이 수년 내에 부흥케 하옵소서 이 수년 내에 나타내시옵소서 진노 중에라도 긍휼을 잊지 마옵소서 2 … 비록 무화과나무가 무성치 못하며 포도나무에 열매가 없으며 감람나무에 소출이 없으며 밭에 식물이 없으며 우리에 양이 없으며 외양간에 소가 없을찌라도 17 나는 여호와를 인하여 즐거워하며 나의 구원의 하나님을 인하여 기뻐하리로다 18 주 여호와는 나의 힘이시라 나의 발을 사슴과 같게 하사 나로 나의 높은 곳에 다니게 하시리로다 이 노래는 영장을 위하여 내 수금에 맞춘 것이니라 19

제16장

하박국의 기도와 하나님의 응답: 의인은 믿음으로 말미암아 살리라!

무소유 가운데 만족(?) & 당대 교회의 심판

선지자 하박국에 대해서는 잘 몰라도 합 3:17~18을 아는 사람은 많습니다. 아마도 하박국의 예언을 가사로 한 복음송 때문일 것입니다. 이 구절을 노래하거나 읽을 때면 대부분 이렇게 생각합니다.

'하박국처럼 내 수중에 아무것도 없어도 예수님 때문에 기뻐해야지.'

이런 생각은 참으로 귀하고 성경적입니다. 그러나 합 3:17~18은 대다수 그리스도인이 전혀 생각하지 못한 내용을 담고 있습니다. 이 구절에서 하박국이 노래한 것은 **당대 교회가 받을 심판**입니다. 이를 위해 먼저 하박국 전체 내용을 살펴봅시다. 이 짧은 선지서는 하박국의 두 번에 걸친 항변과 하나님의 응답, 그리고 하박국의 기도(찬송)로 구성되어 있습니다.

그림 2. 하박국의 구조와 핵심 내용

A. 서론: 하박국이 받은 묵시(1:1)

B. 하박국의 항변과 여호와의 응답(1:2~2:20)

  a. 하박국의 첫 번째 항변(1:2~4)

  b. 여호와의 응답(1:5~11)

  c. 하박국의 두 번째 항변(1:12~2:1)

  d. 여호와의 응답(2:2~20)

C. 하박국의 기도(찬송)(3:1~19)

  a. 표제: 노래로 만든 선지자의 기도(3:1)

  b. 경배와 간구(3:2)

  c. 여호와의 강림: 심판과 구원(3:3~15)

  d. 선지자의 반응: 신앙고백(찬송)(3:16~19a)

  e. 결론: 온 이스라엘이 함께 부를 찬송[144]인 선지자의 기도(3:19b)

그림 2에서 보는 바와 같이, 하박국은 선지자의 항변(1:2~4)에서 시작하여 기도이자 찬송(3:1, 19)으로 끝납니다. 이스라엘의 중보자인 선지자의 항변에서 시작하지만, 그 내용은 이스라엘(교회) 전체의 구원과 심판을 담고 있습니다. 그리고 마지막은 이스라엘(교회)의 예배를 위한 찬송이자 기도로 끝납니다.

---

144 합 3:19의 "영장"(한글개역개정성경에는 "지휘하는 사람")에 해당하는 히브리어는 "נצח(나차흐)"의 피엘(Piel), 남성, 분사, 독립형입니다. 이는 어떤 직무를 수행하는 자들의 감독(supervisor)을 가리키는 데 자주 사용됩니다. 특히 이 단어가 음악과 관련될 때는 성전 예배와 관련한 찬양이나 악기를 통솔하는 사람을 뜻합니다(참고, 대상 15:21과 다수의 시편 표제들). 즉, 선지자 하박국의 항변에서 시작한 이 성경은 온 이스라엘의 성전 예배와 찬송(신앙고백)이라는 과녁을 보여주는 데서 끝납니다.

그러니 이 성경을 읽을 때, 단순히 '자신의 소유가 얼마나 되느냐?' 그리고 '지금 자신이 소유한 재산으로도 만족하고 감사하느냐?' 정도의 문제로 접근하면 안 됩니다. 이 책에서 거듭 언급해 온 바와 같이, 선지자는 이스라엘의 중보자입니다. 중보자는 언약 공동체(교회)를 대표, 대신하여 하나님께 항변하고 기도합니다. 중보자는 하나님을 대신하여 그분의 뜻과 약속을 언약 공동체(교회)에 선포합니다. 하박국은 당대 이스라엘(교회)에 만연한 불의와 압제를 하나님께 고발하며, 다가올 여호와의 강림 즉 심판과 구원의 약속을 온 이스라엘이 함께 부를 찬송과 기도의 형식으로 선포합니다. 그러니 하박국의 결론에 해당하는 3:17~19는 단순히 어느 한 개인이 무소유 가운데 만족한다는 내용이 아닙니다.

선지자의 항변

하박국은 하나님께 항변합니다. 율법과 공의가 제대로 시행되지 못하여 악인이 의인을 압제하고 있는데도 하나님께서 왜 침묵하시느냐는 것입니다.

"여호와여 내가 부르짖어도 주께서 듣지 아니하시니 어느 때까지리이까 내가 강포를 인하여 외쳐도 주께서 구원치 아니하시나이다 2 어찌하여 나로 간악을 보게 하시며 패역을 목도하게 하시나이까 대저 겁탈과 강포가 내 앞에 있고 변론과 분쟁이 일어났나이다 3 이러므로 율법이 해이하고 공의가 아주 시행되지 못하오니 이는 악인이 의인을 에워쌌으므로 공의가 굽게 행함이니이다 4"(1:2~4)

하박국은 남 왕국 유다의 선지자입니다.[145] 때때로 경건한 왕들이 다스렸지만, 적어도 그가 살던 시대의 교회는 이렇게 심히 타락한 상태였습니다.

성경에는 이렇게 **선지자의 항변(appeal)**이 종종 나타납니다. 모세, 엘리야, 예레미야, 하박국…. 우리는 이를 불신앙에 가득한 원망이나 불평(complain)으로 간주하기 쉽습니다. 그러나 선지자의 항변은 아예 다른 차원의 호소입니다. 선지자는 당대 교회의 영적 상태를 알고 애통합니다. 그는 하나님 외에는 호소할 곳이 없다는 사실을 너무나도 잘 압니다. 그래서 선지자는 하나님께 탄원합니다. **탄원의 근거는 하나님의 말씀(약속)**입니다. 율법에 따르면, 하나님께서는 의인에게 은혜를 베푸시

145　이 책 제15장의 "표 10. 남 왕국 유다 마지막 다섯 왕의 연대기"를 참고하십시오. 일반적인 다른 문헌 선지자와는 달리, 하박국은 자신의 활동 시기를 밝히지 않습니다. 그러나 성경 본문을 통해 추정할 수 있습니다. 1:6~11에 의하면, "갈대아 사람" 즉 바벨론 제국의 침공이 예고됩니다. 이로 보건대, 하박국 1장의 배경은 바벨론의 1차 침공(주전 606년경)보다는 이전입니다. 1:2~4에 의하면, 왕국 전체가 극심한 타락 가운데 있습니다. 이는 두 가지 가능성이 있습니다. 첫째 가능성은 요시야 왕의 개혁이 본격적으로 시작된 치세 8년(주전 633~632년) 또는 치세 18년(주전 623~622년경) 이전입니다(왕하 22:3; 대하 34:3, 8). 둘째 가능성은 요시야 왕이 므깃도 전투에서 전사(주전 609년경)한 후부터 바벨론의 1차 침공(주전 606년경) 이전입니다. 한편, 바벨론은 느부갓네살 대왕의 선왕 나보폴라살 치세인 주전 626년경에 앗수르 제국의 영향권을 벗어납니다. 주전 612년경에 바벨론은 앗수르의 수도 니느웨를 함락시켰으며, 주전 606~605년경에 갈그미스 전투에서 앗수르의 잔당과 애굽의 바로 느고의 군대를 격파함으로써 메소보다미아 지역의 패권을 완전히 장악합니다. 따라서 대체로 학자들은 하박국이 요시야 후반기에 사역을 시작하여 주로 여호야김 치세에 활동했을 것으로 짐작합니다. 그러나 이상의 설명은 1장의 배경이며, 2~3장은 바벨론 1차 침공(주전 606년경) 이후 2차(주전 597년경)와 3차(주전 586년경)까지도 포괄하는 내용일 수도 있습니다. 결론적으로, 하박국의 활동 시기를 좁게 잡으면 여호야김 치세(주전 609~598년경), 넓게 잡으면 요시야 후반부터 남 왕국 유다의 멸망까지(주전 7세기 말~6세기 초)로 추정할 수 있습니다.

며 악인을 심판하십니다. 그러나 현재 선지자가 처한 상황은 그것과 정반대처럼 보입니다. 그래서 선지자는 하나님께 항변합니다.

"하나님, 악인이 의인을 에워싸는 것을 내버려두시렵니까?
율법과 공의가 시행되지 않는 이 현실을 내버려두시렵니까?"

이런 이유로, 선지자의 항변이나 호소 또는 탄원은 불신앙도 아니며 불법도 아닙니다. 하나님께서는 원망하고 불평하는 자를 심판하십니다. 그러나 그분의 **말씀(약속)에 근거하여 항변하며, 호소하고, 탄원하는 자에게는 응답**하십니다.

하나님의 첫 번째 응답과 선지자의 재(再)항변

하나님께서 응답하십니다. "갈대아 사람"(합 1:6), 즉 바벨론 군대를 들어 타락한 이스라엘(남 왕국 유다)을 심판하시겠다고 약속하십니다(합 1:5~11). 이 말씀을 들은 하박국은 다시 하나님께 호소합니다.

"… 주께서는 눈이 정결하시므로 악을 참아 보지 못하시며 패역을 참아 보지 못하시거늘 어찌하여 궤휼한 자들을 방관하시며 악인이 자기보다 의로운 사람을 삼키되 잠잠하시나이까 13 주께서 어찌하여 사람으로 바다의 어족 같게 하시며 주권자 없는 곤충 같게 하시나이까 14 그가 낚시로 모두 취하며 그물로 잡으며 초망으로 모으고 인하여 기뻐하고 즐거워하여 15 그물에 제사하며 초망 앞에 분향하오니 이는 그것을 힘입어 소득이 풍부하고 식물이 풍성케 됨이니이다 16 그가 그물을 떨고는 연하여 늘 열국을 살륙함이 옳으니이까 17"(합 1:13~17; 참고, 합

1:12~2:1)

하박국의 두 번째 항변을 쉽게 설명하면 이렇습니다. 여호와께서 바벨론 군대를 들어서 심판하신다 해도 달라질 것이 있습니까? 의인이 받는 압제는 여전하지 않겠습니까? 게다가 이방 바벨론 제국의 통치자와 백성 역시 악한 자들이 아닙니까? 그들의 침공으로 유다 왕국이 멸망한다면 결국 의인은 모두 멸절되지 않겠습니까? 여호와께서 사악한 이방 국가를 들어 유다 왕국을 심판하시더라도 악인의 압제와 의인의 고난은 여전히 계속되지 않겠습니까? 적어도 하박국은 이를 하나님의 침묵 또는 방관으로 본 것입니다(합 1:13). 여러분은 어떻게 생각하십니까?

하나님의 두 번째 응답과 선지자의 찬송

하나님께서는 하박국의 두 번째 기도에도 응답하십니다(합 2:2~20).

"… 그러나 의인은 그 믿음으로 말미암아 살리라"(2:4b)

신약성경에서 세 번 직접 인용[146]된 이 말씀은 하나님의 심판 가운데서도 의인(들)을 구원하시겠다는 약속입니다. 하박국은 **배교한 교회를 심판하는 것이야말로 하나님께서 의인을 건져내시는 통로**임을 깨닫습

---

146 "복음에는 하나님의 의가 나타나서 믿음으로 믿음에 이르게 하나니 기록된바 오직 의인은 믿음으로 말미암아 살리라 함과 같으니라"(롬 1:17)
"또 하나님 앞에서 아무나 율법으로 말미암아 의롭게 되지 못할 것이 분명하니 이는 의인이 믿음으로 살리라 하였음이니라"(갈 3:11)
"오직 나의 의인은 믿음으로 말미암아 살리라 또한 뒤로 물러가면 내 마음이 저를 기뻐하지 아니하리라 하셨느니라"(히 10:38)

니다(이때 바벨론 제국은 심판의 막대기가 됩니다). 그래서 그는 이 심판의 날이 어서 빨리 오기를 소원합니다.

"여호와여 내가 주께 대한 소문을 듣고 놀랐나이다 여호와여 주는 주의 일을 이 수년 내에 부흥케 하옵소서 이 수년 내에 나타내시옵소서 진노 중에라도 긍휼을 잊지 마옵소서"(3:2)

하나님의 약속(응답)은 하박국의 **신앙고백**이자 **기도**인 동시에 그의 **찬송**이 되었습니다.

"시기오놋에 맞춘바 선지자 하박국의 *기도라* 1 … 주 여호와는 나의 힘이시라 나의 발을 사슴과 같게 하사 나로 나의 높은 곳에 다니게 하시리로다 이 노래는 영장을 위하여 내 수금에 맞춘 것이니라 19"(3:1, 19)

이제까지 살핀 내용을 생각하며 하박국의 결론을 읽어봅시다.

"비록 무화과나무가 무성치 못하며 포도나무에 열매가 없으며 감람나무에 소출이 없으며 밭에 식물이 없으며 우리에 양이 없으며 외양간에 소가 없을찌라도 17 나는 여호와를 인하여 즐거워하며 나의 구원의 하나님을 인하여 기뻐하리로다 18 주 여호와는 나의 힘이시라 나의 발을 사슴과 같게 하사 나로 나의 높은 곳에 다니게 하시리로다 이 노래는 영장을 위하여 내 수금에 맞춘 것이니라 19"(3:17~19)

17절의 "무화과나무", "포도나무", "감람나무"는 가나안 땅과 이스

라엘 백성을 상징하는 대표적인 수목입니다. 출애굽 한 이스라엘의 광야 생활 중에 가나안 땅에 보낸 열두 정탐꾼이 가지고 온 것이 무엇입니까? "포도"와 "석류"와 "무화과"입니다.[147] 신명기는 가나안 땅의 특징을 "밀과 보리의 소산지요 포도와 무화과와 석류와 감람들의 나무와 꿀의 소산지라"(신 8:8)고 요약합니다. 성경은 이스라엘 백성이 자기 포도나무 아래와 자기 무화과나무 아래서 평안하게 살아가는 것을 최고의 안식으로 묘사합니다.[148]

어디 이뿐입니까? 감람나무는 기름을, 무화과나무는 열매를, 포도나무는 포도주를 각각 제공합니다.[149] '기름', '열매', '포도주'는 하나님께서 이스라엘 백성들에게 베푸시는 은혜의 대표적인 상징입니다. 이에 대한 반응으로, 백성들은 밭의 소출로는 소제를, 양과 소로는 제사합니다. 다시 말하자면, 이런 것들은 다분히 **성례전적 은혜**입니다.[150]

그러나 바벨론 군대가 침공할 때, 이스라엘은 이 모든 특권을 상실할 것입니다. 무화과나무, 포도나무, 감람나무에 열매가 맺지 못합니다. 밭에 소출이 없습니다. 우리에는 양과 소가 없습니다. 그러니 이는 단순히 무소유 또는 청빈을 의미하지 않습니다. **배교한 교회에 임할 심판**을 이런 방식으로 표현한 것입니다. 다시 말하자면, 하박국의 이 노래는 **유다 왕국의 멸망**을 의미하는 일종의 숙어입니다. 하박국 외의 다른 선지자들도 이런 방식으로 종종 하나님의 심판과 국가의 멸망을 예언했습니

---

147 "또 에스골 골짜기에 이르러 거기서 포도 한 송이 달린 가지를 베어 둘이 막대기에 꿰어 메고 또 석류와 무화과를 취하니라"(민 13:23)

148 왕상 4:25; 미 4:4; 슥 3:10.

149 참고, 삿 9:7~15.

150 제사장과 레위인의 율법 봉독과 가르침이 귀로 듣는 말씀(설교)이라면 희생 제사를 포함한 성막/성전 규례는 눈으로 보는 말씀(성례)입니다.

다.[151]

그러면 이스라엘 백성들이 바벨론 군대에 의해 멸망하고, 포로가 되어 다른 나라로 잡혀가면 어떻게 되겠습니까? 단순히 나라만 멸망하는 것이 아닙니다. 이제 예루살렘 성전에서 여호와 하나님께 제사할 수도, 예물을 드릴 수도, 절기를 지킬 수도 없습니다. 다시 말하자면, 성전 중심의 공예배가 사라집니다. **배교한 교회가 받을 가장 큰 심판은 그들이 누리던 언약의 특권들을 상실**한다는 점입니다. 3:17에서 무화과나무, 포도나무, 감람나무에 열매가 없고, 밭에 소출이 없으며, 양과 소가 없다는 말이 바로 이런 뜻입니다. 이것이 얼마나 두려운 심판입니까?

그러나 이것이 끝이 아닙니다. 이 임박한 심판의 회오리 가운데서 큰 기쁨의 찬송이 울려 퍼집니다.

"나는 여호와를 인하여 즐거워하며 나의 구원의 하나님을 인하여 기뻐하리로다"(3:18)

하박국이 이런 기쁨의 찬송을 부르는 이유가 무엇입니까? 여호와께서는 이 무서운 심판 중에도 "그러나 의인은 그 믿음으로 말미암아 살리라"(2:4b)고 약속하셨기 때문입니다. **세상 제국인 바벨론은 거짓 교회를 향한 심판의 막대기인 동시에 참 교회를 보존하는 피난처가 될 것**이기 때문입니다.[152] 악한 제국 바벨론 역시 그 기능을 다한 후에는 하나님

---

151 렘 8:13; 암 4:9; 학 2:19. 특히 예수님께서 열매 맺지 못한 무화과나무를 저주하신 사건을 기억하십시오(마 21:19; 막 11:14, 21~22). 이는 이스라엘의 멸망을 예고하신 것입니다.

152 1차 포로(주전 606년경)로 잡혀간 다니엘과 세 친구, 2차 포로(주전 597년경)로 잡혀간 에스겔과 남은 자들이 그 실례입니다.

의 심판 아래 처하게 될 것입니다(합 2:2~20).

예수 그리스도의 성취와 우리의 기도

세월이 흘러 골고다 언덕에 십자가가 세워집니다. 그리고 거기 나사렛 출신 목수가 달립니다. 율법에 따르면, 나무에 달린 자는 하나님의 저주를 받은 자입니다.[153] 그러니 그 목수는 하나님의 심판과 저주를 받은 것입니다. 그러나 하나님께서는 그 심판을 통해 "그러나 의인은 그 믿음으로 말미암아 살리라"(2:4b)는 약속을 이루십니다. 십자가에 못 박힌 나사렛 예수를 하나님의 아들 나의 구주로 믿는 자마다 구원받습니다. **십자가는 심판의 나무이지만, 바로 그 심판 때문에 우리에게는 구원의 나무입니다.**

> "그리스도께서 우리를 위하여 저주를 받은바 되사 율법의 저주에서 우리를 속량하셨으니 기록된바 나무에 달린 자마다 저주 아래 있는 자라 하였음이라"(갈 3:13; 참고, 신 21:22~23)

예수님께서는 아벨부터 사가랴까지 구약시대 내내 의인들을 죽인 이스라엘 백성들이 이제 그분까지 대적하고 거절하자 심판을 선고하십니다. 예루살렘 성전은 파괴되고, 그들은 하나님 나라에서 쫓겨날 것입니다.[154] 사도행전 전체는 배교한 옛 언약 공동체(이스라엘)와 새 언약 공동체(신약 교회)의 대결 구도로 진행됩니다. 이스라엘은 구약의 의인들과

---

153 신 21:22~23; 참고, 창 40:19, 22; 수 8:29; 10:26~27; 삼하 18:9~10; 21:6, 9; 에 2:23; 5:14; 6:4; 7:9~10; 8:7; 9:13~14, 25; 갈 3:13.

154 마태복음 23~24장; 마가복음 13장; 눅 21:5~33.

선지자들을 죽입니다. 세례 요한을 죽입니다. 예수 그리스도를 죽입니다. 스데반과 사도 야고보를 죽입니다. 수많은 그리스도인을 옥에 가두고, 때리고, 채찍질하며, 죽입니다. 마침내 하나님께서 (바벨론 제국 대신) 로마 제국의 군대를 들어 그들을 심판하십니다. 이 심판이 예수 그리스도를 믿는 참 교회를 보호하는 통로가 됩니다. 하나님께서는 이런 기이한 방법으로 그분의 교회를 보존하십니다.

이후 하나님께서는 세상 왕들과 영주들과 통치자들을 사용하여 배교한 로마 교황과 그의 추종자들의 손에서 개혁자 루터, 츠빙글리, 칼뱅을 보호하십니다. 이들을 따라 참믿음을 고백하는 교회를 보존하십니다.

> "천하에서 지극히 순수한 교회라 하더라도 혼합과 오류에서 벗어날 수 없다. 더러는 그리스도의 교회임을 멈추고 사탄의 회가 될 정도로 타락하였다. 그럼에도 불구하고 이 땅에는 하나님의 뜻을 따라 그분을 예배하는 교회가 항상 있을 것이다."(웨스트민스터 신앙고백서 25:5[155]; 참고, 렘 23:1~4)

우리는 교회의 타락으로 인해 낙심할 필요가 없습니다. 하나님께서 침묵하시는 듯 보이나, 그분은 우리보다 지혜로우십니다. 전능하십니다. 약속에 신실하십니다. 우리 하나님은 배교와 타락이 만연한 가운데서도 언제나 참 교회를 보존하십니다. 그래서 이제 우리도 기도합니다.

---

[155] 웨스트민스터 신앙고백서 23장(국가 공직자)은 교회와 세속 국가의 관계를 고백하는 내용입니다. 하나님께서는 악한 자를 징벌하고 교회를 보호하기 위해 세속 국가와 공직자들을 사용하십니다.

"주님, 참 교회와 그에 속한 자들을 압제하는 거짓 교회를 심판하여 주옵소서!

이 심판을 통해 참 교회를 보존하실 줄 굳게 믿습니다."

복습을 위한 질문　♦ ‥

1. 선지자 하박국이 남 왕국 유다의 모습을 보며 하나님께 호소한 첫 번째 기도가
   무엇입니까?

2. 선지자의 항변, 호소, 탄원은 원망이나 불평과 어떤 차이가 있습니까?

3. 하나님의 첫 번째 응답의 내용이 무엇입니까?

4. 선지자 하박국은 왜 다시 항변하며 기도합니까?

5. 하나님의 두 번째 응답의 내용이 무엇입니까?

6. 합 3:17이 의미하는 바가 무엇입니까?

7. 하나님의 응답에 하박국이 찬송하는 이유가 무엇입니까?

8. 예수 그리스도께서는 하박국의 기도를 어떻게 성취하셨습니까?

9. 한 걸음 더 하박국의 항변과 기도와 찬송을 오늘날 교회와 그리스도인이 어떻게 적용할 수 있는지 말해보십시오.

10. 한 걸음 더 저주시가 다수 포함된 시편을 지금도 공예배 찬송으로 불러야 하는 이유가 무엇입니까? 하나님의 심판을 전하는 설교와 기도가 왜 지금도 필요합니까?

제17장

삼손의 기도와 하나님의 응답: 원수를 단번에 갚게 하옵소서!

삿 16:28~30
삼손이 여호와께 부르짖어 가로되 주 여호와여 구하옵나니 나를 생각하옵소서 하
나님이여 구하옵나니 이번만 나로 강하게 하사 블레셋 사람이 나의 두 눈을 뺀 원
수를 단번에 갚게 하옵소서 하고 28 집을 버틴 두 가운데 기둥을 하나는 왼손으로,
하나는 오른손으로 껴 의지하고 29 가로되 블레셋 사람과 함께 죽기를 원하노라 하
고 힘을 다하여 몸을 굽히매 그 집이 곧 무너져 그 안에 있는 모든 방백과 온 백성에
게 덮이니 삼손이 죽을 때에 죽인 자가 살았을 때에 죽인 자보다 더욱 많았더라 30

제17장

삼손의 기도와 하나님의 응답: 원수를 단번에 갚게 하옵소서!

믿음의 선조

사사기의 인물 중 현대인들에게 가장 널리 알려진 사람은 단연 삼손입니다. 동시에 그 명성만큼이나 부정적인 이미지도 강합니다. 사사 중 삼손만큼 극적인 인생을 산 사람을 찾아보기 힘듭니다. 그는 불꽃처럼 타오르는 인생을 살다 장렬히 죽었습니다. 지금 우리는 그의 인생 전체보다는 단 하나, 그의 기도에만 초점을 맞출 것입니다. 현대인들이 삼손을 어떻게 평가하느냐보다 더 중요한 것은 성경의 평가입니다. '믿음장'으로 잘 알려진 히브리서 11장은 그를 **믿음의 선조** 반열에 올려놓습니다.

"내가 무슨 말을 더 하리요 기드온, 바락, *삼손*, 입다와 다윗과 사무엘과 및 선지자들의 일을 말하려면 내게 시간이 부족하리로다 32 저희가 믿음으로 나라들을 이기기도 하며 의를 행하기도 하며 약속을 받기도 하며 사자들의 입을 막기도 하며 33 불의 세력을 멸하기도 하며 칼날을 피하기도 하며 연약한 가운데서 강하게 되기도 하며 전쟁에 용맹되어

이방 사람들의 진을 물리치기도 하며 34"(히 11:32~34)

성경은 삼손이 죄를 짓지 않았다고 말씀하지 않습니다. 그러나 분명한 사실은 삼손은 나라를 이겼고, 의를 행했으며, 약속을 받은 사람입니다. 전쟁에 용맹을 떨쳐 이방 사람들의 진을 물리친 사람입니다(히 11:33~34). 한마디로 그는 **믿음의 사람**입니다.

사사기 제1부: 사이클(Cycle)

삼손을 이해하기 위해 먼저 사사기가 어떤 성경인지 아는 것이 필요합니다. 사사기의 구조와 핵심 내용을 간략히 표현하면 그림 3과 같습니다.

그림 3. 사사기의 구조와 핵심 내용

A. 서론(1:1~3:6)[156]
  B. 제1부. 타락과 회복: 이방의 압제와 사사들의 활동(3:7~16:31)
  B'. 제2부. 타락과 회복: 내부의 분열과 보존(17:1~21:24)
A'. 결론(21:25)

사사기의 제1부(3:7~16:31)에는 타락과 구원이 반복됩니다. 사사기는 타락의 책입니다. 이스라엘은 배교하여 다른 신들, 특히 가나안 족속(들)의 신들을 섬깁니다. 하나님께서는 여러 이방 족속을 들어 이스라엘을 심판하십니다. 동시에 사사기는 구원의 책입니다. 이방 족속의 압제

---

156 1:1~2:5를 사사기 서론으로 보는 학자들도 있습니다.

와 학대에 시달리는 이스라엘은 하나님께 부르짖습니다. 하나님께서는 사사를 세워 이스라엘을 구원하십니다. 즉, 다음의 네 가지 핵심 요소가 반복됩니다. 일종의 자전거 체인이 돌아가듯 말입니다. 이른바 **사사기의 사이클**(cycle)입니다.

1) **배교(범죄)** 이스라엘이 다른 신들을 숭배함
2) **심판(징벌)** 하나님께서 이방 족속을 들어 압제하게 하심
3) **부르짖음** 이스라엘이 하나님을 찾음
4) **구원(해방)** 하나님께서 사사들을 세워 이스라엘을 해방하심

사사 시대 교회의 기도는 세 번째 주제인 '부르짖음'[157]과 밀접한 관련이 있습니다.

끊어진 사이클: 기도하지 않는 교회

그런데 위의 네 요소 중 일부가 나타나지 않던 시기가 있습니다. 다시 말하자면, 사사기의 사이클이 끊어진 시기입니다. 그것이 바로 삼손이 태어나고 자라고 활동하던 바로 그 시기입니다.

> "이스라엘 자손이 다시 여호와의 목전에 악을 행하였으므로 여호와께서 그들을 사십 년 동안 블레셋 사람의 손에 붙이시니라"(삿 13:1)

첫째, 삼손이 태어나기 전 이스라엘은 다시 배교합니다. 둘째, 하나님

---

157 삿 3:9, 15; 4:3; 6:6, 7; 10:10, 12; 15:18, 19; 16:28을 보십시오. 히브리어 "자아크(זָעַק)"와 "차아크(צָעַק)", "카라(קָרָא)" 등 여러 단어가 사용되었습니다.

께서는 이방 족속 블레셋을 들어 이스라엘을 심판하십니다. 그러나 셋째, 삼손과 관련한 그 어떤 본문(사사기 13~16장)에도 이스라엘이 여호와 하나님께 부르짖는 내용이 없습니다. 그러니 넷째, 하나님께서는 삼손을 사사로 주셨으나 이스라엘을 블레셋의 손에서 완전히 구원하지는 않으십니다. 삼손은 이스라엘을 이방인의 손에서 구원하지 않은 사사입니다. 그에게 맡겨진 사명은 '구원'이 아니라 **'구원의 시작'**입니다.

> "보라 네가 잉태하여 아들을 낳으리니 그 머리에 삭도를 대지 말라 이 아이는 태에서 나옴으로부터 하나님께 바치운 나실인이 됨이라 그가 블레셋 사람의 손에서 이스라엘을 구원하기 시작하리라"(삿 13:5)[158]

삼손이 태어나고 자라 활동하던 시대적 배경이 바로 이것입니다. 사사 삼손은 **두 가지 큰 문제**와 씨름해야 했습니다. 첫째, 당대 교회(이스라엘)를 압제하는 **블레셋**과 싸워야 합니다. 둘째, 삼손이 속한 교회는 하나님께 범죄하여 심판받는 중에도 부르짖지 않습니다. 블레셋에게 압제당하면서도 기도하지 않습니다. 삼손은 **기도하지 않는 교회**, 회개하지 않는 교회에서 태어나서 자랐으며, 홀로 대적과 싸워야 했습니다. 외로운 싸움, 외로운 전투입니다. 무려 이십 년(삿 15:20; 16:31)을 그렇게….

---

158 이 점에서 볼 때, 동시대 인물인 삼손과 사무엘이 태어나기 전부터 택하심을 입거나 어릴 때부터 부르심을 받은 것은 이스라엘에 대한 심판이기도 합니다. 이전과는 달리, 하나님께서는 아이를 사사로 택하십니다. 그 아이가 자라 활동할 때까지 이스라엘은 이방인의 압제에서 구원받지 못합니다. 이 사실은 이전과는 달리 무려 사십 년 동안이나 이스라엘이 외세의 압제를 받았다는 사실을 통해 뒷받침됩니다.

심판을 깨닫지 못하는 교회

삼손 이전에는 이방 족속에게 압제당할 때마다 교회(이스라엘)가 하나님께 부르짖습니다. 그러나 삼손 당대의 교회는 왜 부르짖지 않습니까? 그 이유는 간단합니다. 괴롭지 않기 때문입니다. 이스라엘은 블레셋 사람의 통치를 괴로워하기는커녕 당연시합니다. 오히려 블레셋과 싸우는 삼손을 책망합니다. 그래서 그를 결박하여 블레셋의 손에 넘겨줍니다.

"유다 사람 삼천 명이 에담 바위 틈에 내려가서 삼손에게 이르되 너는 *블레셋 사람이 우리를 관할하는 줄을 알지 못하느냐* 네가 어찌하여 우리에게 이같이 행하였느냐 삼손이 그들에게 이르되 그들이 내게 행한 대로 나도 그들에게 행하였노라 11 그들이 삼손에게 이르되 우리가 너를 결박하여 블레셋 사람의 손에 붙이려고 이제 내려왔노라 삼손이 그들에게 이르되 너희는 친히 나를 치지 않겠다고 내게 맹세하라 12 그들이 삼손에게 일러 가로되 아니라 우리가 다만 너를 단단히 결박하여 그들의 손에 붙일 뿐이요 우리가 결단코 너를 죽이지 아니하리라 하고 새 줄 둘로 결박하고 바위 틈에서 그를 끌어내니라 13"(삿 15:11~13; 참고, 14:4)

배교한 교회에 대한 하나님의 심판은 세상이 교회를 지배하는 모습으로 나타났습니다. 하나님을 버린 교회는 세상의 지배를 받습니다. 이는 이스라엘이 받은 소명의 역전 현상입니다. 이스라엘은 원래 열방을 하나님께로 인도하는 제사장 나라, 거룩한 백성으로 부르심을 받았습니다.[159] 그러나 소명을 버린 결과, 이스라엘은 거꾸로 세상의 지배와 영향

---

159 출 19:5~6; 참고, 벧전 2:9.

아래 놓입니다.

더 큰 문제가 있습니다. 그것은 **하나님의 심판을 깨닫지 못하는 교회의 영적 어두움**입니다. 하나님의 심판 아래 있는데도 이스라엘은 전혀 괴로워하지 않습니다. 블레셋이 자기를 다스리는 현실을 당연한 듯이 받아들입니다(삿 15:11). 그러니, 기도하지 않습니다. 하나님께 부르짖지 않습니다. 오히려 교회의 세속화를 막기 위해 싸우는 사사를 결박하여 대적의 손에 넘겨줍니다(삿 15:13). 이것이 삼손 당대의 교회입니다. **심판받고 있으나 그것을 심판이라고 생각하지도 못하는 교회**입니다.

기도하는 아버지, 기도하는 아들

삼손의 활동을 기록한 사사기 13~16장은 이런 시기에 살면서 **기도하는 두 사람**을 소개합니다. 첫 번째는 삼손의 아버지 **마노아**입니다. 마노아는 장차 태어날 아들(삼손)에게 자신이 부모로서 할 일을 하나님께 여쭙고 응답받습니다. 응답받은 그는 하나님께 예배(제사)하고 하나님께서는 그의 예배를 받으십니다.

"마노아가 여호와께 *기도하여* 가로되 주여 구하옵나니 주의 보내셨던 하나님의 사람을 우리에게 다시 임하게 하사 그로 우리가 그 낳을 아이에게 어떻게 행할 것을 우리에게 가르치게 하소서 8 *하나님이 마노아의 목소리를 들으시니라*… 9 … 마노아가 가로되 당신의 말씀대로 되기를 원하나이다 이 아이를 어떻게 기르오며 우리가 그에게 어떻게 행하오리이까 12 여호와의 사자가 마노아에게 이르시되 내가 여인에게 말한 것들을 그가 다 삼가서 13 포도나무의 소산을 먹지 말며 포도주와 독주를 마시지 말며 무릇 부정한 것을 먹지 말아서 내가 그에게 명한 것은 다

지킬 것이니라 14 … 여호와의 사자가 그에게 이르시되 어찌하여 이를 묻느냐 내 이름은 기묘니라 18 이에 마노아가 염소 새끼 하나와 소제물을 취하여 반석 위에서 여호와께 드리매 사자가 이적을 행한지라 마노아와 그 아내가 본즉 19 불꽃이 단에서부터 하늘로 올라가는 동시에 여호와의 사자가 단 불꽃 가운데로 좇아 올라간지라 마노아와 그 아내가 이것을 보고 얼굴을 땅에 대고 엎드리니라 20"(삿 13:8~9, 12~14, 18~20)

두 번째는 **삼손**인데, 그가 부르짖은 두 번의 기도가 성경에 기록되어 있습니다. 삼손은 나귀 턱뼈로 블레셋 사람 천 명을 죽인 후, 심히 목이 말라 여호와께 부르짖고 응답받습니다. 우물이 터집니다.

"삼손이 심히 목마르므로 *여호와께 부르짖어* 가로되 주께서 종의 손으로 이 큰 구원을 베푸셨사오나 내가 이제 목말라 죽어서 할례받지 못한 자의 손에 빠지겠나이다 18 하나님이 레히에 한 우묵한 곳을 터치시니 물이 거기서 솟아 나오는지라 삼손이 그것을 마시고 정신이 회복되어 소생하니 그러므로 그 샘 이름은 엔학고레라 이 샘이 레히에 오늘까지 있더라 19"(삿 15:18~19)

다른 한 번은 죽기 직전입니다. 삼손은 교회의 대적에게 원수를 갚게 해달라고 여호와께 부르짖고 응답받습니다.

"삼손이 *여호와께 부르짖어* 가로되 주 여호와여 구하옵나니 나를 생각하옵소서 하나님이여 구하옵나니 이번만 나로 강하게 하사 블레셋 사람이 나의 두 눈을 뺀 원수를 단번에 갚게 하옵소서 하고 28 집을 버틴 두 가운데 기둥을 하나는 왼손으로, 하나는 오른손으로 껴 의지하고 29 가로되 블레셋 사람과 함께 죽기를 원하노라 하고 힘을 다하여 몸을 굽히매 그 집이 곧 무너져 그 안에 있는 모든 방백과 온 백성에게 덮이니 삼손이 죽을 때에 죽인 자가 살았을 때에 죽인 자보다 더욱 많았더라 30"

(삿 16:28~30)

마노아는 이스라엘을 향한 하나님의 구원 계획을 듣고, 자신에게 주어진 사명이 무엇인지 묻습니다. 대적과 싸워 이긴 삼손은 하나님께 부르짖습니다. 대적에게 사로잡혀 눈이 뽑힌 삼손은 다시 하나님께 부르짖습니다. 이 세 번의 기도는 모두 응답받습니다. 두 사람이 한 이 세 번의 기도는 하나의 목표를 향하고 있습니다. **타락하여 심판 아래 있는 교회의 회복과 구원**입니다.

타락한 교회의 회복을 위한 기도

삼손은 구원을 완성하지 않습니다. 단지 시작만 하고 죽습니다.[160] 그것이 하나님께서 그에게 주신 사명이었고, 그는 그 사명을 완수합니다. [강한 대적 블레셋으로부터 이스라엘을 구원하는 이 일은 삼손과 사무엘, 그리고 사울을 거쳐 마침내 기름 부음을 받은 자(메시아) 다윗에 의해 완수됩니다. 삼손과 다윗은 장차 오실 예수 그리스도의 그림자입니다.]

주 예수 그리스도는 타락하여 심판 아래 있는 우리를 위해 겟세마네 동산에서도, 심지어 십자가 위에서도 기도하셨습니다. 그분은 지금도

---

160 삿 13:5; 16:30~31.

하나님 아버지 우편에서 우리를 위해 기도하고 계십니다.[161] 어디 이뿐입니까? 예수님은 우리의 영원한 대적과 싸워 승리하셨습니다. 사탄에게 승리하시고, 죄와 사망의 권세에서 우리를 구원하셨습니다.

우리를 위해 지금도 기도하시는 그분은 우리에게도 기도하라고 명령하셨습니다. 그러니 이제 우리도 교회의 회복을 위해 기도합니다. 기도하는 자는 낙심하지 않습니다.[162] 현실의 장벽에 가려, 교회의 타락에 가려 하나님의 약속을 보지 못하는 사람은 낙심합니다. 그는 죄와 사망의 장벽을 넘어 역사하시는 하나님을 보지 못합니다. 그래서 기도하지 않습니다. 그러나 우리는 담대히 기도합니다. 참 교회의 보존과 회복을 위해….

"우리를 시험에 들게 하지 마옵시고 다만 악에서 구하옵소서!
나라와 권세와 영광이 아버지께 영원히 있사옵나이다.
아멘!"(마 6:13)

---

161 롬 8:34; 요일 2:1.
162 눅 18:1.

복습을 위한 질문 ◆ · ·

1. 성경은 삼손을 어떻게 평가합니까?

2. 사사기의 사이클(cycle)을 말해보십시오. 이 사이클이 끊어진 시대가 언제입니까?

3. 삼손 당대 교회의 특징을 말해보십시오.

4. 삼손에게 주어진 사명이 무엇이었습니까?

5. 삼손 당대 교회가 기도하지 않은 근본적인 이유가 무엇입니까?

6. 삼손 당대에 두 사람이 각각 어떤 기도를 했습니까? 그 기도의 공통점이 무엇입니까?

7. 삼손이 한 일은 어떤 면에서 장차 오실 예수 그리스도께서 하실 일을 희미하게 보여줍니까?

8. 한 걸음 더 그리스도께서 우리를 위해 하신 일과 하고 계신 일이 무엇입니까? 이를 알고 확신하는 것이 왜 중요합니까?

9. 한 걸음 더 낙망과 기도의 관계를 설명해 보십시오. 하나님의 응답을 확신하면서, 교회의 회복을 위해 기도합니까?

Pray with the Church,
Pray to Restore the Church

밤중에 찾아온 친구 비유:
강청함을 인하여 주리라!

눅 11:5~8

또 이르시되 너희 중에 누가 벗이 있는데 밤중에 그에게 가서 말하기를 벗이여 떡
세 덩이를 내게 빌리라5 내 벗이 여행 중에 내게 왔으나 내가 먹일 것이 없노라 하
면6 저가 안에서 대답하여 이르되 나를 괴롭게 하지 말라 문이 이미 닫혔고 아이들
이 나와 함께 침소에 누웠으니 일어나 네게 줄 수가 없노라 하겠느냐7 내가 너희에
게 말하노니 비록 벗 됨을 인하여서는 일어나 주지 아니할찌라도 그 강청함을 인하
여 일어나 그 소용대로 주리라8

제18장

밤중에 찾아온 친구 비유: 강청함을 인하여 주리라!

떼쓰는 기도(?)

온갖 생떼를 부려서라도 간절히 기도하기만 하면, 하나님께서는 마침내 "내가 졌다"라고 하시면서 우리의 기도에 응답하십니까? 자녀가 떼쓰면 들어주는 것처럼, 하나님께서도 떼쓰는 기도에 응답하신다고 말하는 사람이 너무나도 많습니다. 떼쓰는 자녀의 말을 들어주다 보면 자녀의 버릇이 나빠집니다. 그리스도인 역시 마찬가지입니다. 그런 식으로 기도하는 사람들은 제멋대로 신앙생활을 하게 됩니다. 하나님의 말씀과 무관한 사람이 되고 맙니다.

성경에는 그런 방식으로 기도한 나쁜 실례가 소개되어 있습니다. 갈멜산에서 엘리야와 대결한 바알 선지자들입니다. 그들은 온종일 미친 듯이 떠들며 외쳤습니다. 심지어 칼과 창으로 자기 몸을 상하게 하면서까지 기도했습니다. 그러나 그들의 신은 응답하지 않았습니다.[163]

---

163   왕상 18:26~29.

예수님의 경고

떼쓰는 기도와 관련하여, 우리는 예수님의 경고를 기억해야 합니다.

> "또 기도할 때에 이방인과 같이 중언부언하지 말라 저희는 말을 많이
> 하여야 들으실 줄 생각하느니라 7 그러므로 저희를 본받지 말라 구하기
> 전에 너희에게 있어야 할 것을 하나님 너희 아버지께서 아시느니라 8"
> (마 6:7~8)

마태복음에서 이 말씀은 주기도문(마 6:9~13) 바로 앞 구절입니다. 예
수님께서는 떼쓰는 기도 또는 같은 말을 의미 없이 반복하는 기도를 경
계하신 후에 주기도문을 가르치십니다(주기도문 역시 우리가 반복해야 할
기도인데도 말입니다). 즉, 여러 번 기도하는 것이 문제가 아니라 의미 없
는 반복 기도 또는 신의 관심을 끌기 위해 반복하는 기도를 경계하신 것
입니다. 하나님께서 마치 우리의 정성을 봐서라도 응답해 주실 것이라
는 망상을 버리십시오. 그것이야말로 이방인의 기도 자세입니다.

누가복음에서 '밤중에 찾아온 친구 비유'는 주기도문(눅 11:2~4) 바로
다음 구절입니다. 마태복음에서 예수님은 떼쓰는 기도를 경계하신 후
주기도문을 가르치십니다. 누가복음에서 예수님은 주기도문을 가르치
신 후 이 비유를 말씀하십니다. 마태복음의 주기도문과 누가복음의 주
기도문이 서로 다른 내용이라고 생각하십니까? 그렇지 않다면 '밤중에
찾아온 친구 비유'가 응답받을 때까지 떼쓰며 기도하라는 교훈이 아니
지 않겠습니까?

밤중에 찾아온 친구

그러나 놀랍게도, 이 비유는 하나님께 응답받기 위해서는 떼를 써서라도 기도해야 한다고 자주 가르치고 배우는 대표적인 본문 중 하나입니다. 밤중에 친구가 찾아옵니다. 떡(빵) 세 덩어리를 좀 달라고 요청합니다(5절). 자기 친구가 여행 중에 방문했는데 그를 대접할 음식이 없다는 것입니다(6절). 그러나 요청받은 친구는 이미 자려고 누웠습니다. 문을 이미 닫았고, 이 시간에 다시 일어나는 것은 참으로 괴로운 일입니다. 아이들이 함께 침소에 누웠다고 하니 아마도 한방에서 생활하는 것처럼 보입니다. 즉, 요청받은 친구는 그리 넉넉한 형편이 아닙니다(7절). 이는 이스라엘의 일반적인 농가를 연상시킵니다. 요청받은 친구는 가족과 함께 일찍 잠자리에 들었습니다. 그는 새벽에 일어나 가축을 돌보든지, 논밭에 나가 농사를 지어야 합니다. 이 비유의 결론은 이것입니다.

"내가 너희에게 말하노니 비록 벗 됨을 인하여서는 일어나 주지 아니할찌라도 그 강청함을 인하여 일어나 그 소용대로 주리라"(8절)

여기까지만 보면, 정말 떼쓰는 기도처럼 느껴질 만합니다.

"너희 중에 누가 … 하겠느냐/하지 않겠느냐?"

그러나 이 비유의 내용을 자세히 살펴보면 평소에 우리가 알던 것과 다릅니다. 밤중에 친구를 찾아간 사람은 떼쓰기는커녕 여러 번 요청할 필요조차 없었습니다. 자려고 누운 친구가 거절할 리 없기 때문입니다. 5~7절을 다시 살펴보십시오.

"또 이르시되 *너희 중에 누가* 벗이 있는데 밤중에 그에게 가서 말하기를 벗이여 떡 세 덩이를 내게 빌리라 5 내 벗이 여행 중에 내게 왔으나 내가 먹일 것이 없노라 하면 6 저가 안에서 대답하여 이르되 나를 괴롭게 하지 말라 문이 이미 닫혔고 아이들이 나와 함께 침소에 누웠으니 일어나 네게 줄 수가 *없노라 하겠느냐7*"(5~7절)

이 긴 내용에서 필자가 이탤릭체로 표기해 놓은 부분을 보십시오.

"… *너희 중에 누가*(τίς ἐξ ὑμῶν, 티스 엑스 휘몬) … 하겠느냐?"(5~7절)

"너희 중에 누가"라는 어구는 **100% 예상되는 대답**을 기대할 때 사용합니다. 이 어구를 사용하여 질문할 때, 언제나 그 대답은 둘 중 하나입니다. '모두가 그렇게 하든지' 또는 '누구도 그렇게 하지 않든지'입니다. 이 문구는 이 비유 다음 문맥에도 등장합니다.

"*너희 중에 아비 된 자 누가*[164] 아들이 생선을 달라 하면 생선 대신에 뱀을 주며11 알을 달라 하면 전갈을 주겠느냐12"(눅 11:11~12)

여기서도 "너희 중에 … 누가"라는 어구가 사용되었습니다. 이 구절에서 핵심 어구만 나열하면 다음과 같습니다.

164　이 구절에서 "너희 중에 … 누가"에 해당하는 헬라어 어구는 "τίνα δὲ ἐξ ὑμῶν(티나 데 엑스 휘몬)"입니다. "δὲ(데)"는 '그리고/그러나/그런데'를 뜻하는 접속사이고, "τίνα(티나)"는 '누가(who)', '무엇이(which/what)'라는 뜻을 가진 헬라어 의문사 'τίς(티스)'의 남성, 단수, 대격입니다. 즉, 5절의 "τίς ἐξ ὑμῶν(티스 엑스 휘몬)"과 같은 어구입니다.

"너희 중에 아버지 된 자 누가 … 뱀을 주며 … 전갈을 주겠느냐?"(눅 11:11~12; 참고, 마 7:9~10)

아무도 그렇게 할 사람이 없다는 뜻입니다. 이런 어구는 예수님의 말씀 중 자주 등장합니다.

"너희 중에 누가(τίς δὲ ἐξ ὑμῶν, 티스 데 엑스 휘몬) 염려함으로 그 키를 한 자나 더할 수 있느냐"(마 6:27)

"너희 중에 누가(τίς ἐστιν ἐξ ὑμῶν, 티스 에스틴 엑스 휘몬)[165] 아들이 떡을 달라 하면 돌을 주며 9 생선을 달라 하면 뱀을 줄 사람이 있겠느냐 10"
(마 7:9~10; 참고, 눅 11:11~12)

"예수께서 가라사대 너희 중에 어느 사람이(τίς ἔσται ἐξ ὑμῶν, 티스 에스타이 엑스 휘몬)[166] 양 한 마리가 있어 안식일에 구덩이에 빠졌으면 붙잡아 내지 않겠느냐"(마 12:11; 참고, 눅 14:5)

"또 너희 중에 누가(τίς δὲ ἐξ ὑμῶν, 티스 데 엑스 휘몬) 염려함으로 그 키를 한 자나 더할 수 있느냐"(눅 12:25)

---

165 이 헬라어 어구에서 "ἐστιν(에스틴)"은 '이다/있다'를 뜻하는 헬라어 동사 'εἰμί(에이미)'의 3인칭, 단수, 현재, 능동태, 직설법입니다. 이 단어는 10절 마지막에서 "있겠느냐?"로 번역되었습니다.
166 이 헬라어 어구에서 "ἔσται(에스타이)"는 '이다/있다'를 뜻하는 헬라어 동사 'εἰμί(에이미)'의 3인칭, 단수, 미래, 중간태, 직설법입니다. 이 단어는 이 구절에서 "있어"로 번역되었습니다.

"또 저희에게 이르시되 *너희 중에 누가*(τίνος ὑμῶν, 티노스 휘몬)[167] 그 아들이나 소나 우물에 빠졌으면 안식일에라도 곧 끌어내지 않겠느냐 하시니"(눅 14:5; 참고, 마 12:11)

"*너희 중에 누가*(Τίς γὰρ ἐξ ὑμῶν, 티스 가르 엑스 휘몬)[168] 망대를 세우고자 할찐대 자기의 가진 것이 준공하기까지에 족할는지 먼저 앉아 그 비용을 예산하지 아니하겠느냐"(눅 14:28)

"*너희 중에 어느 사람이*(τίς ἄνθρωπος ἐξ ὑμῶν, 티스 안쒀로포스 엑스 휘몬)[169] 양 일백 마리가 있는데 그 중에 하나를 잃으면 아흔아홉 마리를 들에 두고 그 잃은 것을 찾도록 찾아다니지 아니하느냐"(눅 15:4)

이런 어구는 **예외 없는 대답**을 기대할 때 사용됩니다. 즉, "모두가 그렇게 할 것입니다" 또는 "누구도 그렇게 할 사람이 없습니다"라는 대답을 기대하는 질문입니다. 그렇다면 이 비유의 내용은 단순명료합니다. 문을 닫고 가족과 함께 자려고 이미 누웠더라도 밤중에 찾아온 친구의 요청을 거절할 사람이 없다는 뜻입니다.

---

167 이 어구에서 "τίνος(티노스)"는 헬라어 의문사 'τίς(티스)'의 남성, 단수, 속격입니다. 의문사 자체가 속격이므로 바로 다음에 '~로부터'(속격)라는 뜻의 헬라어 전치사 'ἐκ(에크)' 또는 'ἐξ(엑스)'가 생략되었습니다. 이 어구의 뜻은 "너희 중에 누가"로 앞의 구절들과 같습니다.

168 이 어구에서 헬라어 단어 "γὰρ(가르)"는 '왜냐하면(because)', 즉 이유를 나타내는 접속사입니다.

169 이 어구에서 헬라어 단어 "ἄνθρωπος(안쒀로포스)"는 '사람(man/person/human being)'이라는 뜻입니다.

강청함(?) & 대담함

그렇다면 8절을 어떻게 이해할 수 있겠습니까? 예수님께서는 이 비유의 결론으로, "비록 벗 됨을 인하여서는 일어나 주지 아니할찌라도 그 *강청함*을 인하여 일어나 그 소용대로 주리라"고 말씀하지 않으셨습니까? 친구라는 관계만 생각하면 거절하겠지만, 아무리 거절해도 계속 간절히 청하는 것 때문에 들어준다는 뜻이 아닙니까?

"*간청함*"(한글개역개정성경) 또는 "*강청함*"(한글개역성경)으로 번역된 헬라어 명사는 "ἀναίδεια(아나이데이아)"입니다. 이 단어는 '부끄러움을 모름/뻔뻔함(shamelessness)', '대담함(boldness)', 심지어 '건방짐/무례함(insolence)'을 뜻하기도 합니다. 즉, 매우 대담하고 노골적인 태도나 행동을 의미합니다. 이 단어는 신약성경 전체에서 이 구절 외에는 나타나지 않습니다.

밤중에 떡을 빌리러 찾아간 사람은 자려고 이미 누운 친구에게 무척 미안한 마음을 가져야 하지 않습니까? 그런데 왜 한치 부끄러움도 없이 친구에게 요청할 수 있습니까? 이렇게 요청할 때 거절할 사람이 아무도 없을 것이라고 예수님께서 단언하시는 이유가 무엇입니까?

한마디로 대답하면 너무나도 **정당한 요청**이기 때문입니다.

율법과 이스라엘

밤중에 찾아온 사람은 자기를 위해서가 아니라 여행 중 방문한 친구를 대접하기 위해 떡을 빌려달라고 요청합니다. 이는 율법을 조금이라도 아는 사람이라면, 그리고 이스라엘 사람이라면 누구나 고개를 끄덕일 수밖에 없는 요청입니다. 오히려 자려고 누웠다는 핑계로 이 요청을 거절한다면, 그 사람이야말로 하나님의 율법을 업신여기는 자라는 평판을 들을 것입니다. **나그네 대접**은 한때 애굽에서 온갖 설움과 학대를 당한 이스라엘의 정체성을 기억하는 행위이며, 그들을 거기서 건져내신 하나님을 경외한다는 **신앙고백적 행위**이기 때문입니다. 성경은 상대가 이방인 나그네라도 대접하라고 명령합니다.

"너희는 *나그네*를 사랑하라 전에 너희도 애굽 땅에서 *나그네* 되었었음이니라"(신 10:19)

"너는 *이방 나그네*를 압제하지 말며 그들을 학대하지 말라 너희도 애굽 땅에서 *나그네*이었었음이니라"(출 22:21)

"너는 *이방 나그네*를 압제하지 말라 너희가 애굽 땅에서 *나그네* 되었었은즉 *나그네*의 정경을 아느니라"(출 23:9)

위의 세 본문에는 "나그네", "이방 나그네"라는 표현이 여러 번 반복해서 사용되는데, 모두 같은 히브리 단어 "גֵּר(게이르)"가 사용되었습니다. 이는 '체류자(sojourner)', '이방인(alien)'이라는 뜻으로 타국인 또는 타민족 출신의 나그네나 체류자를 의미합니다. 율법은 이스라엘 백성이 이런 사람까지도 사랑하며 대접하라고 명령합니다. 하물며 이방인이 아니라 사랑하는 친구가 한밤중에 찾아왔다면, 그런 그가 주린 상태라면, 그런데 마침 집에는 양식이 다 떨어졌다면 어떻게 해야겠습니까? 같은 마을에 사는 친한 친구에게 가서, 자려고 누운 그를 깨워서라도 음식을 빌려야 하지 않겠습니까? 그래서라도 멀리서 찾아온 친구를 대접해야 하지 않겠습니까?

"또 이르시되 너희 중에 누가 벗이 있는데 밤중에 그에게 가서 말하기를 벗이여 떡 세 덩이를 내게 빌리라5 내 벗이 여행 중에 내게 왔으나 내가 먹일 것이 없노라 하면6"(5~6절)

이 구절에서 나그네인 "벗"도, 자려고 누운 "벗"도 모두 같은 헬라어 단어 "φίλος(필로스)"의 번역인데, '가까운/사랑하는 친구(close/loving/devoted friend)'를 의미합니다. 즉, 밤중에 떡을 빌리러 간 친구는 한밤중에 자기를 찾아온 사랑하는 친구를 위해 같은 마을에 사는 사랑하는 친구를 깨웁니다. 이웃을 사랑하고 나그네를 대접하라는 율법의 말씀을 실천하기 위해서입니다. 한때 나그네의 설움을 받은 이스라엘의 자기 정체성을 유지하기 위해서입니다. 이런 상황에서 잠자리에 들었다는 이유로 일어나서 떡을 주지 않을 사람이 누가 있겠습니까? 제정신이 박힌 이스라엘 사람이라면 말입니다.

주기도문: 그리스도의 교회를 통해 이루어지는 하나님의 계획

이 비유 바로 앞 문맥에서, 예수님께서는 제자들에게 주기도문을 가르치십니다.

"예수께서 한 곳에서 기도하시고 마치시매 제자 중 하나가 여짜오되 주여 요한이 자기 제자들에게 기도를 가르친 것과 같이 우리에게도 가르쳐 주옵소서1 예수께서 이르시되 너희는 기도할 때에 이렇게 하라 아버지여 이름이 거룩히 여김을 받으시오며 나라이 임하옵시며2 우리에게 날마다 일용할 양식을 주옵시고3 우리가 우리에게 죄지은 모든 사람을 용서하오니 우리 죄도 사하여 주옵시고 우리를 시험에 들게 하

지 마옵소서 하라⁴"(눅 11:1~4)

주기도문은 아버지의 이름과 아버지의 나라(왕국)(눅 11:2), 아버지께 의지하는 삶(양식)(눅 11:3),[170] 그리고 아버지의 용서와 구원(눅 11:4)을 구하는 기도입니다.

2절의 내용은 **'인생의 목적'**입니다. 하나님의 이름을 높이며, 그분의 왕국을 추구하는 것이 인생의 목적입니다.

3절의 내용은 **'인생의 목적을 달성하기 위한 수단'**이자 **'육신의 필요'**입니다. 아버지께서 날마다 우리를 돌보시지 않으면 우리는 살아갈 수 없을 뿐 아니라 인생의 목적을 달성할 수 없습니다. 일용할 양식은 인생의 목적을 위해 살아가는 데 꼭 필요한 수단입니다.

4절의 내용은 **'인생의 목적을 달성하기 위한 영적 필요'**입니다. 죄의 문제가 해결되지 않으면 인생의 목적을 달성할 수 없습니다. '사죄'와 '거룩'이 담보되어야 가능합니다. 특히 4절은 **'교회 질서'**와 관련한 내용입니다. 상식적으로 생각하면, "우리 죄를 사해주시면 우리도 다른 사람의 죄를 용서하겠나이다."라고 기도해야 하지 않겠습니까? 그런데 예수님께서는 "우리가 우리에게 죄지은 모든 사람을 용서하오니 우리 죄도 사하여 주옵시고 우리를 시험에 들게 하지 마옵소서"라고 기도합니다. 이는 예수님께서 장차 사도들을 통해 건설하실 교회를 통해 가능합니다. 성도들은 '상호 책선'을 통해 서로를 용서합니다(참고, 마 18:15~16). 치리회는 '권징'을 통해 범죄 한 형제를 땅에서 용서하며, 그러면 하늘에서도 그를 용서합니다(참고, 마 18:17~20; 웨스트민스터 신

---

170 특히 3절에 "일용할 양식"을 구하는 기도가 있다는 점은 이 비유와 관련하여 의미심장합니다.

앙고백서 제30장).[171] 교회는 공예배 중 '죄의 공적 고백(회개의 기도)'과 '사죄의 선포'를 통해 죄의 누룩을 제거하고 거룩한 한 떡, 한 몸이 되어 그리스도와 연합합니다.[172]

마태복음과 누가복음의 주기도문(마 6:9~13; 눅 11:2~4)이 '나'라는 단수가 아니라 "우리"라는 복수를 사용하는 이유가 바로 여기에 있습니다. 예수님께서 가르치신 기도는 당대 랍비들의 기도문, 심지어 여자가 낳은 자 중에 가장 큰 자인 세례 요한의 기도문을 넘어섭니다. 그분은 장차 신약 교회를 창설하시고, 그 교회를 통해 '인생의 목적'이 달성되게 하실 것이기 때문입니다(눅 11:2). 그리스도의 교회는 유무상통(有無相通)과 구제를 통해 "일용할 양식"의 문제를 해결합니다(눅 11:3). 그리스도의 교회는 공예배를 통해, 성도의 교제와 상호 책선을 통해, 그리고 권징과 해벌을 통해 "죄"의 문제를 해결합니다. 당장 누가복음에서는 이것이 미래의 일이지만, 우리에게는 현재 교회 안에서 이루어지고 있는 일입니다.

이 점에서, **주기도문은 '교회론'적**입니다. 사도들에게 주셨지만, 궁극적으로 **교회에게 주신 기도문**입니다. 주기도문은 **그리스도의 사역과 인생의 목적이 요약된 최종판**입니다.[173] 주기도문이야말로 **하나님 아버**

---

171 '장로들의 회(會)'와 사죄의 관계를 좀 더 알기를 원하시는 분은 권기현, 『장로들을 통해 찾아오시는 우리 하나님: 성경적인 장로교회 건설을 위한 몇 가지 묵상』(경북: 도서출판 R&F, 2020), 특히 제9장을 참고하십시오.

172 '공예배', 특히 공예배 순서와 관련하여 좀 더 알기를 원하시는 분은 권기현, 『예배 중에 찾아오시는 우리 하나님: 성경적인 공예배에 관한 몇 가지 묵상』(경북: 도서출판 R&F, 2019), 특히 부록 1~3을 참고하십시오.

173 이 때문에 소교리문답과 대교리문답은 '인생의 목적'에서 시작하여 '주기도문'으로 끝납니다. 기도는 '믿음의 최상의 실천'(칼뱅)이며, 인생의 목적이 최고조에 달하는 순간이기 때문입니다.

지의 뜻대로 하는 기도의 요약이며 교과서입니다. **예수님을 믿지 않고 서는, 그리고 예수님 없이는 할 수 없는 기도**입니다.

올바른 기도, 응답의 확실성

주기도문을 가르치신 다음, 예수님께서는 이 비유를 말씀하십니다. 그러니 이 비유는 문맥 안에서 **주기도문과 관련**되어 있습니다.

"너희는 아버지의 뜻을 구하라!
그분의 나라(왕국)를 추구하라!
이를 위해 기도하라!"

이보다 더 올바른 기도가 어디 있습니까? 이 비유 다음에, 예수님께 서는 응답의 확실성을 가르치십니다.

"내가 또 너희에게 이르노니 구하라 그러면 너희에게 주실 것이요 찾으라 그러면 찾을 것이요 문을 두드리라 그러면 너희에게 열릴 것이니 9 구하는 이마다 받을 것이요 찾는 이가 찾을 것이요 두드리는 이에게 열릴 것이니라 10 너희 중에 아비 된 자 누가 아들이 생선을 달라 하면 생선 대신에 뱀을 주며 11 알을 달라 하면 전갈을 주겠느냐 12 너희가 악할 찌라도 좋은 것을 자식에게 줄 줄 알거든 하물며 너희 천부께서 구하는 자에게 성령을 주시지 않겠느냐 하시니라 13"(눅 11:9~13)

예수님께서 하신 이 말씀의 핵심은 **끈질긴 기도가 아니라 응답의 확 실성**입니다. 하나님께서는 주기도문처럼 올바른 기도, 그분의 뜻에 합당한 기도를 들으시며 응답하십니다. 하늘에 계신 우리 아버지께서는 그분의 자녀를 너무나도 사랑하시기 때문입니다.

그렇다면 '밤중에 찾아온 친구의 비유'의 핵심 교훈은 너무나도 명백합니다. 떡을 빌리러 온 사람은 올바른 요청을 하였기에 잠자리에 누운 친구가 일어나 줄 것을 확신할 수 있습니다. 즉, 이 비유의 핵심 교훈은 **'올바른 기도와 응답의 확실성'**입니다. 그리고 이는 앞뒤 문맥과 조화됩니다. 눅 11:1~13의 구조와 핵심 교훈을 정리하면 다음과 같습니다.

A. 1절	요청: 기도를 가르쳐 주소서!	
B. 2~4절	주기도문: 올바른 기도	
C. 5~8절	비유: 올바른 기도와 응답의 확실성	
D. 9~13절	해석: 응답의 확실성	

우리는 담대히, 하나님 아버지의 응답을 확신하며 기도해야 합니다. 떼쓰는 대신, 우리 구주께서 주기도문을 통해 가르쳐주신 말씀을 따라서 말입니다.

온 교회와 함께!
그리스도의 몸 된 교회를 통해 아버지의 뜻이 성령의 사역으로 계속 이루어지도록!

복습을 위한 질문　◆ ◆ ◆

1. 많은 사람이 떼쓰는 기도를 하는 이유가 무엇이라고 생각하십니까

2. "너희 중에 누가 … 하겠느냐?"라는 문구를 통해 알 수 있는 것이 무엇입니까?

3. 8절의 "간청함" 또는 "강청함"으로 번역된 단어의 의미가 무엇입니까?

4. 밤중에 찾아간 친구의 요청은 왜 정당합니까? 잠자리에 든 친구가 이 요청을 거
   절할 수 없는 이유가 무엇입니까?

5. 누가복음에 기록된 주기도문(눅 11:2~4)을 각 절로 나누어 설명해 보십시오.

6. 주기도문이 교회론적이라고 할 수밖에 없는 이유가 무엇입니까?

7. 눅 11:1~13을 단락별로 나누어 '밤중에 찾아온 친구의 비유'의 핵심 교훈을 말
   해보십시오.

8. **한 걸음 더** 주기도문의 내용과 의미를 알고 기도하십니까? 소교리 제98~107 문답을 읽고, 그렇게 기도하고 있는지 돌아보십시오.

9. **한 걸음 더** 주기도문은 마치 예수님의 사역을 압축한 것과 같습니다. 마태복음에 기록된 주기도문(마 6:9~13)의 각 어구를 예수님의 사역과 연결하여 생각하고 서로 말해보십시오.

Pray with the Church,
Pray to Restore the Church

제19장

불의한 재판관과 과부 비유: 인자가 올 때에 믿음을 보겠느냐?

눅 18:1~8

항상 기도하고 낙망치 말아야 될 것을 저희에게 비유로 하여1 가라사대 어떤 도시에 하나님을 두려워 아니하고 사람을 무시하는 한 재판관이 있는데2 그 도시에 한 과부가 있어 자주 그에게 가서 내 원수에 대한 나의 원한을 풀어 주소서 하되3 그가 얼마 동안 듣지 아니하다가 후에 속으로 생각하되 내가 하나님을 두려워 아니하고 사람을 무시하나4 이 과부가 나를 번거롭게 하니 내가 그 원한을 풀어 주리라 그렇지 않으면 늘 와서 나를 괴롭게 하리라 하였느니라5 주께서 또 가라사대 불의한 재판관의 말한 것을 들으라6 하물며 하나님께서 그 밤낮 부르짖는 택하신 자들의 원한을 풀어 주지 아니하시겠느냐 저희에게 오래 참으시겠느냐7 내가 너희에게 이르노니 속히 그 원한을 풀어 주시리라 그러나 인자가 올 때에 세상에서 믿음을 보겠느냐 하시니라8

제19장

불의한 재판관과 과부 비유:
인자가 올 때에 믿음을 보겠느냐?

비유의 내용

밤중에 찾아온 친구 비유(눅 11:5~8)와 함께, 떼쓰는 기도의 근거로 제시되는 또 하나의 비유가 바로 이것입니다. 어느 도시에 하나님을 두려워하지 않고 사람을 무시하는 한 재판관이 있습니다. 같은 도시에 한 과부가 있습니다. 이 과부는 누군가에 의해 억울하고 원통한 일을 당했습니다. 그래서 그 사람과 법정 다툼 중입니다.[174] 과부는 재판관을 자주 찾아가 원한을 풀어달라고 호소합니다. 재판관은 처음에는 과부의 호소를 들어주지 않습니다. 그러나 과부가 하도 자기를 번거롭게 하자 괴로워합니다.[175] 재판관이 보기에 과부는 이대로 그만둘 사람이 아님

---

174 3절의 "원수"로 번역된 헬라어 명사는 "ἀντίδικος(안티디코스)"입니다. 이는 다분히 법정적인 용어로 '고소인(accuser)', '적대자(adversary/opponent)', '원수(enemy)'를 뜻합니다. 이 단어는 신약성경에서 단 4회 등장하는데, 신약성경에서 언제나 '법정 다툼'을 일으키는 상대측을 가리킵니다. 이 구절 외에도 마 5:25(송사하는 자); 눅 12:58(고소할 자); 벧전 5:8(대적 마귀)을 참고하십시오.

175 5절의 "나를 괴롭게 하리라(ὑπωπιάζῃ με, 휘포피아제 메)"를 문자 그대로 직역하면, "내 눈 밑을 때리리라/내 눈을 멍들게 하리라(strike beneath my eye/give a black my eye)"입니다. 이는 아주 고통스러운 상태를 의미합니다.

니다. 자기의 호소를 들어주지 않는다면 앞으로도 계속 찾아올 기세입니다. 이 불의한 재판관은 결심합니다. (정의나 공의를 위해서가 아니라) 자기가 괴롭힘을 당하지 않기 위해서라도 과부의 원한을 풀어줘야겠다고 말입니다.

본문의 구조와 내용

이 비유가 우리에게 '떼쓰는 기도는 하나님을 설득한다.'라는 교훈을 줍니까? 우리는 무엇보다도 성경 본문을 있는 그대로 관찰해야 합니다. 그다음, 예수님께서 해석해 주신 대로 이해해야 합니다. 1~8절 말씀은 다음 네 개의 내용으로 구성되어 있습니다.

> A. 1절   비유의 목적
>
> B. 2~5절   비유의 내용
>
> C. 6~8(a)절   비유의 해석
>
> D. 8(b)절   예수님의 마지막 질문(도전)

먼저, **비유의 목적(A)**은 "항상 기도하고 낙망치 말아야 될 것"입니다.

둘째, **비유의 내용(B)**은 앞에서 이미 살폈습니다.

셋째, **비유의 해석(C)**입니다. 예수님께서 직접 이 비유를 해석해 주셨습니다. 그것은 무려 네 번이나 반복되는 문구에 잘 나타나 있습니다. "원한을 풀어주다."입니다(3, 5, 7, 8절). 3절과 5절에서는 동사

(ἐκδικήσω, 엑디케소)[176]로, 7절과 8절에서는 명사(ἐκδίκησις, 엑디케시스)[177]로 사용되었습니다. 이 단어는 하나님께서 악인을 심판하여(punish) 그분의 공의(justice)를 드러내실 때 자주 사용됩니다. 좀 더 구체적으로는, 악인에 의해 원통한 일을 당한 자를 대신하여 복수(vengeance)함으로 그를 신원(vindication)하실 때 자주 사용되는 대표적인 단어입니다. 예수님께서는 하나님께서 그 밤낮 부르짖는 택하신 자들의 원한을 속히 풀어주실 것이라고 말씀하십니다. 즉, 이 비유는 모든 종류의 기도가 아니라 재판관이신 하나님께서 원한을 풀어주시길 기도하는 내용과 응답을 다룹니다.

넷째, **예수님의 마지막 질문(D)**입니다. 예수님께서는 "기도"(1절)와 "믿음"(8절)을 같은 선상에 두고 말씀하십니다. 참믿음을 가진 사람은 하나님께 원한을 풀어달라고 기도합니다. 그러나 이 비유를 말씀하신 후, 예수님께서는 그분이 오실 때 "세상에서 믿음을 보겠느냐?"라고 반문하십니다. 참믿음으로 낙망치 않고 기도하는 사람의 수가 너무나도 적을 것이라는 뜻입니다.

동시에 이 말씀은 앞 문맥과 긴밀한 관련이 있습니다. 예수님께서는 제자들에게 장차 올 "인자의 날"(눅 17:22), "인자의 때"(눅 17:26)를 말씀하십니다. 그다음, 이 비유가 이어집니다. 이 비유는 당시 예수님의 말씀을 듣고 있는 청중, 특히 제자들(눅 17:22)에게 주시는 도전입니다. 제자들은 장차 낙망하기 쉬운 상황, 기도하기 어려운 상황을 맞닥뜨릴 것입니다(눅 17:22~37). 그런 중에도 낙망치 말고 기도해야 합니다.

---

176 신약의 다른 곳에서는 롬 12:19; 고후 10:6; 계 6:10; 19:2에 나타납니다.

177 신약의 다른 곳에서는 눅 21:22; 행 7:24; 롬 12:19; 고후 7:11; 살후 1:8; 히 10:30; 벧전 2:14에 나타납니다.

중요한 차이

본문 말씀은 몇 가지 점에서 현대 그리스도인들의 선입관과 상당한 차이가 있습니다.

첫째, 이 비유의 내용과 예수님의 해석은 '어떤 기도든지 다 응답받는다'라는 교훈과 무관합니다. 오히려 이 비유는 한 가지 기도와 응답에 초점을 맞춥니다. **원한을 풀어달라고 호소하는 기도에 하나님께서 응답**하실 것입니다.

둘째, 이 비유는 하나님께 계속 떼를 써서 기도하면 못 이긴 척 응답하신다는 교훈과 무관합니다. 비유 속의 재판관은 과부의 요청을 빨리 들어주지 않았습니다. 왜 그렇습니까? 그가 하나님을 두려워하지 않고 사람을 무시하는 재판관이었기 때문입니다. 그래서 과부는 오랫동안, 반복해서, 그 재판관을 힘들게 해야 했습니다. 그러나 예수님은 우리 하나님께서 그렇게 하지 않으신다고 해석해 주셨습니다. 하나님께서는 **"속히"(8절) 그 원한을 풀어주신다고 해석**하셨습니다. 왜 그렇습니까? 우리 하나님은 불의한 재판관이 아니기 때문입니다. 즉, 이 비유와 해석에서 "불의한 재판관"과 "하나님"은 병행하기보다는 비교, 대조됩니다.

> "… 불의한 재판관의 말한 것을 들으라 6 하물며 하나님께서 그 밤낮 부르짖는 택하신 자들의 원한을 풀어 주지 아니하시겠느냐 저희에게 오래 참으시겠느냐 7 내가 너희에게 이르노니 속히 그 원한을 풀어 주시리라 그러나 인자가 올 때에 세상에서 믿음을 보겠느냐 하시니라 8"(6~8절)

이 비유를 근거로 들어, 떼쓰는 기도를 강조하는 것은 우리의 기도를 들으시는 하나님을 불의한 재판관으로 간주하는 것이나 진배없습니다.

그분은 우리를 사랑하십니다. 그래서 불의한 재판관과는 달리 우리의 원한을 **"속히"**[178](8절) 풀어주실 것입니다.

셋째, 비유 속의 과부는 이 불의한 재판관이 자신의 요청을 들어줄지 알 수도, 확신할 수도 없었습니다. 그가 할 수 있는 일은 그 재판관을 자주 찾아가 번거롭게 하는 것 외에는 없었습니다.[179] 그러나 우리는 그렇지 않습니다. 예수님께서 이 비유를 통해 가르쳐 주신 대로, 우리는 **응답을 확신하며 기도**할 수 있습니다.

문맥: 그리스도의 강림을 기다리며 고난받는 교회/성도

그렇다면 예수님께서는 왜 이 비유를 말씀하셨습니까? 이에 대한 해답이 1절 말씀에 요약되어 있으며, 문맥에 자세히 나타납니다.

"항상 기도하고 낙망치 말아야 될 것을 저희에게 비유로 하여"(1절)

예수님께서는 제자들이 **낙망하여 기도를 중단할 위험**을 아셨습니다. 이 비유는 눅 17:22~37에 이어서 하신 말씀입니다. 예수님께서는 제자들에게 "인자의 날"(눅 17:22), "인자의 때"(눅 17:26)에 관해 교훈하십니다. 이날은 구원과 심판이 극명하게 갈리는 날이 될 것입니다. 예수님께

---

178 "속히"로 번역된 헬라어 어구 "ἐν τάχει(엔 타케이)"는 신약성경에서 눅 18:8; 행 12:7; 22:18; 25:4; 롬 16:20; 딤전 3:14; 계 1:1; 22:6에 나타납니다.

179 구약성경에서 '과부'는 '고아'와 함께 가장 가난하고 비참한 자의 전형임을 기억하십시오. 출 22:22~24; 신 10:17~18; 14:28~29; 16:9~12, 13~15; 24:17~22; 26:12~13; 27:19; 왕상 17:8~24; 왕하 4:1~7; 욥 22:9; 24:2~4; 시 68:5; 94:6; 109:9~10; 146:9; 사 1:17, 23; 9:17; 10:2; 47:8~9; 렘 7:5~7; 15:7~9; 18:21; 22:3; 49:11; 애 1:1; 5:3; 겔 22:7; 슥 7:9~10; 말 3:5 등을 참고하십시오.

서 많은 고난을 받으며 이 세대에게 버린바 되신 것처럼(눅 17:25), 제자들 역시 **인자의 날이 올 때까지 고난을 감수**해야 합니다. 그들의 처지는 마치 억울한 일을 당해 원한이 가득한 과부와 같을 것입니다. 이때 그들은 낙망하기 쉽습니다. 그래서 인자의 날을 소망하지 않고, 기도를 포기하기 쉽습니다. 바로 이 때문에 예수님께서는 이 비유를 주셨습니다. 하나님께서는 고난받는 우리의 기도를 들으십니다. 예수님과 복음 때문에 억울하고 원통한 일을 당하는 우리의 기도를 들으십니다. 의로운 재판관이신 그분은 "속히" 우리의 원한을 풀어주실 것입니다.

예수님의 마지막 말씀은 우리에게 주시는 도전입니다.

"내가 너희에게 이르노니 속히 그 원한을 풀어 주시리라 그러나 인자가 올 때에 세상에서 믿음을 보겠느냐 하시니라"(8절)

복습을 위한 질문   ◆ ･ ･

1. 눅 18:1~8의 구조와 내용을 설명해 보십시오.

2. 이 비유의 내용과 해석에서 네 번이나 반복되는 중요한 문구가 무엇입니까?

3. 눅 18:1~8의 내용과 교훈은 현대 그리스도인들의 선입관과 어떤 차이점이 있습니까?

4. 떼쓰는 기도를 할 필요도, 해서도 안 되는 이유가 무엇입니까?

5. 이 비유의 앞 문맥(눅 17:22~37)을 1절 말씀과 연결해서 설명해 보십시오.

6. **한 걸음 더**   재판관이신 하나님의 공의로운 심판이야말로 정당한 복수라는 관점에서 시편에 기록된 다수의 저주시가 왜 오늘날에도 불러야 할 찬송이며, 올려야 할 기도인지 말해보십시오.

7. **한 걸음 더** 단 7:22; 마 23:29~39; 계 6:9~11을 읽어보십시오. 대적의 심판과 의인의 신원은 어떤 관련이 있습니까? 그렇다면 심판 없는 구원, 심판의 선포 없이 위로만 전하는 설교가 가능하겠습니까?

제20장

두세 사람의 기도와 하나님의 응답:
나도 그들 중에 있느니라!

마 18:15~20
네 형제가 죄를 범하거든 가서 너와 그 사람과만 상대하여 권고하라 만일 들으면
네가 네 형제를 얻은 것이요 15 만일 듣지 않거든 한두 사람을 데리고 가서 두세 증
인의 입으로 말마다 증참케 하라 16 만일 그들의 말도 듣지 않거든 교회에 말하고
교회의 말도 듣지 않거든 이방인과 세리와 같이 여기라 17 진실로 너희에게 이르노
니 무엇이든지 너희가 땅에서 매면 하늘에서도 매일 것이요 무엇이든지 땅에서 풀
면 하늘에서도 풀리리라 18 진실로 다시 너희에게 이르노니 너희 중에 두 사람이 땅
에서 합심하여 무엇이든지 구하면 하늘에 계신 내 아버지께서 저희를 위하여 이루
게 하시리라 19 두세 사람이 내 이름으로 모인 곳에는 나도 그들 중에 있느니라 20

제20장

두세 사람의 기도와 하나님의 응답: 나도 그들 중에 있느니라!

기도에 대한 열정은 한국 교회의 큰 장점 중 하나입니다. 그래서 그런지 기도 모임이 많습니다. 새벽기도회와 금요기도회는 한국 교회의 전통으로 자리 잡은 지 이미 오래입니다. 각종 소그룹 기도 모임도 많습니다. 기도회에 특별한 이름을 붙이기도 합니다. 새벽기도회, 심야기도회, 금식기도회, 고3 자녀 진학을 위한 특별기도회, 시국을 위한 기도회, 조찬기도회…. 대한민국 곳곳에 있는 기도원은 개체교회 예배당을 떠나 회집하고 기도를 강조한다는 점에서 한국 기독교의 독특한 문화와 전통입니다.

기도 모임 중 자주 언급되는 본문 중 하나가 바로 마 18:19~20입니다. 단 두세 사람이라도 땅에서 합심하여 기도하면 예수님께서 그들과 함께하시며, 하나님 아버지께서 저희를 위해 이루어주신다는 내용입니다. 이 구절에 근거하여, 아무리 작은 기도 모임이라도 하나님께서 함께하시며 응답하신다고 강조하는 분들이 많습니다. 그러나 예수님께서 친히 하신 이 말씀이 **권징을 시행하기 위한 치리회의 기도**라는 사실을 아는 사람은 많지 않습니다.

마태복음 18장의 구조와 내용

마태복음 18장 전체는 크게 세 단락으로 구성되어 있습니다.

> **A.** 1~14절　소자를 실족케 하는 죄　제자들을 경고하여 회복(또는 심판)
>
> **B.** 15~20절　교회의 권징　　　　범죄 한 자를 경고하여 회복(또는 심판)
>
> **A´.** 21~35절　죄를 범한 형제를 용서　베드로를 경고하여 회복(또는 심판)

첫째 단락(A)에서, 예수님의 제자들 사이에 '누가 크냐?' 하는 논쟁이 벌어집니다. 예수님께서는 어린아이 하나를 저희 가운데 세워 교훈하십니다. **소자를 실족케 하는 죄**가 얼마나 위중한지 가르치십니다. 그런 죄를 범한 자를 하나님께서 심판하십니다. 동시에 죄를 범한 사람(잃어버린 양)이 돌아오는 것이 얼마나 기쁜 일인지 가르치십니다.

이 내용은 둘째 단락(B)으로 이어집니다. 예수님께서는 **범죄 한 형제를 돌이키고 회복하기 위한 절차**를 가르치십니다. 상호 책선, 여러 증인 앞에서의 책선, 교회의 책선, 그리고 출교가 바로 그 절차입니다. 이런 절차를 밟는 이유는 명료합니다. 범죄 한 사람을 잃어버리지 않기 위해서입니다. 그러나 그가 끝까지 회개하지 않으면 출교해야 합니다.

셋째 단락(A´)의 핵심 주제는 **'용서'**입니다. 범죄 한 형제를 용서해야 하는 이유는 피해자 자신도 하나님께 용서받은 죄인이기 때문입니다. 형제를 용서하지 않는 자를 하나님께서도 용서하지 않으십니다.

이상 세 단락 전체의 공통점이 무엇입니까? **'범죄와 회복(또는 심판)'**입니다. 두세 사람의 합심 기도는 바로 이 문맥 가운데 있습니다.

교회의 권징과 절차

두세 사람의 합심 기도는 특히 교회의 권징에 대한 가르침(15~20절)에 포함되어 있습니다. 어떤 형제가 죄를 범하면 가장 먼저 일대일로 만나 권면(책선)함으로 회개의 기회를 주어야 합니다(15절). 여기서 권면(책선)하는 사람은 그 형제의 잘못으로 피해를 본 당사자일 수도[180], 그 잘못을 목격한 사람일 수도 있습니다. 만일 그 형제가 듣지 않으면 한두 사람을 데리고 가서 두세 증인의 입으로 말마다 "증참케"[181] 합니다(16절). 그들의 말도 듣지 않으면 교회[182]에 말하며, 교회는 그 범죄 한 형제를 불러 다시 회개의 기회를 줍니다. 그러나 교회의 말도 듣지 않으면 이방인과 세리와 같이 여깁니다(17절). 이는 '출교(excommunication)'를 의미합니다. 이런 합법적인 절차를 거쳐 교회가 회개하지 않는 그 사람을 출교하면 하늘(하나님 나라)에서도 그를 출교합니다(18절). 죄를 범한 그 사람은 회개의 기회를 몇 번이나 얻고도 돌이키지 않았으므로 변명할 말이 없습니다. 동시에 이런 절차를 통해 회개한 죄인은 교회에서뿐 아니라 하늘(하나님 나라)에서도 용서받습니다. 오늘날 이 말씀을 정말 믿고 받아들이는 사람이 얼마나 될까요?

---

180 21~22절의 베드로의 질문과 예수님의 대답은 이를 암시합니다.

181 한글개역성경에서 "증참케 하라"로, 한글개역개정성경에서 "확증하게 하라"로 번역된 "σταθῇ(스타쒜)"는 '놓다(put/place)', '세우다(set up)', '정(돈)하다(arrange)'는 뜻을 가진 헬라어 동사 'ἵστημι(히스테미)'의 3인칭, 단수, 부정과거(aorist), 수동태, 가정법입니다. 이 구절에서는 대답하는 말 한마디 한마디를 확인한다는 뜻으로 사용되었습니다.

182 여기서 "교회"가 누구/무엇을 의미하는지는 여러 가지 다른 견해가 존재합니다. 장로교회와 개혁교회는 이를 '치리회', 즉 '장로들의 회(會)'라고 해석합니다. 웨스트민스터 신앙고백서 제30장과 하이델베르크 제85문답을 참고하십시오.

"진실로 너희에게 이르노니 무엇이든지 너희가 땅에서 매면 하늘에서
도 매일 것이요 무엇이든지 땅에서 풀면 하늘에서도 풀리리라"(18절;
참고, 마 16:19; 요 20:23)

교회의 권징: 두세 사람의 기도에 응답하시고 함께하시는 하나님

바로 그다음, "두세 사람"의 합심 기도가 나옵니다(19~20절). 문맥상
이는 소그룹 기도 모임이 아니라 교회의 권징을 위한 모임이며 기도입
니다. 여기서 "두세 사람"은 **권징을 위해 모인 '치리회'**입니다. 그렇다
면 이들은 왜 합심하여 기도합니까? 교회의 권징은 회개하지 않는 죄인
에게 천국 문을 닫기도 하고, 회개한 죄인에게 천국 문을 열기도 하는
실로 중차대한 사역이기 때문입니다. 기도는 오직 하나님께 소망을 두
고, 그분의 뜻을 구하는 믿음의 행위입니다. **교회의 권징에서 절차만큼
이나 중요한 것이 바로 기도**입니다. 치리회로 모인 사람들은 자신의 사
사로운 판단이나 감정을 배제하고 오직 하나님의 뜻을 따라 **공의롭게**,
그리고 죄인에 대한 **사랑으로** 이 직무를 수행하도록 함께 기도해야 합
니다.

그런데 땅 위의 교회도, 그리고 치리회의 구성원들조차 모두 하나같이
죄인이 아닙니까? 이들에게 어떻게 천국 문을 닫기도 하고(땅에서 매면
하늘에서도 매임) 열기도 하는(땅에서 풀면 하늘에서도 풀림) 이 엄청난 사
역(18절)을 맡길 수 있습니까? 그들의 판단을 어떻게 믿을 수 있습니까?
이와 관련하여 예수님께서는 한 가지 중요한 약속을 하셨습니다.

"진실로 다시 너희에게 이르노니 너희 중에 두 사람이 땅에서 합심하
여 무엇이든지 구하면 하늘에 계신 내 아버지께서 저희를 위하여 이루

게 하시리라19 두세 사람이 내 이름으로 모인 곳에는 나도 그들 중에 있
느니라20"(19~20절)

예수님께서는 정당한 절차 가운데 모여 기도하는 치리회와 함께하신
다고 약속하셨습니다.[183] 그리고 하늘에 계신 하나님 아버지께서 그분
의 뜻을 이루어주실 것이라고 약속하셨습니다. 치리회의 구성원이 두
세 사람밖에 되지 않는 적은 숫자라 하더라도 말입니다.[184] **하나님께서
는 용서받은 죄인들(치리회)이 시행하는 교회 권징을 통해 그분의 뜻을
이루십니다.** 교회 안에 발생한 죄의 누룩을 제거하십니다.[185]

---

183 마태복음에는 '임마누엘' 주제가 세 곳에서 명시적으로 언급됩니다. 첫째 구절
은 1:23입니다. 성육신이 곧 임마누엘입니다. 둘째 구절은 18:20입니다. 예수님
께서는 권징을 위해 모여 기도하는 치리회와 함께하십니다. 마지막 셋째 구절은
28:20입니다. 부활하신 예수 그리스도는 사도적 교회가 말씀과 성례를 시행할
때 함께하십니다. 이상의 내용을 종합해 보면, 성육신하신 예수 그리스도 자신이
임마누엘이십니다. 그리스도께서 부활·승천하신 이후에는 그분의 뜻대로 **말씀
과 성례와 권징**을 시행하는 교회에 함께하십니다. 오순절 성령 강림이 이를 가능
하게 했습니다.

표 11. 마태복음의 임마누엘 주제와 교회의 표지

	성육신과 공생애 (복음서)	승천 이후 (사도행전과 서신서)
임마누엘	성육신하신 그리스도 자신(1:23)	교회의 말씀과 성례 사역(28:19~20)
		교회의 권징 사역(18:15~20)

184 이 말씀은 장로교회와 개혁교회의 질서에 반영되어 있습니다. 예를 들어, 대한예
수교장로회(고신)는 치리회의 구성원이 목사와 (다스리는) 장로 2인만 존재할 때
는 '준당회', 3인 이상일 때는 '완전당회'로 규정합니다. 예수님의 말씀에 근거하
여 작성된 '교회 질서'입니다. 고신총회 헌법개정위원회 편집, 『교회헌법』(서울:
대한예수교장로회 총회출판국, 2023년), 정치, 10:108.
185 고전 5:6~7; 웨스트민스터 신앙고백서 30:3.

나아가 그리스도의 몸 된 교회가 죄의 권세를 정복하게 하십니다. 이는 참으로 놀라운 신비입니다.

예수님께서 승천하신 후, 처음에는 **사도들**이 교회의 권징 사역을 수행합니다.[186] 어느 정도 시간이 지나자, **사도들과 장로들**이 함께 모여 이 일을 수행하기 시작합니다.[187] 사도들이 모두 죽고 없는 오늘날에는 **'장로들의 회(會)'**가 이 일을 수행합니다.[188] 그것이 바로 오늘날의 **'당회 (session/consistory)'**와 **'노회**(presbytery)'입니다.

"이 직원들에게 천국의 열쇠를 맡기셨는데, 그들은 이 열쇠로써 정죄하기도 하고 사죄할 수도 있으며, 회개하지 않는 자에게 말씀과 권징으로 천국을 닫고, 회개하는 죄인에게는 필요에 따라 복음의 사역과, 권징의 해벌로 천국을 열어줄 권한을 가진다."(웨스트민스터 신앙고백서 30:2)

"**문:** 교회의 권징을 통해서 어떻게 천국이 닫히고 열립니까?

답: 그리스도의 명령에 따라, 그리스도인의 이름을 가진 자가 교리나 생활에서 그리스도인답지 않을 경우, 먼저 형제로서 거듭 권고할 것입니다. 그렇지만 자신의 오류나 악행에서 돌이키기를 거부한다면, 그 사실을 교회 곧 치리회에 보고해야 합니다. 그들이 교회의 권고를 듣고도 돌이키지 않으면, 성례에 참여함을 금하여 성도의 사귐 밖에 두어야 하며, 하나님께서도 친히 그들을 그리스도의 나라에서

---

186 요 20:23; 행 5:1~11; 8:20~24.
187 사도행전 15장; 벧전 5:1.
188 행 20:17, 28~32; 딤전 3:4~5; 딛 1:5, 9~16.

제외시킬 것입니다. 그러나 그들이 참으로 돌이키기를 약속하고 증명한다면, 그들을 그리스도의 지체와 교회의 회원으로 다시 받아들입니다."(하이델베르크 제85문답)

치리회와 교인들의 자세

예수님께서 하신 이 말씀(마 18:15~20)은 현대 교회와 그리스도인들에게 큰 위로와 경고의 음성입니다.

치리회에 속한 자들은 사랑과 공의를 따라, 그리고 합법적인 절차대로 권징을 시행하는지 살펴야 합니다. 자신들의 뜻이나 감정보다는 오직 성경에 기록된 하나님의 뜻을 따라 판단하고 있는지 돌아봐야 합니다. 무엇보다도 범죄 한 자가 회개하도록 그를 위해, 그리고 하나님의 뜻대로 판결하기 위해 함께 모여 기도해야 합니다. 하나님께서는 재판장들의 회의를 '하나님의 회의'로 여기십니다. 치리회에 회부된 범죄자뿐 아니라 부당하게 재판하는 자들을 심판하십니다.

"[아삽의 시] 하나님이 하나님의 회 가운데 서시며 재판장들 중에서 판단하시되₁ 너희가 불공평한 판단을 하며 악인의 낯 보기를 언제까지 하려느냐(셀라)₂ … 내가 말하기를 너희는 신들이며 다 지존자의 아들들이라 하였으나₆ 너희는 범인같이 죽으며 방백의 하나 같이 엎더지리로다₇"(시 82:1~2, 6~7)

교인들은 치리회를 존중하며, 그 결정이 성경에 위배되지 않을 때 순종해야 합니다. 교회의 권징을 업신여기지 말아야 합니다. 교회가 출교하는 사람을 하나님께서도 하늘에서 출교하신다는 사실을 기억하고 두려워해야 합니다. 다른 성도의 책선과 당회의 권면을 받아들이고 회개해야 합니다. 만일 치리회의 권징이 성경에서 벗어났다고 확신하면 자의로 독단적인 행동(교회 이탈, 예배 방해, 소란과 난동, 거짓 소문 양산 등)을 할 것이 아니라 합법적인 절차를 통해 '노회'와 '총회'에 '항소'해야 합니다.[189] 그러나 고소, 고발 등 교회 안에서 소송을 남발해서는 안 됩니다.

> "젊은 자들아 이와 같이 장로들에게 순복하고 다 서로 겸손으로 허리를 동이라 하나님이 교만한 자를 대적하시되 겸손한 자들에게는 은혜를 주시느니라 5 그러므로 하나님의 능하신 손 아래서 겸손하라 때가 되면 너희를 높이시리라 6"(벧전 5:5~6)

다른 무엇보다도 **치리회를 포함한 모든 교인**은 하늘 보좌에 계신 그리스도께서 교회 권징을 통해 땅 위에 있는 연약한 교회와 함께하신다는 사실을 명심해야 합니다. 하늘에 계신 그리스도께서 땅 위의 치리회를 통해 역사하시도록 한마음 한뜻이 되어 기도해야 합니다.

> "진실로 다시 너희에게 이르노니 너희 중에 두 사람이 땅에서 합심하여 무엇이든지 구하면 하늘에 계신 내 아버지께서 저희를 위하여 이루게 하시리라 19 두세 사람이 내 이름으로 모인 곳에는 나도 그들 중에 있느니라 20"(19~20절)

---

189 고신총회 헌법개정위원회 편집, 『교회헌법』(서울: 대한예수교장로회 총회출판국, 2023년), 권징, 4:2, 4:5.

복습을 위한 질문 ◆ · ·

1. 마 18:19~20을 평소에 어떻게 생각해 왔는지 서로 말해보십시오.

2. 마태복음 18장의 구조와 내용을 말해보십시오. 각 단락에 나타난 교훈의 공통점
   이 무엇입니까?

3. 예수님께서 가르치신 교회의 권징 절차를 말해보십시오.

4. 교회의 권징 절차는 죄인에게 어떤 기회를 제공하는 것입니까? 동시에 그런 절
   차를 거쳐 출교 된 사람은 왜 변명할 말이 없습니까?

5. '두세 사람'은 누구입니까? 그들은 왜 기도해야 합니까?

6. 교회 치리회의 합법적인 절차와 기도의 결과를 신뢰할 수 있는 근거가 무엇입니까?

7. 마태복음에서 '임마누엘' 주제가 어느 구절에 나타납니까? 이를 통해 알 수 있는
   사실이 무엇입니까?

8. 교회의 권징과 관련하여, 치리회원들과 교인들이 각각 가져야 할 자세가 무엇입니까? 이 양쪽 모두 함께 가져야 할 자세가 무엇입니까?

9. 한 걸음 더 웨스트민스터 신앙고백서 제30장과 하이델베르크 제85문답을 읽어보십시오. 오늘날 교회의 권징이 왜 필요하며 중요한지 말해보십시오.

10. 한 걸음 더 교회의 권징이 바르게 시행되려면, 어떤 사람이 장로가 되어야 하는지 말해보십시오(참고, 딤전 3:1~7; 딛 1:5~9).

성 구 색 인

15:13	280	12:30	79	16:1	225
15:18	277	13장	181	16:5~6	225
15:18~19	281	13:1~34	92	18~20장	224
15:19	277	17:1	90	18:1	226
15:20	278	17:2~7	90	18:7~8	227
16:28	277	17:8~10	90	18:9~12	226
16:28~30	282	17:8~24	311	18:13	231
16:30~31	282	18장	99,101	18:13~17	227
16:31	278	18:1	99,102	18:21	227
17~21장	193	18:19	99	18:24	227
17:1~21:24	276	18:21	99	19:35	227
21:25	276	18:22	99	20:4	234
		18:24	100	20:5~6	235
사무엘상		18:25~29	43	21:1~18	224
8:15	74	18:26~29	100,289	22:1~23:30	244
13:19~22	194	18:36~37	100	22:3	262
		18:38	100	23:15~20	76
사무엘하		18:39	104	23:30~34	242
1:6	194	18:40	104	23:31	245
7:8~16	232	18:41	101	23:31~34	244
8:4	194	18:42	102,105	23:34~37	242
18:9~10	268	18:42~46	102	23:35~24:7	244
21:6	268			24:1~6	242
21:9	268	열왕기하		24:6~17	242
21:16~22	194	2:19	149	24:8	245
		2:19~22	149	24:8~17	244
열왕기상		2:21	149	24:17	245
4:25	266	4:1~7	311	24:17~18	245
8장	119	13:2	76	24:17~20	242
8:35	103	14:24	179	24:18~25:21	244
8:35~36	103	14:25~27	178	25:1~7	242
8:46~50	120	15:1~7	224	25:1~21	244
11:31	73	15:10	190	25:27~30	242,244
11:35	73	15:13~14	190		
12:26~27	74	15:32~38	224	역대상	
12:28	79	15:37~38	225	전체	191
12:28~33	181	16장	224,226	1장	190,191

6:65	46	5:1~11	322		283
8:19	46	6:14	28	9~11장	136
8:38	46	7:2~4	146	9:10~13	153
8:49	46	7:20	148	12:8	221
8:54	46	7:24	309	12:15	221
9:4	168	7:25~29	148	12:19	309
10:18	46	7:35	148	13:12~13	168
10:25	46	8:20~24	322	16:20	311
10:29	46	12:7	311		
10:37	46	15장	322	**고린도전서**	
12:26	46	15:1	28	3:16~17	125
12:50	46	16:21	28	5:6~7	321
14:2	46	20:17	322	5:6~8	211
14:7	46	20:28~32	322	5:7~8	170,171
14:13~14	48	20:35	221	6:19~20	125
14:21	46	21:21	28	10:16~17	213
14:23	46	22:18	311	11:23~26	170
15:1	46	25:4	311	11:26	170
15:5	33	25:16	28	11:27~29	208
15:7	123	26:3	28	12:3	51
15:8	46	28:17	28		
15:15	46			**고린도후서**	
15:16	48,123	**로마서**		7:11	309
15:23	46	1~8장	136	8:1~5	64
15:24	46	1:16~17	61,136	10:6	309
15:26~27	50	1:17	264	12:7	62
16:23~24	49,123	3:24~26	61,136	12:7~9	62
16:26	123	4:16	140		
17장	31,45,65	6:1~7	198	**갈라디아서**	
19:28	213	6:23	197	1:6	78
19:40	28	8:9	51	1:6~9	78
20:17	46	8:14~16	51	1:7	78
20:23	320,322	8:15	47	1:8	78
		8:26	50	1:9	78
사도행전		8:26~27	49,50,60	3:7~9	140
전체	268	8:33~34	124	3:11	136,264
4:23~31	66	8:34	45,106,140,	3:13	213,268